ミネルヴァ日本評伝選

全斗煥

数字はラッキーセブンだ

木村幹 著

ミネルヴァ書房

刊行の趣意

「学問は歴史に極まり候ことに候」とは、先哲荻生徂徠のことばである。

歴史のなかにこそ人間の智恵は宿されている。人間の愚かさもそこにはあらわだ。この歴史を探り、歴史に学んでこそ、人間はようやくみずからの正体を知り、いくらかは賢くなることができる。新しい勇気を得て未来に向かうことができる。徂徠はそう言いたかったのだろう。

「ミネルヴァ日本評伝選」は、私たちの直接の先人について、この人間知を学びなおそうという試みである。日本列島の過去に生きた人々の言行を、深く、くわしく探って、そこに現代への批判を聴きとろうとする試みである。日本人ばかりではない。列島の歴史にかかわった多くの異国の人々の声にも耳を傾けよう。

先人たちの書き残した文章をそのひだにまで立ち入って読み、彼らの旅した跡をたどりなおし、彼らのなしとげた事業を広い文脈のなかで注意深く観察しなおす——そのとき、はじめて先人たちはいまの私たちのかたわらによみがえってくる。彼らのなまの声で歴史の智恵を、また人間であることのよろこびと苦しみを、私たちに伝えてくれもするだろう。

この「評伝選」のつらなりのなかから、列島の歴史はおのずからその複雑さと奥ゆきの深さをもって浮かび上がってくるはずだ。これを読むとき、私たちのなかに新たな自信と勇気が湧いてきて、その矜持と勇気をもって「グローバリゼーション」の世紀に立ち向かってゆくことができる——そのような「ミネルヴァ日本評伝選」にしたいと、私たちは願っている。

平成十五年（二〇〇三）九月

上横手雅敬
芳賀　徹

全斗煥（青瓦台にて）

87年民主化運動（ソウル駅前）

1983年訪韓した中曽根康弘首相と全斗煥

全斗煥——数字はラッキーセブンだ　目次

目　次

第Ⅲ部　統治者としての全斗煥

図版一覧

大統領就任式で宣誓する全斗煥（*The Republic of Korea and President Chun Doo Hwan*, Korean Overseas Information Service, 1983 より）……カバー写真
全斗煥（青瓦台にて）（*The Republic of Korea and President Chun Doo Hwan*, Korean Overseas Information Service, 1983 より）……口絵1頁
八七年民主化運動（한국일보사 자료실편『한국일보報道写真集激動의80年代：維新末期에서 六共和国까지』한국일보사、一九九〇年より）……口絵2頁
一九八三年訪韓した中曽根康弘首相と全斗煥（*The Republic of Korea and President Chun Doo Hwan*, Korean Overseas Information Service, 1983 より）……口絵2頁
内川里周辺地図（筆者作成）……10
復現された全斗煥の生家（筆者撮影）……11
全斗煥が通った小学校を経営していた大邱第一教会（筆者撮影）……17
陸軍士官学校時代の全斗煥と盧泰愚（노태우『노태우 회고록』上、조선뉴스프레스、二〇一一年より）……37
アメリカ留学時代の全斗煥（전두환『전두환 회고록』3、자작나무숲、二〇一七年より）……53
全斗煥と朴正熙（전두환『전두환 회고록』3、자작나무숲、二〇一七年より）……61
「蝙蝠二五号」作戦を指揮する全斗煥（전두환『전두환 회고록』3、자작나무숲、二〇一七年より）……79
旧保安司令部西氷庫分室跡（筆者撮影）……83

旧保安司令部建物（筆者撮影）……85
五一六民族勲章を受章する全斗煥（전두환『전두환 회고록』3、자작나무숲、二〇一七年より）……86
ソウル市内地図（筆者作成）……102
旧第三〇首都警備団駐屯地跡（筆者撮影）……137
旧中央情報部建物（筆者撮影）……160
レーガン大統領との首脳会談（전두환『전두환 회고록』2、자작나무숲、二〇一七年より）……244
全斗煥と昭和天皇（『要録 第5共和國』京郷新聞社、一九八七年より）……257
韓国プロ野球開幕式（전두환『전두환 회고록』2、자작나무숲、二〇一七年より）……270
百潭寺で祈禱する全斗煥（전두환『전두환 회고록』3、자작나무숲、二〇一七年より）……311

序　死者の評価——韓国で最も嫌われた元大統領

「虐殺者全斗煥《チョン・ドゥファン》《ぜん・とかん》、反省なく死亡」（『한겨레』二〇二一年一一月二三日）

社会には、ある人が亡くなった場合にのみ用いられる特別な用語がある。例えば、英語では「die」という直接的な表現が嫌われる場合に、「pass away」が用いられる。一国の君主の死に対しては、日本語の「崩御」に当たる、「demise」という特別な語も用意されている。

勿論、それは韓国語においても同様である（『韓国日報』二〇一五年一一月二四日）。例えば、偉大な政治家や宗教的指導者、更には芸術家ら、「非凡な人物」の死に対して用いられるのは「逝去」という語である。他方、一般的な「目上の人」の死に対して用いられるのは「別世」という言葉になる。個人が自らの父母の死を見送る時に用いるのは、通常、この語である。更にはその中間、つまり、「逝去」という程ではないものの、ある程度の社会的知名度がある人の死に対しては、「他界」という言葉が使われる。同じ漢字語でも、韓国語と日本語との間にはかなりの語感の差がある事がわかる。

併せて社会的知名度のある人物の死に対しては、氏名の後に生前の主要な職名が、「前」や「元」の字をつけずにそのまま付せられる事が多い。つまり、「金大中大統領逝去」、「パウエル国務長官他界」といった表現になる。職名がつけられない場合には、日本語の「さん」にほぼ相当する「氏」が用いられる。

だからこそ、韓国においては、ある人が死去した際に、どの様な用語が使われるかで、その時点での死者への評価が如実に現れる。冒頭に示したのは、二〇二一年一一月二三日、韓国の第一一代及び第一二代大統領を務めた全斗煥の死を、韓国を代表するリベラル紙である『ハンギョレ新聞』が報じた記事の表題である。通常、前職或いは元職の大統領の死に用いられる事の多い「逝去」という表現は勿論、他界或いは別世という語句すら用いられず、「死亡」という物理的で、無味乾燥な語句が用いられている。そして、氏名には彼が歴任した「大統領」や「将軍」という職名は勿論、日本語の「さん」に当たる「氏」すらつけられていない。代わってつけられたのは「虐殺者」という言葉である。

この様な全斗煥の死に対する韓国メディアの冷淡な反応は、その背後にある韓国国民の彼に対する評価を示すものだった。事実、ツイッター（現X）をはじめとする韓国のSNSには、全斗煥の死を「祝う」メッセージがずらりと並んだ。そこでは全斗煥の容貌を皮肉った「ハゲ」や「悪党」といった語が並び、彼が倒れた場所がトイレだった事が、「笑える話」として多くの人によって紹介された。

メディアと同様に、韓国社会の反応は、この国においても些か異例なものだった。例えば、同じ二〇二一年には、全斗煥と共にクーデタを遂行し、後任の大統領を務めた盧泰愚が、一〇月にやはり死去している。しかし、同じ『ハンギョレ新聞』はその死に際して彼の「功過」を論じ、韓国大統領府は、現行法上最高の礼遇に当たる「国家葬」を以て彼を送る事を決定している（『日本経済新聞』二〇二一年一〇月二七日）。

本書はこの様な「嫌われ者」の大統領に関する、日本国内は勿論、恐らく韓国においてもはじめての本格的な評伝である。全斗煥は一九三一年に生まれ二〇二一年まで九〇年間に亘って生きた。本書で明らかになる様に、それは正に大韓民国という国家が生まれ、戦争や経済的苦境、更には様々な政治的混乱を経験しながらも、遂には発展した民主主義国である現在の地位にまで上り詰めてきた時期だった。だからこそ、我々もこの全斗煥が生まれ、成長し、将軍や大統領といった地位への出世を経て没落し、死に至るまでの過程を通じて、この国の苦難の成長の過程を明らかにする事が出来る筈である。

その意味では、本書は全斗煥の評伝であると同時に、彼の生涯を通じて見た「一つの韓国史」だともいう事が出来る。「嫌われ者」の全斗煥はどの様に生まれ、その九〇年の人生を送ったのか。その背後には、当時の韓国のどんな姿が見えるのか。早速、その歴史の扉を開いてみよう。

第Ⅰ部　スラム街から高級将校へ

第一章　貧しい少年時代

1　プロローグとしての植民地期

権力者の生涯を描く

歴史上の人物について書く場合に難しい事の一つは、その人物が社会的に成功する以前の経歴の解明である。世の中に知られた地位にまで出世した人々の、功成り名を遂げた以後の情報は、新聞や雑誌、公文書などの中に数多く記録される。しかし、同じ人物の社会的に成功する以前の経歴等についてはそうではない。

そんな時、我々が頼る事ができるのは、彼等が引退後に執筆された回顧録や評伝である。しかし、これらにも限界がある。著名な人々について書かれた評伝は、多くの場合、彼等を称え、或いは擁護する立場から書かれている。そこでは彼等の前半生は、後半生における「成功」の準備過程として描かれる。

だからこそ、ある人物の社会的に成功する以前の経歴を、バランスよく、中立的に記述する事はいつも難しい。そしてその難しさは全斗煥の様な人物においては、更に顕著になる。例えば、一九七九年と八〇年、二回の軍事クーデタにより彼が絶対的な権力を掌握した時代、その経歴を、批判的トーンを交えて描く事は不可能だったろう。

そして全斗煥について書く事の難しさは、彼が大統領の座を退いた後も同じだった。何故ならその後の彼は、逆にクーデタや光州《クァンジュ》事件の責任を負うべき人物として、激しい非難に晒される事になったからである。だからこそ全斗煥や彼の側近達は、彼の経歴や人生について、口をつぐんできた。こうして、全斗煥について大きくバランスを欠いた二つの議論だけが残される事となった。

その様な彼の人生を描く場合に基礎となるのは次の二つの書物である。一つは全斗煥自身による回顧録（전두환『전두환 회고록』［全斗煥『全斗煥回顧録』］1—3［자작나무숲、二〇一七年］。全斗煥が口述した内容を、彼の秘書官を務めていた閔正基が編集したものである）（以下、『回顧録』と表記）。二〇一七年に出版されたこの回顧録は、光州事件の関係者を誹謗中傷する内容が含まれている、として一旦は発売禁止の処分が下された曰くつきの著作でもある。

他方、全斗煥については、彼の政権発足当初に書かれた伝記も存在する。一九八一年一月、全斗煥が二回目の軍事クーデタにより政権を掌握してから僅か半年余り後に出版された千金成『黄江에서 北岳까지：人間全斗煥・創造와 超克의 길』（千金成『黄江から北岳へ——人間全斗煥・創造と超克の道』［東西文化社、一九八一年］）がそれである（以下『黄江』と表記）。この書籍は同じ年の一一月には早くも日本語に翻訳され、出版されている（秋聖七訳）。発売元は官報や政府刊行物を発売する東京官書普及協会だから、日本における出版に、日韓両国政府の後押しがあった事は明らかである。

そしてその事は同書が、全斗煥を国内外に紹介する為に出版された「プロパガンダ」的な著作である事を意味している。つまりは先に述べた、彼の政権期に彼を称揚する目的で書かれた著作である。例えば、同書は全斗煥の母親が彼を身ごもった時の事を次の様に記している（千金成『ポテト畑から青瓦台へ――人間全斗煥』秋聖七訳〔東京官書普及協会、一九八一年〕三五ページ）。

　それから二年後、金夫人はまた不思議な夢を見て身ごもった。
　彼女は山道を歩いていた。深山幽谷の中の細道だった。喉の喝《ママ》きをおぼえて、水を飲む為に谷間の清水に身をかがめた所、水の中に丸い大きな月が光を放っていた。思わず両手で月を掬いあげてチマにくるんだ。だが、月はするりと下に落ちてしまった。再び掬い出すとこんどは反対の方に抜けた。彼女は夢中で、チマから落ちる月を拾いあげた。ふと気がつくと、辺りはその月の光を照り返してキラキラと輝いていた。

同書のこの様な記述が、前近代における朝鮮王朝を始めとする国王の誕生に関わる神話（朝鮮半島における神話については、中村亮平編『朝鮮の神話伝説』〔名著普及会、一九七九年〕等を参考の事）に範を取ったもので、そこに全斗煥を「生まれながらにして大統領になるべき人物だった」と位置づけたい意図がある事は明らかである。

　だからこそ、これらの著作だけでは当時の実情はわからない。従って本書ではこの『回顧録』や『黄江』の記録と他の異なる資料と照らし合わせる形で、まずは彼の幼年期を可能な限り再現してみる事にしたい。

慶尚南道の農村で

神話的な記述を離れて、全斗煥の生まれた村について、少し詳細に見てみよう。この村は今日、韓国第二の都市である釜山から直線距離にして約五〇キロの場所にある。村の前には、朝鮮半島南半における最大の河川である洛東江《ナクトンガン》の支流の一つ、黄江が流れている。

ソウルと釜山を結ぶ韓国の国土軸から大きく離れたこの村は、今日でも決して便利とは言えない場所にある。そして、その事は、全斗煥が生まれたこの村が、当時は現在より更に遙かに交通が不便な「僻地」だった事を意味している。この点について、全斗煥は『回顧録』にて、次の様に描写する（전두환『전두환 회고록』3、八ページ）。

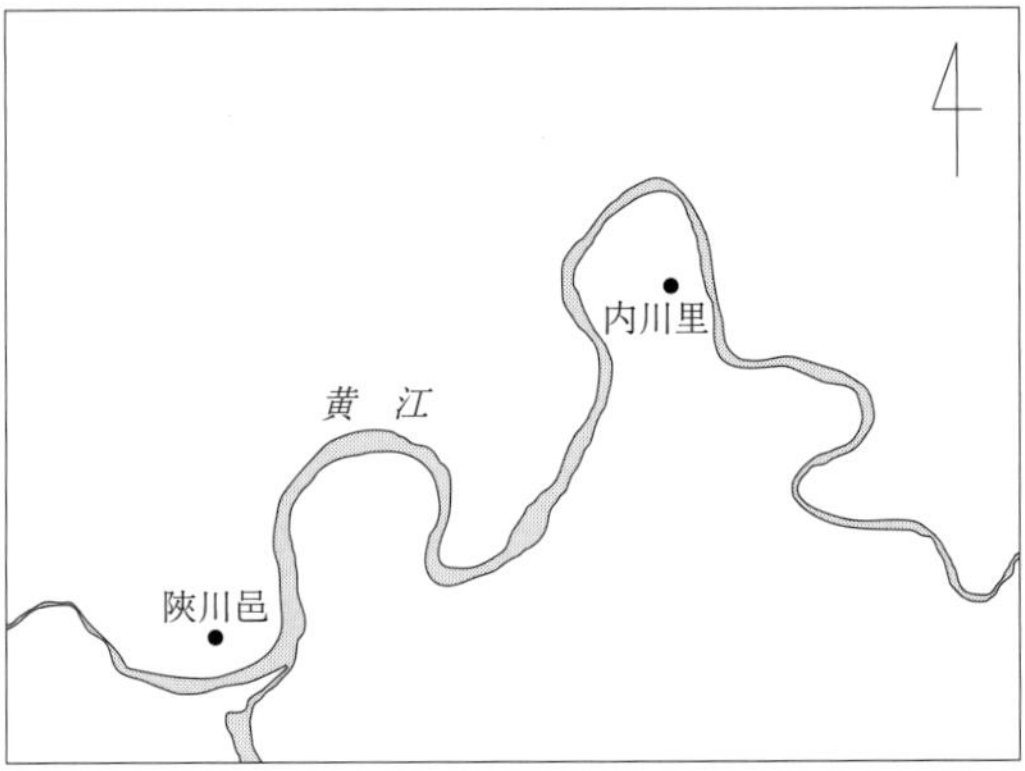

内川里周辺地図

注：グーグルマップより筆者作成。左端にこの地域の中心的な町である陝川の市街地が見える。

私が生まれたのは、慶尚南《キョンサンナム》道《ド》陝川郡《ハプチョングン》栗谷面《ユルグクミョン》内《ネ》川《チョン》里《リ》という鄙びた田舎の村である。山深い所ではなかったが、村の前には黄江が取り囲む様に流れており、町に行くためにはこの川を渡って一〇里（約四キロ）の道を行かねばならなかった。更に川の水量が多く歩いて渡れない時には「風の尾根」と呼ばれた険しい山を越えて三〇里（約一二キロ）の道を行く事になる。こんな場所だったせいか、内川里には近代文明の恩恵はあまり及んでいなかった。

私は幼少期をこの内川里で過ごした。内川里は全部合わせても五〇戸程の家しかない小さな村で、耕作可能な農地も少なく、山を開墾して麦を育てたり、幾ばくも無い田で稲を育てたりしていた。鄙びた農村では、貧困は運命の様なものだった。

復現された全斗煥の生家

貧しい生まれの大統領

権威主義政権期に書かれた彼の伝記や、全斗煥自身の回顧録、そしてその他の記録の全てにおいて共通するのは、彼が決して裕福な家の生まれではなかった事である。現在この村には、全斗煥の権力が絶頂だった一九八三年に「復元」された全斗煥の生家が保存されているが、小さな母屋に納屋がある程度の小さな家に過ぎない。

全斗煥はこの韓国南部の貧しい農村に、日本統治只中の一九三一年一月一八日に生まれた。父は全相禹《チョン・サンウ》、母は金《キム・》点文《チョンムン》。一八九三年生まれの全相禹はこの村の生まれであるから、一族は植民地支配以前からここに住んでいた事になる。全斗煥が生まれた時には既に三八歳だった。母の金点文は一八九八年生まれで、『黄江』に一月八日生まれだったと誕生日が記されている。全斗煥の誕生時には三三歳になる計算だ。彼女は内川里から更に離れた、陜川郡伽耶面《カヤミョン》伽川里《カチョンリ》の生まれである。

『黄江』によれば、二人が結婚したのは一九一四年一〇月一五日。とはいえ、この辺りの『黄江』の記述はあまり信用できない。後に書かれたメディア等の記事によれば、全斗煥の長兄に当たる全《チョン》烈煥《ヨルファン》は一九一五年生まれとされている。『黄江』には更に上に、「烈鶴《ヨルハク》」という長女がいたと書いているから、結婚以前から既に子供がいた事になってしまう（この「烈鶴」の存在は他の資料では確認できない）。

全相禹は、結婚と同時に僅かな土地を分けてもらい独立した、というから彼の一族がある程度の土地を有していた事がわかる。未だ村の多くの人々が読み書きのできなかった時代、読み書きができた全相禹は、全斗煥の幼い頃には、内川里の「区長」、つまりは村長の地位を任されていた、と言う。全斗煥も「父は元来読書人だった」（전두환『전두환 회고록』3、一五ページ）と書いている。

全斗煥には確実なだけでも、三人の兄と三人の姉がいる。彼が生まれた段階では、長兄の烈煥と次兄の圭坤《ギュゴン》（一九一六年生）は夭折しており、三男基煥《キファン》（一九二九年生）と、長女鴻烈《ホンヨル》（一九一八年生）、次女明烈《ミョンヨル》（一九二二年生）、そして三女善鶴《ソンハク》（一九二四年生）だけが健在だった。その後、全斗煥の下に、四女点鶴《チョムハク》（一九三六年生）、五男錫煥《ソクファン》（一九三七年生）、六男敬煥《キョンファン》（一九四二年生）が生まれている。

満洲生活

全斗煥は内川里で過ごした幼年期を「貧しかったものの穏やかに暮らした時期」と回想する。そしてそれには理由がある。彼の家族はその後、遥かに厳しい環境に置かれる事になったからである。

まず、彼等の家族は、一九三九年、突如として故郷を離れて満洲へと移住する。その理由について、『黄江』と『回顧録』は、全相禹が彼を逮捕する為にやって来た日本人警察官を負傷させ、追われる身になったからだと説明する。

『回顧録』は、全相禹には民族運動団体との関係があり、その支援により、満洲での定住先を確保できたのだ、とも記している。とはいえ、その後、この民族運動団体に関する話は全く出てこないから、事実か否かは甚だ疑わしい。

一家が満洲に渡った理由を考える上で重要なのは、彼等が日本による植民地支配終了後も内川里に戻らなかった事であろう。『回顧録』では、全相禹は村を離れるに当たって、家を壊して更地にしたというから、既に土地を手放していた可能性も高い。

ともあれ、こうして一家は内川里を離れる事となった。全斗煥はそれまでの人生において内川里を離れたのは、近くの陜川の街へ出かけた時と、嫁いだ姉を訪ねた時が全てだった、と回顧しているから、幼い彼にとって満洲への移住が大事件だった事は確かだった。

『回顧録』によれば、一家は大邱駅から列車で満洲に向かい、「吉林省のある小さな村」に移り住んだ、という。列車に乗ったのは、父と三女善鶴、三男基煥、四女点鶴、そして全斗煥の五名。二名の姉は既に結婚して家を出ており、母の金点文は妊娠中だった。彼女は後に全斗煥の弟である敬煥を連れて彼等に合流する。

『黄江』や『回顧録』がこの村の名前を記さない理由はわからないが、その場所を推定する材料が全くない訳ではない。まず、『黄江』と『回顧録』は共に、この村にて全斗煥がはじめて通う事になった学校の名を記している。その名は「呼蘭普通小学校」。とはいえ、当時の満洲は「満洲国」の支配下にあり、初等教育機関は一九三七年に制定された学制の下「国民学校」と呼ばれていた筈なので、「呼蘭国民学校」が正しい名称だったろう。

さて、この呼蘭という地名は、今の中国東北地方に幾つか見つける事ができる。一つは、今日の吉林市磐石市《バンジャクシ》の呼蘭鎮《コランチン》。全斗煥の回顧が正しければ全斗煥が住んだ村は、呼蘭鎮から小学生が歩いて行ける距離にあった事になる。

とはいえ問題が二つ残る。一つは、『黄江』や『回顧録』が村の近くに流れていた、とする松花江《ソンカコウ》との位置関係である。呼蘭鎮から松花江までは五〇キロ以上の距離があり、その距離を小学生が毎日歩いて通えた、とは思えない。二つ目に、管見による限り、そもそも呼蘭鎮には、少なくとも一九三九年の段階で、国民学校は置かれていない（満洲事情案内所編『満洲帝國分省地圖並地名總攬――満洲建國十周年記念版』〔國際地學協會、一九四二年〕）。

他方、呼蘭という名称は、黒竜江省にもある。ハルビンの近くにある「呼蘭街」がそれであり、ここにはその名もずばり、「呼蘭国民学校」が置かれていた。加えて、呼蘭街の近くには、松花江が流れており（同上）、朝鮮人が居住した村も存在した（朴仁哲『朝鮮人「満州」移民のライフヒストリー（生活史）に関する研究――移民体験者たちへのインタビューを手掛かりに』〔北海道大学博士学位申請論文、二〇一五年〕）。『黄江』や『回顧録』の村に関わる描写が正確なら、「吉林省」ではないものの、こちらの「呼蘭」の方が、全斗煥が住んだ村に相応しい様に思える。

しかしながら、本書において重要なのは、全斗煥がここで、はじめて近代的な学校教育を受けた事かも知れない。全斗煥が生まれた朝鮮半島の村には、近代的な「学校」は存在せず、兄である基煥は、村から川を渡った所にある栗谷《ユルグク》普通学校まで歩いて通わなければならなかった、という。故に全斗煥は、未だ近代的な教育を受ける事はできず、「叔父」が教える小さな私塾で漢学を学んだだけだった。『黄江』では、全斗煥が通った「満洲国」支配下の「普通小学校」の教育言語は、日本語だったとされる。入学は一九四〇年四月とされているから、この時点で既に九歳になっていた計算になる。朝鮮半島同様、満洲でも義務教育は行われておらず、彼が通った学校でも様々な年齢の人々が共に学んでいた。

満洲での生活は決して豊かなものではなく、彼の母は常に故郷への思いを口にしていた、という。しかし彼等の満洲生活は、突然終わる。この点について、『黄江』と『回顧録』が一致するのは、暮らしていた朝鮮人の村が大火に見舞われた事である。火災の原因は『黄江』では「馬賊」の襲撃によるもの、『回顧録』では隣の村から飛び火とされる。一致するのは、それが一九四〇年の秋だった事である。

スラム街にて

満洲への移住に失敗した一九四一年三月、朝鮮半島へと戻った。定住先に選んだのは、故郷内川里から直線距離にして四五キロ程離れた大邱《テグ》。現在は人口二〇〇万人を超える大都市となっている大邱は、当時は依然、人口一八万人程度（一九三八年の推計である。統計庁「시별 혼인、이혼、출생、사산 및 사망」、https://kosis.kr/statHtml/［最終確認二〇二三年一〇月二六日］）の中都市に過ぎなかった。暫く旅館に間借りした家族はやがて、市内の内唐洞《ネダンドン》に居を移した。現在で

は市内中心部近くに位置する内唐洞は、この時点では都市外縁に位置する小さな丘の上にある一角に過ぎなかった。『黄江』は「その頃の内唐洞は一面の野原で、くたびれた藁ぶき屋があちこちに点在する寂しい村」だった、と描写する。

全斗煥の一家はこの地に韓国語でいう「움막집」を立てて暮らした。直訳すれば「筵《むしろ》小屋」。つまり一家は急場しのぎの「バラック」を立てて暮らしていた事になる。一家の貧しさは目立ったらしく、全斗煥は自分達が「筵小屋の子」と呼ばれていた、と記している。

明らかなのは、当時の一家が貧しく、日々の生活に追われていた事である。全斗煥の母親は眼病にて働く事ができず、幼い彼が新聞配達等をしながら生計を支え、家事も手伝った、という。『黄江』によれば、全斗煥が配った新聞は『朝日新聞』や『毎日新聞』といった日本語の新聞だった。総力戦体制の下、『朝鮮日報』や『東亜日報』といった朝鮮語新聞は既に総督府によって強制廃刊させられていた時代である。

とはいえ、やがて一家は金相禹が漢方医として職を得る事により、最悪の経済状況を脱する事になる。彼等は、同じ洞内に今度は「흙벽집」、直訳すれば「土壁の家」を、自ら「建てて」暮らした。『回顧録』には、家族総出で柱を立て粘土を捏ねて作った、というから、小さく粗末な掘っ立て小屋だったに違いない。

大雨が降った時には、土壁が崩れる事もあったという家だったが、冬には零下一〇度を下回る朝鮮半島にて、「壁がある家」に住める喜びは大きかったろう。そして、全斗煥には、更に大きな喜びが舞い込んで来る。全相禹が彼に「来年から学校に行かせてやる」と告げたのである。それまでに全斗煥が受けた近代的な教育は、満洲における短期間のものが全てだった。

しかし、日本統治期の朝鮮半島では義務教育は実施されておらず、教育インフラも充実していなかった。当時の大邱は人口も増加傾向にあり、市内の一〇を超える国民学校（小学校に相当）は、何れも定員超過状態にあった。故に全斗煥はすぐには空き定員のある公立学校を探す事ができなかった。

やむを得ず彼は、一旦金剛学院という私塾で学ぶ事になる。そしてこの私塾で会った「友人の兄の友人」だった教員の紹介で、彼は小学校への編入試験を受ける。全斗煥はこの友人の名前を『回顧録』に残していることからも、彼の人生で大きな事件だった事がわかる。『黄江』によれば、紹介された教員は「日本人」だった。

全斗煥が通った小学校を経営していた大邱第一教会（写真は現在のもの）

こうして一九四四年四月、全斗煥は満一三歳にしてようやく本格的な小学校生活を始める事になった。入学したのは喜道《フィド》国民学校。一八九三年に設立されたカトリックの「第一教会」が、一九〇〇年に設立した名門校だった。太平洋戦争末期においても、教会から派遣された朝鮮人長老が校長を務めるなど、特色のある教育で知られていた。

植民地からの解放の「不在」

さて、当時の全斗煥の回顧で興味深いのは、先の父親

と日本人警察官との間のエピソードを除いて、植民地支配に関わる話が殆ど出てこない事である。全斗煥の日本統治への関心の低さが典型的に表れるのは、植民地支配の終焉に関わる回顧においてもである。何故なら以下が植民地からの解放前後における『回顧録』の記述の全てだからである（전두환『전두환 회고록』3）。

恩人と言うべき友人と会い、正規の小学校に通う事ができる様になった私は、学校に通うのが楽しくてたまらないまま三年を過ごした。そして植民地支配からの解放から二年後の一九四七年になって初等学校を卒業した。

通常、韓国の近現代史において、一九四五年八月一五日の植民地支配からの解放は、最重要な瞬間の一つであり、故に歴史教科書の記述や、多くの個人の人生の回顧等の多くにおいてその様子は、常に人々の喜びと共に綴られる。だからこそ、この植民地支配からの解放について、殆ど何も語らない全斗煥の回顧は極めて特異だと言える。そしてそれは、彼が未だ幼く、この歴史的出来事の意味を理解できなかったからではなかった筈である。例えば、全斗煥より一歳年少の盧泰愚《ノ・テウ》は、植民地支配からの解放を次の様に回顧している（노태우『노태우 회고록』上［조선뉴스프레스、二〇一一年］三八ページ）。

一九四五年八月一五日には、飛行場近くで防空壕を掘る勤労奉仕をしていた。すると勤労監督官が急に「家に帰れ」という。「どうしたんですか」と聞き返しても、良いから帰れの一点張りなので、自宅に戻った。夕食時になって日本が降伏した事がわかった。その日の正午に日本天皇の肉声で「無条件降伏する事になった」という放送が流れた、というのである。

盧泰愚が住んでいたのは、全斗煥と同じ大邱。彼は、これにより直前まで本土決戦を叫んでいた日本人教師等の姿勢が一変し、植民地支配からの解放を喜ぶ人達が街に溢れ出す様を記している。

植民地支配からの解放の喜びを記載した文章の不在は、『黄江』についてもいう事ができる。そこに書かれているのは、将来の希望を聞かれて「将軍になる」と答えたエピソードや、総力戦末期に代用燃料として使われた「松かさ」を集めた思い出等、小学生らしいほのぼのとしたものが中心だからである。言い換えるなら、そこにもやはり、日本統治末期の支配の厳しさや思想統制の経験等は出てこない。植民地からの解放の瞬間についてこそ、「校長先生」の演説が記されるものの、全斗煥自身の思いはやはり描かれていない。

大韓民国建国への無関心

『黄江』や『回顧録』の記述が特徴的なのは、植民地期の記憶についてだけではない。両者が寡黙なのは、一九四八年八月一五日の大韓民国の「建国」についても同じだからである。つまり『回顧録』は大韓民国の「建国」について何も記さず、『黄江』も、全斗煥の生涯と無関係な形で、この歴史的出来事を記述するに過ぎない（千金成『黄江에서 北岳까지』一二七ページ）。

そして、その特異性は、他の韓国の政治家の伝記や回顧録と比べると明確になる。例えば、韓国の初代大統領である李承晩《イ・スンマン》《り・しょうばん》の伝記で重要視されるのは、独立運動での活躍であり、結果としての大韓

民国の建国である（例えば、Oliver, Robert Tarbell『이승만：신화에 가린 인물』황정일訳〔건국대학교 출판부、二〇〇二年〕）。言わば「民族主義」の「語り」である。他方、韓国の第三代大統領、朴正熙《パク・チョンヒ》《ぼく・せいき》に関わる「語り」において中心的位置を占めるのは、大統領就任後の経済発展である（例えば、조갑제『박정희：한 근대화 혁명가의 비장한 생애』〔조갑제닷컴、二〇〇六年〕）。言わば「近代化」の「語り」である。対して、一九八七年の民主化後に大統領に就任した金泳三《キム・ヨンサム》《きん・えいさん》や金大中《キム・デジュン》《きん・だいちゅう》に関わる「語り」で重要なのは、彼等が「民主化」において果たした役割であり、大統領就任後の業績も「継続される民主化」の一過程として描かれる（김대중『김대중 자서전』一―四〔삼인、二〇一〇年〕、김영삼『김영삼 대통령 회고록』〔조선일보사、二〇〇一年〕等）。

植民地支配からの解放や建国に関わる「民族主義」と、経済や社会の発展を示す「近代化」、そして人々が政治的自由と平等を求めた「民主主義」は、韓国現代史を語る上での三つ主要な柱とも言えるイデオロギーであり、だからこそ多くの韓国政治家に対する「語り」はこれらのイデオロギーを軸に形成されている。

しかし、一九三一年に生まれ、生涯の過半を軍人として過ごし、幾度かのクーデタを経て大統領に就任した全斗煥には、「民族主義」や「近代化」、「民主主義」を以て自らの人生の「語り」を作る事は不可能だった。

であれば、全斗煥に関わる「語り」が、個人的な成功と権力獲得への過程を淡々と語るものに過ぎないかと言えば、そうではない。何故なら、全斗煥に関わる「語り」にも全体を貫くイデオロギーが存在するからだ。では、それは何か。

その答えは「反共主義」である。よく知られている様に、「反共主義」は冷戦下の国際社会において猛威を振るったイデオロギーである。イギリスのチャーチルや西ドイツのアデナウアーを始めとして、「反共主義」の看板を掲げて活動した政治家も多く、その主張は冷戦後の国際社会において大きな影響力を有していた（全斗煥と反共主義の関わりについては、拙稿「アイデンティティとイデオロギーとしての反共主義――韓国の例を手掛かりとして」『国際協力論集』30、二〇二二年参照）。「反共主義」はアジアでも大きな影響力を発揮した。植民地支配からの脱却後、多くの国が権威主義体制へと移行する中、その支配体制を正統化し、支えたイデオロギーの一つがこの「反共主義」だったからである。韓国は台湾と並んで「反共主義」が早期に浸透した国の一つであり、李承晩政権期から一九八七年の民主化に至るまでの政権は、「反共主義」を自らの政権、更には「大韓民国」の国家としての存在を正統化するイデオロギーの一つとして用い続けた。

以後、明らかになる様に、全斗煥の人生に関わる『黄江』や『回顧録』の語りは、この「反共主義」イデオロギーを軸に構成されており、様々な行動の多くも「反共主義」により正統化されている。

それでは、「反共主義」は如何にして全斗煥の人生に入り込み、その人生をどの様に象《かたど》ったのだろうか。もう一度、全斗煥自身の『回顧録』と『黄江』が語る世界へと戻る事としよう。

2 「朝鮮のモスクワ」

植民地支配からの解放と混乱

全斗煥とその家族は大邱での生活基盤を次第に固め、相対的に安定した生活へと移行した。そしてこの大邱での経験が、彼の後の人生に大きな影響を与える事になる。重要なのは、当時の大邱が朝鮮半島の現代史において、特殊な意味合いを持った都市だった事である。

これについては若干の背景的説明が必要であろう（以下の記述について、拙著『韓国における「権威主義的」体制の成立――李承晩政権の崩壊まで』〔ミネルヴァ書房、二〇〇三年〕参照）。一九四五年八月一五日、日本のポツダム宣言受諾が伝えられると、朝鮮半島では大きな政治的動きが生み出された。一つは各種政治勢力による政治的主導権を巡る角逐である。とはいえ、彼等が目指す国家像は一つではなく、結果として激しい政治的対立がもたらされる。とりわけ朝鮮共産党の流れを引く左派勢力と、李承晩や金九《キム・グ》等が率いる右派の対立は激烈だった。

だが、この状況は、朝鮮半島南半の占領行政に当たったアメリカには、受け入れられないものだった。アメリカの認識によれば、植民地の住民もまた、嘗ての「大日本帝国臣民」の一部であり、故に「敗戦国民」である彼等が独自に来るべき国家の在り方について議論し、決める事を容認できなかったからである。アメリカ軍は、九月七日には「マッカーサー布告」を発表し、「北緯三八度以南の領域と人民に関わるあらゆる政府権限は、当分の間、我が管轄下にある」事を宣言し、軍事政府（以下、米軍政府）を樹立する。

　この様なアメリカの決定は、朝鮮半島南半の人々に、大きな失望と反発をもたらした。彼等は自らの頭ごなしに占領を宣言するアメリカのやり方は、彼等が日本に取って代わって、この地域を支配する事の宣言に等しいと受け止めたからである。

「朝鮮のモスクワ」での中学生活

　こうして朝鮮半島南半では、解放後における政治的主導権を巡って、左派と右派の国内勢力、そして米軍政府が対峙する三つ巴の状況が作り出された。

　そして全斗煥等が暮らした大邱において重要だったのは、この街が「朝鮮のモスクワ」との異名を取った、左派勢力の極めて強い地域だった事である（김상숙『10월 항쟁：1946년 10월 대구 봉인된 시간 속으로』[돌베개、二〇一六年]）。大邱では経済や社会の混乱も深刻であり、同年に発生したコレラの集団感染では、一七〇〇名もの人々が死亡したとも言われている。人々の不満は爆発寸前だった。

　この様な中、同年九月、ソウルに本拠を置く朝鮮共産党がゼネラルストライキを呼びかけると、「朝鮮のモスクワ」大邱も当然の様にその渦中に置かれた。一〇月一日、朝鮮共産党はこの日を期して、ソウルをはじめとする朝鮮半島南半の都市で大規模集会を予定しており、大邱でも市庁舎前で大規模デモが行われた。そして、米軍政府支配下にあった警察が、このデモ隊に発砲する。警察の銃撃により二名の労働者が死亡したという消息に触れたデモ隊は激昂し、その動きは朝鮮共産党にすら統制不可能なものとなった。こうして「大邱十月抗争」が勃発する。

　事態は大邱から周辺地域にも拡大し、近郊の小都市である亀尾《クミ》では、後に大統領になる朴正煕の三兄朴相煕《パク・サンヨル》（その娘が金鍾泌の妻になる人物でもある）が率いる二〇〇〇名のデモ隊が警察署を襲撃、混乱の中で朴相熙は命を落とした。日本統治末期、満洲軍士官として勤務していた朴正熙が、米軍政府の設立した朝鮮警備士官学校（韓国陸軍士官学校の前身）に入学したのは同じ年の九月一日。だから朴相熙の死はその僅か一か月余り後の事になる。この朴相熙の遺族の世話を朝鮮共産党系の人々が行い、そこから共産党と朴正熙との関係が生まれた、というエピソードはこの時のものである。

さて、満洲から朝鮮半島に戻り、遅れて小学校に入学した全斗煥が、これを卒業したのは一九四七年。全斗煥は続いて同じ市内にある大邱工業中学校に進学した。韓国の学期制はこの頃幾度も変更されており、この時期には、米軍政府により日本統治期における四月開始の三学期制が、九月開始の二学期制に改められている（김상훈「해방 후 학기제 변천 과정 검토」『한국교육사학』42（4）、二〇二〇年）。故に、彼が中学校に進学したのは、一九四七年九月。前年の一九四六年、米軍政府によってこの国ではじめての六年制の義務教育が開始されているが、中等教育は、未だ義務教育の範囲に含まれていなかった。にも拘わらず、日本統治下の五年制から六年制に改変された中等教育機関への進学を選択した事は、全斗煥の家族に子供に一定以上の教育を与えるだけの経済的余裕が生まれつつあった事を意味している。

大邱工業中学校には機械、電気、土木、化学、建築の五つの学科が存在し、全斗煥は自ら望んで機械学科に進んだという。募集人員は五学科合わせて二六一名、機械学科の競争率は二倍以上だったというから、彼は相対的に学力のある生徒だった事になる。学校は自宅から一〇キロ程離れた所にあり、彼は毎日往復二〇キロの道を歩いて通った、と回顧する。

全斗煥が中学校に入った頃の大邱では、左翼勢力の活動が依然続いていた。多くの学校もその枠外ではなく、生徒達をも巻き込んだ混乱が続いていた。とりわけ全斗煥が入学した大邱工業中学校は、将来の工場労働者を育成する機関であり、左翼勢力の影響力が相対的に強かった。当時の状況について、全斗煥は次の様に回顧している（전두환『전두환 회고록』3、六九ページ）。

反共主義への目覚め

しかし、私の期待とは異なり、学校の雰囲気は勉学に相応しいものとは言えなかった。解放政局の混乱の結果、一中学校に過ぎない我が学校でも左翼分子達による扇動と暴力が頻発した。理念や政治体制に敏感ではない学生達はその様な学校の雰囲気に失望と憤怒を憶えざるを得なかった。それは私自身も同じだった。一部教師と上級生の中から飛び出す、授業ボイコットや（反動）教師の追放といった過激な扇動の言葉に、学生達は混乱した。

そんなある日、左翼系列の責任者が化学の授業中に乱入し、授業ボイコットを呼びかけた。教室の外には左翼系列の上級生幹部一〇余名がゲバ棒を持って立っており、険悪な雰囲気が流れていた。一部の学生はいち早く教室の外に逃げ出し、残る学生も恐怖心で息を殺していた。私はこの状況に怒り、机を叩いて立ち上がり、左翼系列の上級生幹部に顔を向けて、声を挙げた。「俺達の両親は苦労して学費を準備し、勉強をさせてくれている。そうやって俺達を学校に行かせてくれているのに、勉強しないなんて言う事があっていいものか。俺が責任を取るからお前等は安心して勉強しろ！」

『回顧録』によれば、この出来事の後、機械学科は「左翼の扇動を受ける事なく、授業を受けられる様になった」という。『黄江』は同じ事件について、「テロの脅威の前に、あるいは命取りになるかもしれない恐怖の瞬間に、斗煥がみせた反共意識と胆力、そして筋の通った説得力はその後も長い間、校内の話題となった」と記している。

『黄江』と『回顧録』が等しく扱っている事から明らかな様に、この出来事は中学生時代の全斗煥において最も重要な成功体験としての位置を与えられている。そしてそれは、思春期の全斗煥が、アイデンティティを獲得する際において、反共主義が大きな役割を果たした事を意味している。そして、この「反共意識と胆力、そして筋の通った説得力」は以降も、『黄江』や『回顧録』が全斗煥を描写する際の大きな柱となっていく。

中学時代の全斗煥の記憶において、共産主義者との闘争と並んで重要な位置を占めるのがサッカー部での活躍である。彼が中学校二年生の時、学校にサッカー部ができ、これに入部する事となったのである。全斗煥とこのスポーツとの出会いは早く、既に満洲時代にこれに関わる記述を見る事ができる。背景には兄基煥が既にこのスポーツに親しんでいた事があった様である。後に詳しく述べるように、全斗煥は高校と陸軍士官学校においてもサッカー部に所属し、一貫してゴールキーパーとして活躍する。彼による政権獲得後、プロ野球と合わせて、韓国初のプロサッカーリーグが成立する背景にも、全斗煥の強いサッカー愛があると言われている。

ここで重要なのはサッカーそのものよりも、サッカーをはじめとしたスポーツが彼の人生において、どういう意味を持つものとして描かれているか、である。明らかなのは、『黄江』や『回顧録』においてスポーツが、全斗煥の人となりを説明する際に独自の役割を有している事である。一つは、彼の「胆力」とリーダーシップを示すものであり、彼がサッカーのゴールキーパーだった事実に、象徴的な意味合いが持たされている。

もう一つは、「スポーツの練習だけでなく、勉学にも手を抜かなかった」という形での言及である。注意すべきは、『黄江』や『回顧録』における全斗煥に関する記述において、小学校までの回想においては、それなりに学業成績が優秀だった事が強調されているのに対し、中学校進学以降においては同様の記述が見られなくなる事である。そして、その事は韓国の他の大統領の伝記の多くが、少年時代の彼等の学業成績の良さについて繰り返し言及するのとは、一線を画するものになっている。

むしろ、全斗煥において強調されるのは、学業成績の良さよりも、学業とスポーツを両立させる為に努力した事である。例えば、『黄江』は「モンタン」という全斗煥の当時の綽名《あだな》を紹介している。「全て」という意味の韓国語であり、それは全斗煥が何にでも手を抜かなかった事を意味していた、と言う。重要なのは、単に一つの事ができるようになる事ではなく、多くの事を全てこなせる事、そして何よりもその為に努力を続ける事だ、というメッセージが込められている。

この様な全斗煥の中学から高校時代に関わるこれらの「語り」は、この後、陸軍士官学校に関わる部分において、より明確な形で展開される。とはいえ、その前に一つ明らかにしなければならない事がある。そもそも全斗煥はどの様にして陸軍士官学校に入学し、将校への道を歩む事となったのだろうか。次に士官学校時代の全斗煥と彼に関わる「語り」について見てみる事としたい。

第二章　陸軍との出会い

1　陸軍士官学校入校

朝鮮戦争と大邱

全斗煥が入学した頃、大邱工業中学校は六年制の中等教育機関だった。しかし、この学校はやがて、各々三年制の大邱工業中学校と大邱工業高校に分離され、全斗煥等は一九五〇年には高校生になる。この頃、韓国ではまたもや教育制度の改定が行われ、一九四九年には、学校暦の開始を日本統治期と同じ四月に戻している（김상훈「해방 후 학기제 변천 과정 검토」）。米軍政府の支配は混乱に満ちており、その混乱は教育現場にも波及していた。

そしてそこに韓国の人々の生活を更に攪乱する要素が登場する。全斗煥は『回顧録』で次の様に述べている（전두환『전두환 회고록』3、一六ページ）。

私の大邱工業高校での生活は、朝鮮戦争と共にはじまった。この戦争が開始された一九五〇年六月二五日は、私が高校に入学して五日が過ぎ、漸く設置される班のメンバーが決まった頃だった。宣戦布告もない奇襲南侵に対し、準備をしていなかった国軍は洛東江の前線まで後退したが、九月一五日、国連軍が仁川上陸作戦に成功すると、今度は国軍と国連軍が鴨緑江《アムノクガン》にまで迫る事となった。

この回顧から、本来は四月に始まるべきだった彼等の高校生活が六月になって漸く開始された事、直後に朝鮮戦争が勃発した事がわかる。全斗煥が記す様に、戦争勃発の瞬間から、北朝鮮軍は朝鮮半島を三八度線沿いにあった防衛線を各所で打ち破り、韓国軍は忽ちの内に壊走した。韓国政府は、水《ス》原《ウォン》から大田《テジョン》、そして大邱から朝鮮半島最南端にある釜山《プサン》へと臨時首都を後退させた（朝鮮戦争の展開過程についてはさしあたり、和田春樹『朝鮮戦争全史』〔岩波書店、二〇〇二年〕他）。

釜山の西方には朝鮮半島南半最大の河川である洛東江があり、韓国軍、そして国連の安全保障理事会での決議を経て形成された米軍主体の国連軍は、この川の西方約一〇キロ付近に防御線を引いて、臨時首都釜山の防御を試みた。

この所謂「釜山橋《きょうとう》頭堡《ほ》」を巡る死闘において、全斗煥が住む大邱は韓国側に残された釜山に次ぐ大都市であり、「橋頭堡」の北端に近い所に位置していた。そしてその事は、朝鮮半島の全土が戦火に包まれた朝鮮戦争時において全斗煥の経験を、他の多くの韓国人とは異なるものとさせた。何故なら、近隣における砲弾の着弾等こそあったものの、大邱そのものは陸上戦の舞台とはならなかったからである。だから多くの韓国の人々とは異なり、全斗煥は「戦場」を直接経験したり、戦火に追われて逃避行したりする経験をせずに済んだ。

朝鮮戦争が勃発した時、全斗煥は既に数え年（韓国では満年齢ではなく数え年で年齢を数える文化があった。尚、二〇二三年の法改正で現在は満年令が公式に使われている）にして二〇歳になっていた。だからこそ、この戦争における彼等の課題の一つは、何時、学業を中断し軍隊に志願するかになっていた。例えば、同じ大邱に住む盧泰愚は、朝鮮戦争勃発時、名門学校である慶北高等学校の二年生。彼は戦争開始直後に学徒兵として軍に志願している（노태우『노태우 회고록』上、四五ページ）。

幻の陸軍綜合学校入学

しかし、全斗煥は直ちに軍に志願しなかった。その全斗煥が積極的に軍に入る事を考える様になるのは、戦争開始から一年以上が過ぎた一九五一年半ば過ぎ、戦局が膠着状態に入ってからの事である。きっかけは、偶然目にした、陸軍綜合学校の歩兵幹部候補生募集の広告。陸軍綜合学校とは、朝鮮戦争勃発後に作られた将校の短期育成教育機関であり、六週間から九週間の短期教育を経て、下級将校を養成する事が目的だった（陸軍綜合學校戰友會編『實錄6・25韓國戰爭과 陸軍綜合學校』〔陸軍綜合學校戰友會、一九九五年〕）。背景には朝鮮戦争の勃発により、韓国軍が開戦以前の一〇万人規模から一〇〇万人近い規模まで急拡大し、前線で軍隊を指揮する将校が極端な不足状態に陥った事があった。

広告を見た全斗煥は一も二もなく即座に応募し、試験を受けた上で難なく合格した。しかし、ここで問題が起こる。家族、とりわけ彼の母親が強硬に反対したのである。既に事実上の長兄である基煥が入営しており、母親は事実上の次男である斗煥もが、軍に入る事を望まなかった。兄の基煥も反対した。基煥によれば、陸軍の将校、それも下級将校になるのは、前線で撃たれに行く様なものであり、自殺行為だ、というのである。当時空軍に籍を置いていた基煥は、斗煥の空軍入りに便宜を諮る旨迄、持ち掛けている。

とはいえ、全斗煥の意志はこの段階では動かず、彼は陸軍綜合学校への入学を進める事となる。仮にこの時、全斗煥がこの学校に入学していれば、彼はその軍歴を比較的低い階級から始めねばならず、彼の人生も、そして韓国現代史の在り方も、ずいぶん変わったものになったろう。

しかし、この「もう一つの全斗煥のあり得たかも知れない人生」への機会は、思わぬ事により閉ざされる。何故なら、彼の母親が「入学手続きに必要な」合格証書を破り捨てたからである。こうして陸軍綜合学校への入学を断念した彼は、一旦、高校に戻る事を余儀なくされる（尤も、それは当時の全斗煥がそう思っていただけであり、仮に彼が合格証書を親に破り捨てられた旨を学校側に話していれば、合格証書が再発行されていた可能性は高い。或いは実際には、母親の余りに強い反対に、全斗煥自身が一旦矛を収めて、軍関連教育機関への進学を断念するふりをしただけであったのかもしれない）。

陸軍士官学校の歴史

だが、それから約一か月後、もう一つの広告が彼の目に飛び込んでくる事となる。場所は大邱市内中央路にあった兵事区《ビョンサグ》司令部前、「陸軍士官学校生徒一期《（ママ）》（「生徒一期」とは本来、全斗煥等に先立つ士官学校第一〇期生に対して使われた言葉である。或いは全斗煥が見たのは、彼が実際に入学した第一一期生ではなく、この第一〇期生を募集する古い張り紙だったのかもしれない）募集」と書かれた張り紙がそれだった。陸軍士官学校は、下級将校促成機関である陸軍綜合学校とは異なり、将来のエリート将校を育成する機関である。日本統治下の小学校において「将軍になる」夢を語った少年にとって、夢を現実にする機会が訪れた訳である。

加えて、この時の陸軍士官学校の生徒募集には、大きな特色が存在した。韓国陸軍士官学校は、解

放直後に米軍政府によって設立された軍事英語学校をその出発点とする組織である（以下の記述は、陸軍士官學校編『陸軍士官學校60年史：21세기를 향한 도약（一九九六―二〇〇六）』［陸軍士官學校、二〇〇六年］に拠っている）。当初のこの学校は日本統治下に育成された旧日本軍及び満洲国軍出身の兵士達と、占領を行うアメリカ軍との橋渡しが出来る将校を育成する為の組織であり、だからこそ英語教育が重視され、「軍事英語学校」と名付けられた。この学校はやがて南朝鮮国防警備士官学校、朝鮮警備士官学校と改称され、大韓民国建国後の一九四八年九月には、陸軍士官学校と校名が改められた。こうしてこの学校はエリート将校養成の為の中核的教育機関としての地位を確立した。

とはいえその教育内容は、「士官学校」のものとしては、未だ未熟なものだった。何故なら当初の士官学校入校者の大半は、旧日本軍や満洲国軍での経歴を有しており、故に初歩からの軍隊教育を行う必要は存在しないとの判断の下、促成教育が行われたからである。教育期間は当初、僅か六週間、そこから三か月、六か月と伸びていったものの、韓国建国後、はじめて募集された一九四九年の第九期生においてさえ、一年に過ぎなかった。

だが、南北間で高まる軍事的緊張は、韓国の軍隊規模を急膨張させ、やがて、旧日本軍や満洲国軍での軍務経験者だけでは十分ではなくなった。加えて、旧日本軍や満洲国軍での軍務経験者の大半は、尉官以下の経歴しか有しておらず、大規模な軍隊を指揮・統制した経験を持っていなかった。

こうして一九五〇年、韓国政府は、アメリカと同じく四年制の本格的な士官教育を開始する事を決定し、学生を募集した。これに応じて入学したのが第一〇期生、「生徒一期」「生徒二期」と呼ばれた人々である。

にも拘らず、この計画は貫徹されなかった。第一〇期生の入校直後に、朝鮮戦争が勃発したからである。予定されていた士官教育は大幅に短縮され、生徒達は促成教育を経て、前線に派遣された。最前線に送られた彼等は多大な被害を出し、四三％が戦死したと言われている。士官学校のあったソウルも戦場となり、士官学校も閉校へと追い込まれた。

しかしながら、その事は士官教育が不必要になった事を意味しなかった。戦争の勃発により、韓国軍の規模は更に拡大し、将校の不足はより深刻になったからである。実戦におけるアメリカ軍を中心とする国連軍との共同作戦の急増により、旧態依然とした旧日本軍時代の知識だけでなく、最新のアメリカの兵器や作戦に熟達する将校も必要になっていた。

やがて戦線は次第に膠着化し、この戦争において南北朝鮮のどちらかが勝利し、朝鮮半島を統一する事が難しい事が明らかになる。朝鮮半島の分断が続くなら、韓国は長期に渡り巨大な軍隊を維持しなければならない。その為にも制度的整備は不可欠だった。

こうして一九五二年、韓国政府は前線から遠く離れた慶尚南道鎮海《チネ》市——日本統治期からの朝鮮半島最大の軍港であり、一九四六年からは海軍士官学校の前身となる教育機関も置かれていた都市——に、陸軍士官学校を再開校する事を決定する。リーダーシップを発揮したのは大統領の李承晩。長いアメリカでの亡命生活を経験した李承晩は、韓国に「ウェストポイント式」の本格的な士官学校が設立される事を強く希望していた。こうして陸軍士官学校は教育内容を一新して再開、否、実質的に新たに開校される。こうして、一九五一年一〇月三〇日、「国本一般命令〈陸〉第一六三号」が制定され、改めて四年制の士官教育が行われる事となった。

大邱市内で全斗煥が目にしたのは、この新たな陸軍士官学校の「生徒」募集を呼びかける広告であった。全斗煥は陸軍綜合学校と陸軍士官学校の違いを既に知っていた様であり、再び巡ってきたより大きな機会に歓喜した。早速これに応募した彼は、今度は家族に妨害されない様に、書類を隠して管理したという。入学定員の二〇〇名に対して、応募者は約七倍の一四〇〇余名。全斗煥の様な学生だけでなく、一般市民や現役軍人も含まれていた。韓国陸軍の各部隊では、「栄誉ある陸軍士官学校生」に代表者を送り出すべく、激しい競争を繰り広げた、という（その結果入学した人物の一人が盧泰愚である）。

試験はまず、身体検査と面接、更には筆記で行われる第一次審査から開始された。中学校時代からスポーツに勤しんでいた全斗煥は、同年一〇月に慶尚北道立病院で行われた身体検査と面接試験を難なく突破し、国語、数学、英語、科学、社会の五科目で行われた筆記試験にも合格した。

彼は次いで、「精密身体検査」と呼ばれた第二次審査に進んだ。『回顧録』によれば、この審査は合宿方式で行われ、大邱市内の七星洞に位置する補充隊がその場所として使われた。この全斗煥の回顧が正しければ、全斗煥が盧泰愚をはじめとする後に彼の政権を支える人々にはじめて会ったのはこの場だった事になる。

五星会の誕生

注目すべきは、全斗煥がここまでの試験の全てを、自らが住む大邱市内で済ませている事であり、これだけで彼が如何に有利だったかがわかる。そしてこの時の陸軍士官学校入学試験を巡る特異な状況は、全斗煥の経歴、更には韓国の現代史にも大きな影響を与えた。この時第二次試験に進んだのは、二二八名、内訳は現役の軍人・軍属が一一三名で、約半数を占めた。次いで全斗煥と同じ学生が九七名、公務員四名、その他一四名だったという。

しかしより重要なのは、地域配分である。最大勢力は臨時首都釜山が位置し、陸軍士官学校予定地の鎮海もあった慶尚南道の四一名、これに全斗煥等、慶尚北道の出身者が二九名で続いた。次いで全羅北道が二七名、その他地域は一〇名未満であった（この時点での三八度線以南の韓国を構成する行政地域は、ソウル特別市、京畿道、忠清北道、忠清南道、江原道、全羅北道、全羅南道、慶尚北道、慶尚南道、済州道の一〇行政区域であるが、士官学校の合格者にはこれ以外に、平安北道、平安南道、黄海道、咸鏡北道、咸鏡南道といった三八度線以北の出身者等も含まれている事に注意）。明らかなのは、朝鮮戦争において本格的な戦場とならなかった地域を多く含む、慶尚南北道の出身者が過大な事、そして本来なら最も人口が多い筈のソウル・京畿道の出身者が少ない事である。背景にはこの入学試験が行われた一九五一年の段階では、一月にソウルが再び陥落し、三月に入って漸く国連軍により再奪還されるなど、ソウル近郊では依然激しい戦闘が行われていた事があったろう。

そして、この状況は、士官学校生徒の間に独特の環境を作り出した。『黄江』はその状況を次の様に描写する（千金成『黃江에서 北岳까지』、一四一ページ）。

自然に地域別に集まりができ、斗煥は慶尚北道地区出身のグループに属した。〔中略〕斗煥は盧泰愚をはじめとした金復東《キム・ブクドン》、崔性澤《チェ・ソンテク》、白雲澤《ペク・ウンテク》等と親しくなった。

『回顧録』によれば、全斗煥が「精密身体検査」の場で、最初に親しくなったのは盧泰愚と金復東

陸軍士官学校時代の全斗煥（中央）と盧泰愚（左下）

だったという。彼等は最初に招集された日に出会った、というのがその回想の内容である。その後、崔性澤と朴秉夏《パク・ビョンハ》（尤も、朴秉夏は後に兄である朴勝夏《パク・スンハ》が、朴秉夏の陸軍士官学校入学直後に勃発した、国民防衛軍事件にて責任を問われて軍を追われた結果、留年を余儀なくされ、全斗煥等から一期遅れた第一二期生と士官学校を卒業している。その事を理由として、「五星会」の会員の中に、朴秉夏に代わって士官学校三年次にこれに加わった「雄星」白雲澤を数える場合もある）がこれに合流し、彼等五名はその名も「五星会《オソンフェ》（伍星会と書く事もある。例えば、盧泰愚はこの様に表記している）」という親睦団体を結成する。名前には二つの意味があった。一つは、彼等がお互いに、「星」の付く別称を自らに付けた事である。全斗煥は「勇星」、盧泰愚は「冠星」、更には、金復東が「黎星」、崔性澤が「彗星」、朴秉夏が「輝星」であった。「星」とは、将軍の事であり、若き彼等が将軍になる事を夢見ていた事の表れである。

二つ目は、この名称が、軍の最高階級である「ファイブスター・ジェネラル」、つまり元帥を意味するものだった事である。だからこそ、後に孫永吉《ソン・ヨンギル》、白雲澤等が合流し、仲間の数が増えてからも「五星会」の名前は変えなかった、というのが全斗煥の説

明である。尤も、盧泰愚は、参加者が増えると共に会の名称は「七星会《チルソンフェ》」「八星会《パルソンフェ》」と変わっていったという証言を残しているから、若き生徒候補の集まりに公式な名前などなかったのかも知れない（노태우『노태우 회고록』上、六七―六八ページ）。

さて、全斗煥はこの中で最年長であり、自然にそのリーダー的地位を占めた。こうして作られた人脈とその中でのリーダー的な地位は、その後の全斗煥の活動に大きな意味を持った。

全斗煥によれば、当時の陸軍士官学校では、この様な出身地域を母体とする生徒達の私組織が多数形成された。そしてこれらの四年制士官学校最初の入学者の私組織はやがて、彼等の後輩等を加えて、軍内における士官学校卒業生による派閥へと発展した。例えば、三八度線以北地域やソウル出身の人々は、朝鮮戦争で活躍した勇将、金錫源《キム・ソグウォン》の三男である金泳国《キム・ヨングク》を中心とした集まりを形成し、この組織は後に「青竹会《チョンチョクフェ》」と呼ばれた。運動部出身者が多かった「五星会」の人々に対して、成績優秀者が多かった彼等は「学究派」の傾きのある人々だったという。

とはいえ、多くの私組織の中でも、最も成長したのが、この「五星会」から成長した「ハナ会」である。「ハナ」とは韓国語で「一つ」の意味であり、「国家も友情も義理も一つ」という意味で、ハナ会と名付けられたという。そしてこの「五星会」からハナ会を構成した人々こそが、朴正熙死後、全斗煥を中心とする軍事クーデタを主導し、更には、全斗煥を大統領とする「第五共和国」期の政府中枢を占める事になるのである。

第一一期生の特殊性

ともあれ重要なのは、こうして後の「第五共和国」へと繋がる人脈が、士官学校入学前後の極めて早い時期から形成されていった事、その存在が当初から比較的大きな比重を占めた事である。

加えて、彼等陸軍士官学校第一一期生は、新たに作り上げられた四年制の士官学校において、入学から卒業まで常に「最上級生」として君臨し続けた。第一〇期生以上は任官して学校を去っており、校内に彼等の上級生が存在しなかったからである。こうして彼等は士官学校で学んだ四年間、続く学年の生徒達を「最上級生」として指導した。その事は、軍内において第一一期生の存在を特殊なものとさせた。

とはいえ、その事が重要な意味を持つのは少し先の事である。「精密身体検査」の約一週間後、全斗煥は最終的な合格通知を受け取った。この大邱での「精密身体検査」ではふるい落としは行われなかった様であり、参加した二二八名はそのまま合格通知を受け取った、という。小説的な記述の多い、『黄江』はその時の事をこう記述している（千金成『黄江에서 北岳까지』一四二ページ）。

全斗煥は盧泰愚と金復東の手を取ってこういった。

「俺たちはこれからも一緒に上手くやっていこうぜ。俺は必ず陸軍参謀総長になってみせるからな！」

台詞は創作に違いないものの、陸軍士官学校からの合格通知を彼等が歓喜の下で受け取ったであろう事は変わらないだろう。

しかし、全斗煥の前途は多難であった。彼等が陸軍士官学校に仮入校したのは一九五二年一月一日。

選抜は仮入校後も行われ、過酷な訓練の結果として二八名が脱落、正式に入学式に臨んだのは、定員ちょうどの二〇〇名であった（この点について、『陸軍士官學校60年史』は少し異なる記述を残している。そこでは二二八名が入学式に出席した、としているからである）。

全斗煥の入学試験での学業成績は仮入校した二二八名のうち、下から二番目。他方、盧泰愚は数学の成績がよく、総合で一〇番台の好成績であった（노태우『노태우 회고록』上、五〇ページ）。つまり、陸軍士官学校が仮入校時の人数を、最初から最終的な合格者数と同じ二〇〇名にまで絞り込んでいれば、全斗煥の手元には合格通知は届いていなかった計算になる。陸軍士官学校入学時点での全斗煥は、その程度の、とても将来有望とは言えない生徒だった。

ともあれ、ここで彼はその幼少年期を過ごした大邱、そして家族の下を離れ、陸軍士官学校のあった鎮海へと居を移す事になる。次に陸軍士官学校の入校後の彼について見てみる事としよう。

2　僥倖の到来

士官学校入学

一九五二年一月二〇日に行われた陸軍士官学校の入学式は、戦時下とは思えない華やかなものであった。祝辞を述べたのは、大統領李承晩。国会議長の申翼熙《シン・イッキ》や、マッカーサーに代わって国連軍司令官に就任したリッジウェイ、駐韓米軍司令官のバンフリートも列席した。「ウェストポイント式」の四年制士官学校の設立は、李承晩の長年の悲願であり、式典に並んだ顔ぶれには、彼がこの士官学校設立に傾けた思いが凝縮されていた。

それでは士官学校の概要について見てみよう。発足当初の士官学校の校長は安春生《アン・チュンセン》准将、かの伊藤博文を暗殺した事で知られる安重根《アン・ジュングン》の甥に当たる人物である。この下に副校長兼教授部長の朴《パク・》重潤《ジュンユン》大佐、そして参謀長の李圭東《イ・ギュドン》大佐が続く陣容である。士官学校はそれ自体が一つの軍の組織であり、故に組織を統率する校長、副校長とは別に、指揮権は持たないが、助言やアドバイスをする参謀長が置かれているのが特徴である。尚、この参謀長である李圭東の存在は、その後の全斗煥の人生に大きな意味を持つ事になる。

士官学校の教育は二二六八時間が自然科学、一三三二時間が人文科学、そして一九六一時間が戦術学、その他を併せた合計五五六一時間が年間の授業数とされた。教育の特徴の一つはDaily Systemと呼ばれた各教科で毎日試験が行われる制度であり、生徒はこの試験に合格する為に、夜遅くまで勉強に励んだ。卒業までの間に行われた試験の回数は四〇〇〇回を超えたというから、文字通り「試験漬け」の日々を送っていた事になる。

生徒は試験の成績によって班分けされ、最も成績の悪いグループは副校長直轄の「将軍班」に班分けされた。他方、各教科で九〇点以上の成績を上げた生徒は、優等生として表彰され、「優等生バッジ」を与えられる栄誉を得た。反面、六七点未満の生徒には追試験が課せられ、追試験でも合格できない場合には、学校内の教育委員会の審議を経て退学処分になる決まりだった。第一一期生の場合、二〇〇名の入学者のうち四四名が成績不良等により途中退学する事を余儀なくされた。

入学時の成績において優秀だとは言えなかった全斗煥は本来なら、成績不良による中途退学の有力候補だった。彼には決定的な苦手科目もあった。それは合計一七科目あった一般学科、つまり戦術学

を除く科目の一五％をも占めていた数学である。『黄江』は全斗煥の数学に対するコンプレックスを次の様に述べている（千金成『黃江에서 北岳까지』一五一ページ）。

甚だしくは道に落ちている三角定規を見ただけでも「はっ」とする程であった。

サッカー部キャプテンとして

さて、問題はここからである。多くの国において、将校の出世には士官学校の成績が大きな影響を有している。その理由は成績の良さこそが、当該士官の優秀さの証であり、故に成績優秀者に軍は早い時期から、機会を与えるからである。そして与えられた機会を生かす事で優等生は更なる機会を得る。こうして成功を積み重ねる事で、エリート士官候補生がエリート士官になる訳である。

とはいえ、それだけなら例えば、キャリア官僚にとっての公務員試験の成績の優秀さの重要性とさして変わらない。士官学校における優等生のもう一つのアドバンテージは、その優秀さが士官学校という閉鎖された空間で繰り返し示される事で、同期、更には教官をも含む士官学校関係者の注目を浴び、彼を中心とする人間関係が構築される事にある。全斗煥と同じ慶尚北道出身の人々の繋がりについて見た様に、士官学校は単なる教育機関ではなく、任官後にも繋がる人間関係を作り上げ、更にはその関係の中で、将来のリーダーを生み出していく装置の役割をも有しているのである。

その事は逆に言えば、仮に何者かが、士官学校の成績とは異なる形で同期の学生の多くや、士官学校関係者からの評価を獲得した場合も、類似した立場を獲得する事が出来る事を意味している。

そして全斗煥が士官学校にて存在感を示したのは、学業成績以外の部分においてであった。『回顧録』や『黄江』がこの点において強調するのが、彼のクラブ活動でのリーダーシップであり、活躍である。士官学校のクラブ活動については、全斗煥と盧泰愚がその『回顧録』にて詳しく述べており、ここではその記述に従って説明してみよう。

士官学校においてクラブ活動は、生徒による「特別活動」として位置づけられており、サッカー、ラグビー、バスケットボール、野球、陸上等の「運動部」があったという。運動部の設立は生徒自らの意志により行われた様であり、盧泰愚の『回顧録』には彼が最初に所属し主将をも務めていた陸上部を離脱し、苦労してラグビー部を作り上げる様子が描かれている（노태우『노태우 회고록』上、五六―五七ページ）。サッカー部の創設がどの様な過程を経てのものであったかは明らかではないが、後にその主将を務める事になる全斗煥が重要な役割を果たしたであろう事は想像に難くない。こうして彼等、陸軍士官学校第一一期生は、今日まで続く陸軍士官学校「運動部」の創設者にもなった訳である。

士官学校のクラブ活動において全斗煥等が果たした特殊な役割は、それだけではない。既に述べた様に、四年制に改編されたこの学校において、彼等は四年間ずっと「最上級生」だったからである。例えば、盧泰愚の『回顧録』には、彼等が入学を果たした約半年後の一九五二年七月七日、自らの最初の後輩となる第一二期生が入学し、二〇〇名だった学生が四〇〇名に増え賑やかになった様子が、「言う事を良く聞く賢い弟等が多く、兄としてワクワクした」という表現で記されている（노태우『노태우 회고록』上、六二―六三ページ）。当然の事ながら、この様な彼等の特殊な地位は、クラブ活動においても、下級生との間で特殊な上下関係を生み出す事となった。

クラブ活動においては、彼等の鍛錬の成果を示す場もあった。一九五四年一〇月五日、彼等が三学年目に入った時期に開かれた「三士体育大会」、つまり、海軍士官学校、空軍士官学校との対抗戦である。この年の大会は後に続く「三士体育大会」の最初のものであり、韓国内の大きな注目を集めた。開催場所はソウルの東大門運動場。日本統治時代の一九二五年に、「京城運動場」として作られた、収容人員二万人以上を誇る、当時の朝鮮半島最大のスタジアムである。大会には多くの市民や学生が詰めかけ、スタンドには立錐の余地すらなかった、と盧泰愚は回顧する。大会には大統領の李承晩も駆けつけ、士官学校生達の活躍を自ら見守った。

そして、全斗煥と盧泰愚にはこの「三士体育大会」を特別な思いで迎える理由があった。何故なら、この第一回「三士体育大会」の種目は、彼等が主将、或いは主力を務めたサッカー部とラグビー部の間の対抗戦だけだったからである。結果は、ラグビー部が、二戦全勝で優勝、背番号一一をつけレフトウィングを務めた盧泰愚は、強豪空軍士官学校との試合で、逆転のトライをゴール中央に決めている（노태우『노태우 회고록』上、六四―六六ページ）。他方、背番号一をつけゴールキーパーを務める全斗煥が主将としてチームを率いたサッカー部は、初戦の海軍士官学校に敗れて一勝一敗、二位に終わった。結果、大会はラグビー部の活躍により、陸軍士官学校が総合優勝。盧泰愚はこれにより陸軍士官学校生徒の団結が一層高まった、と記している。

『黄江』によれば、彼等の卒業時に作られたアルバムの全斗煥の写真には、「サッカーチームのKeeper」「Leadership」、更には「滅死突進」と書かれているという。その事は士官学校当時の彼にとって、サッカー部での活躍が如何に大きかったかを意味している。

とはいえ、全斗煥が士官学校時に獲得したのは、同郷の集まりやクラブ活動を通じた、リーダーシップだけではなかった。陸軍士官学校二年になって、漸く外出が許される様になった全斗煥達であったが、彼等はこの貴重な時間をどう過ごすべきか知らなかった。持ち合わせの余裕がなく、市内に親戚もない彼等には、行く当てがなかったからである。

こうしてサッカー部員をしていた生徒達は、主将の全斗煥を中心に頭を絞った。その時の様子について彼はこう記している（전두환『전두환 회고록』3、二〇ページ）。

［サッカー部主将でもあった］私は集まった仲間を、当然、自分がどうにかしてやらねばならないと考えた。自分の生まれながらの性分なのかはわからないが、ともかく私は幼い頃からそう考えてやってきた。そしてその時、頭に浮かんだのが参謀長の先生だった。参謀長の李圭東大佐は、朴正煕大統領と同じ陸士第二期生で大韓民国の建国に当たって軍隊の創設に参加したメンバーの一人だった。参謀長先生は懐の広い方で、生徒の問題をよく理解し、運動も良くできた方だった。主将を務めていた私がサッカー部員とグラウンドに出て練習をしていると、参謀長先生はよくやって来て、指導して下さった。参謀長先生が来て下さるだけで心強かった。

こうして全斗煥はサッカー部員達を引き連れて、休日の李圭東の家を訪ねる事になる。部員を代表して彼が口にしたのは、寄りによって「昼ご飯をごちそうになりに来ました！」という言葉だった。李圭東はこうして無理やり自宅に押しかけてきた彼等を迎え入れた。「ただ飯」を口にする事に成功した全斗煥は、帰り際に「来週もやってきます」と叫んだ。李圭東は鷹揚にも「そうしろよ」と答えたという。

重要なのはこうして全斗煥が、陸軍士官学校ナンバースリーであり、当時の韓国陸軍における高級将校の一人であった人物との関係を形作った事である。そして李圭東は軍内でも後に極めて重要になる人間関係を有していた。韓国陸軍士官学校の前身に当たる朝鮮警備士官学校第二期生であった彼は、日本統治期には満洲国軍士官学校を第四期で卒業し、満洲国軍経理官を務めた人物であった。後に大統領となる朴正熙とは朝鮮警備士官学校では同期、そして満洲国軍士官学校では二期下という、二重の因縁を持つ人物である。陸軍では作戦指揮よりも、後方の事務管理を得意とした。

加えて李圭東との交流は、全斗煥の人生にとって、もう一つの重要な要素をもたらす事になる。頻繁に李圭東の家を訪ねる事となった全斗煥は、やがてその次女である李順子《イ・スンジャ》と交際する様になったからである。

スポーツを通して得た同期や後輩からの人望と、強引にも見える方法で獲得した高級将校との人脈。こうして後の彼の人生に大きな影響を与える事となる「資源」を獲得した全斗煥は、一九五五年九月三〇日、陸軍士官学校を卒業し、少尉として任官した。『黄江』は当時の全斗煥の信条を以下の様に記して見せる（千金成『黄江에서 北岳까지』一七九ページ）。

> おれは士官学校を優秀な成績で卒業できなかった。だが、軍実務では断然最高の成績を示して見せる！

朝鮮戦争は既に一九五三年七月二〇日に休戦に入っており、陸軍士官学校は一九五四年六月二三日、鎮海からソウル市郊外の泰陵《テルン》に再移転していた。卒業式にて首席として生徒を代表したのは、入学時と同じく金聖鎮。韓国初の四年制士官学校を入学時から卒業時まで圧倒的な成績で卒業した彼こそが、この時点での同期の先頭走者であった。他方、全斗煥の士官学校卒業時の成績は、卒業者一五六名中、一二六位。様々な努力にも拘わらず、全斗煥は士官学校卒業生達の中で、凡そ有利とはいえない立場から自らの軍人生活を本格的に始めざるを得なかった。

とはいえ、士官学校そのものの卒業が彼にとって大きな喜びであった事も、また間違いはなかった。卒業式が行われた泰陵には、李圭東とその夫人、更には次女の順子も参席した。この時撮られた記念写真には、全斗煥が恰も既に李圭東の家族の一員であるかの様に収まっている。

こうして彼の軍人としての生活が真に始まる事となる。

第三章　助走期間

1　特殊戦部隊との出会い

結婚

士官学校の卒業生達は、まず光州に置かれていた初等軍事班に集い、改めて訓練を受けた。その後、彼等は軍上層部が与えた部隊へと移る事になった。全斗煥が最初に赴任したのは、第二一師団六六連隊。第一中隊の小隊長としての役割だった。翌一九五六年には早くも中尉に昇進した彼は、師団参謀部にて作戦将校を任された。任地は江原《カンウォン》道《ド》華川《ファチョン》郡《グン》社倉《サチャン》里《リ》。前線に近い山深い土地であった。

李圭東とその家族との交流はこの間も続き、その交わりは一九五七年、全斗煥が陸軍士官学校の教育連隊所属の教育将校に配属され、ソウル近郊に戻ると一層活発なものとなる。とはいえこの家族との間における全斗煥の主たる交流の対象は、既に李圭東ではなく、その娘の順子になっていた。後に執筆された全斗煥と李順子の二人の『回顧録』（이순자『당신은 외롭지 않다』［자작나무숲、二〇一七年］）

には共に、この間の交際の様子が詳細に描かれている。儒教的な文化が強く残る一九五〇年代の韓国において、両者が奔放な交際をしていた事がわかる。

こうして愛を育んだ両者は、一九五九年一月二四日、結婚式を行った。場所は全斗煥が幼少期を過ごした大邱にある第一礼式場。結婚式がソウルではなく、大邱で行われた事には幾つかの理由があった様である。一つは全斗煥の実家が依然として市内にあった事、第二は偶然にも、当時、李順子の父親である李圭東も大邱に司令部を置く第二軍の管理部長として配属されていた事である（千金成『黄江에서 北岳까지』一九三ページ）。結婚式の仲人は、李圭東の上官に当たる崔栄喜《チェ・ヨンヒ》第二軍司令官が務めた。陸軍士官学校の前身である米軍政期の軍事英語学校を第一期で卒業し、朝鮮戦争にて勇名を馳せた人物であり、この僅か一年余り後の一九六〇年五月には、李承晩政権が学生運動により倒れた後に、新たに成立した第二共和国にて参謀総長を務める事になる。朴正熙によるクーデタの二か月前に軍を退役した崔栄喜は、朴正熙政権下では国会議員や国防部長官として活躍した。こうして全斗煥は李順子、つまりは李圭東の娘との結婚を通じて、次々と軍内における重要人脈を獲得した。

加えてこの時点では、全斗煥自身も大邱市内に居住していた。結婚式が行われる直前の一月三日から四か月に渡り、大邱市内にある陸軍副官学校にて軍事英語の研修を受けていたからである。これが李順子との交際、更には結婚式と新婚生活に合わせた軍の配慮だったのか、ただの偶然だったのかはわからない。

結婚式には、「五星会」のメンバーである、盧泰愚、金復東、崔性澤、白雲澤等も参席した。彼等にとって大邱は生まれ故郷である慶尚北道の地にあり、また、士官学校の「精密身体試験」にてはじめて出会い、交流を深めた思い出の地でもあった。友人代表のスピーチは盧泰愚が務め、崔性澤が自慢のバイオリンの腕を披露した。そのバイオリンの演奏に盧泰愚が口笛で加わったというエピソードも残っている。尚、この四か月後の一九五九年五月三一日には、大邱市内の同じ結婚式場で、今度は盧泰愚の結婚式が行われており、こちらでは全斗煥が司会を務めている。士官学校在学時、「五星会」に集った人々のこの時点での強い友情の絆を知る事が出来る。

さて、結婚式を終えた新婚夫婦は、暫く大邱にあった全斗煥の実家に身を寄せた。李順子は併せて、通っていた韓国の名門女子大学である梨花《イファ》女子大学の医学部を中退した。奔放な交際を続けた両者であるが、ここは儒教的伝統に則って、妻が社会から退く事を選択した事になる。

大邱での生活は、全斗煥の四か月に亘る短い軍事英語の研修が終わると終了し、両者は全斗煥の本来の赴任地であるソウルに移る。彼等は暫くの間、李順子の親族宅に身を寄せた後、やはりソウルへと異動して来た李圭東の家で再び同居した。全斗煥夫妻と李圭東一家との同居生活はその後八年もの間、続いたというから、両者の仲は良好であったと言う事が出来よう。李圭東の長男である李昌錫《イ・チャンソク》は一九五一年生まれ、つまり、全斗煥と李順子が結婚した段階では八歳と未だ幼かったから、この時期の全斗煥は、軍首脳の一人である李圭東の「入り婿」に近い存在だったかも知れない。この様な当時の韓国軍高級将校の家族との特別な関係は、当然の事ながら全斗煥の軍内における立場を大いに強化しただろう。

特殊戦部隊のパイオニア

こうして軍首脳との人間関係を再構築した彼は、この時期、もう一つの飛躍の機会を得た。背景には新たに本格的な特殊戦部隊を育成しようとする韓国軍の計画があった。特殊戦部隊とは、通常部隊では任務の遂行が困難な作戦に従事する為に、特殊な教育を受けた部隊一般の事であり、アメリカのある文書は、「敵対的、もしくは敵の制圧下にある環境、あるいは政治的に敏感な環境において、幅広い通常戦力を必要としない軍事力を用いて、軍事的、外交的、情報上、経済的目的の全て、もしくはいずれかを達成するために実施される作戦」を遂行する部隊、とこれを定義している（Director for Operational Plans and Joint Force Development, Joint Chiefs of Staff, *Department of Defense Dictionary of Military and Associated Terms* [Washington: Department of Defense, 8 November 2010], http://www.dtic.mil/doctrine/new_pubs/jp1_02.pdf, pp. 340-341.［最終確認二〇一三年一〇月二六日］。また、塚本勝也「米軍の特殊作戦部隊の役割と課題――アフガニスタン・イラクにおける活動の事例を中心に」『防衛研究所紀要』14（1）、二〇一一年）。

特殊戦の概念は第二次世界大戦により注目される様になり、朝鮮戦争、そして当時拡大を続けていたインドシナ半島における戦争により、世界的にも重要視される様になっていた。この様な状況を受けて、韓国でも一九五八年四月一日、軍の各部隊に分散していた諜報・遊撃部隊を統合し、特殊戦に特化した第一戦闘団が設置された。部隊は同じ月の四月三〇日には沖縄に渡り、アメリカ陸軍第一特戦部隊にて訓練を受けている。この部隊は一九五八年一〇月には、第一空挺特殊戦旅団と名称変更しているから、特殊戦の中でも空挺戦に力を入れた部隊であった事がわかる。背後には韓国に駐屯していたアメリカ軍顧問団の意向があった。

そして、この第一戦闘団が設置された一九五八年四月一日、全斗煥はこの部隊創設の準備委員に志願して派遣され、同年一二月には教育将校に任じられている。『回顧録』は次の様に説明する（전두

환『전두환 회고록』3、三二ページ)。

私は陸軍士官学校の生徒であった頃から、特別な歩兵将校になろうという覚悟を決めていた。軍人は常に危険を覚悟して任務を遂行しなければならない存在であり、その為には訓練を通じて強靭な精神力と戦闘能力を身につけなければならない、と考えていた。空挺部隊はその様な私の信念と目標を実現する最適の部隊だった。実戦よりも厳しい訓練、上空から祖国の為に命を賭して舞い降りる降下訓練等、超人的な訓練により、軍人としてのプライドと高い矜持を感じる事が出来る場所。それこそが正に空挺部隊だった。

アメリカ留学時代の全斗煥（中央）

明らかなのは、士官学校において「特別な」業績を上げる事ができなかった全斗煥が、この空挺部隊への志願を通して、「特別な」存在になろうとしていた事であった。

二回のアメリカ留学

そして、彼には「特別な」存在になる為の「特別な訓練」を受ける機会も与えられた。一九五九年六月、陸軍のアメリカ留学メンバーとして選抜される事になったのである。留学期間は六月一三日から一一月二五日までの五か月余り、場所はアメリカのノースカロライナ州フォートブラッグに設けられた陸軍特殊戦学校だった。この学校は一九五〇年に設置された心理戦学校を前身とするものであり、特殊部隊と心理作戦要員のドクトリン、技術、訓練、教育を開発する事を任務としていた。当時重要性がようやく見出されつつあった、心理戦と不正規戦に対応した最新の研究機関であり、また学校であった事になる。そして、全斗煥はこの学校で学ぶ事により、韓国人ではじめて本格的な最先端の特殊戦に関わる教育を受けた将校の一人になった。共に渡米したのは、全斗煥の親友盧泰愚、李瑛珍《イ・ヨンジン》、陸完植《ユク・ウァンシク》等だった。

全斗煥等はこの学校で特殊戦と心理戦の課程に通い、これを修了した。帰国した彼は早速、その知見を活かすべく第一空挺特殊戦旅団の主任補佐官を任されている。

彼は続く一九六〇年三月一五日には部隊を率いて沖縄における米韓合同軍事演習に参加した。そしてこの日に行われた大統領選挙での大規模な不正を契機として、韓国全土では大規模な学生運動が発生し、結果、李承晩政権は崩壊する。こうして韓国は議院内閣制を基礎にした「第二共和国」体制へと移行する。

しかし、この時点での全斗煥の人生は、この韓国史に残る政変から大きな影響を受けなかった。既に述べた様に、この韓国軍における特殊戦部隊の創設は、アメリカから韓国に派遣された軍事顧問団の主導によるものであり、その結果は、韓国初の空挺部隊の創設となって表れた。当然の事ながら、そこにおいては特殊戦に関わる一般的な知識のみならず、「空挺部隊」そのものの任務を遂行する為の知識が必要であり、韓国軍はその指揮に当たる将校の育成を急いでいた。

そして同年七月四日、全斗煥は、今度はアメリカのジョージア州フォート・ベニングに設置された、レンジャースクールへの留学メンバーとして選ばれ、八名の同僚と共に再度渡米した。『黄江』によれば、この計画を聞いた全斗煥は、留学計画の重要性と自らがその最適な対象者である事を米軍顧問団の前で力説した、というから、事実ならその前向きな姿勢が、彼が僅か一年の間に二度ものアメリカ留学の機会を得る事ができた要因の一つであったろう。加えて、この二回目の留学者の選抜が行われた当時は、全斗煥の結婚式にて仲人を務めた崔栄喜が陸軍参謀総長を務めていた時期でもある。卓越した軍内の人脈もまた、彼が異例とも言える相次ぐアメリカ留学の機会を得る事に貢献したかも知れなかった。

とはいえ、その事は、全斗煥の二回目の留学生活が安逸なものであった事を意味しなかった。アメリカ到着後に行われた選抜の結果として、留学した八名の韓国人将校のうち、実際のレンジャースクールに進めたのは半数の四名。全斗煥と、崔世昌《チェ・セチャン》、張基梧《チャン・ギオ》、そして車智澈《チャ・チチョル》がその顔ぶれである。この内、崔世昌と張基梧はその後、各々第三、及び第五空挺特殊戦旅団長に就任し、全斗煥等が軍内を掌握するに至った一九七九年一二月一二日の粛軍クーデタに参与する人物である。崔世昌は、朴正熙政権末期の民主化運動である「釜馬《ブマ》抗争」や、光州事件においても部隊を率いて鎮圧に従事しており、文字通り民主化運動の弾圧の最前線に立った人物でもある。全斗煥政権の最末期には、参謀総長も務め、その政権を支えている（本書では基本的な個人に関わる情報については、以下のデータベースを使用している。DB조선、https://archive.chosun.com/pdf/i_service/index_s.jsp［最終確認二〇二三年一〇月二六日］）。

他方、車智澈は朴正熙らが軍事クーデタを起こした翌年の一九六二年に軍を退役し、政治家に転じた。後に国会議員を経て、朴正熙政権下の大統領警護室長を務め、大統領の最側近として権勢を振るった事は、彼が一九七九年一〇月二六日、当時中央情報部長を務めていた金載圭《キム・ジェギュ》による朴正熙暗殺事件にて、大統領と共に射殺された事実と共に、よく知られている。

重要なのは、この時アメリカ留学に選ばれた人達――より正確には直後に政治家に転じた車智澈を除く三名の人々――こそが、空挺部隊を中心とする韓国の特殊戦部隊の草創期において重要な役割を果たす事である。そして彼等の中で先頭走者としての地位を占めたのが、全斗煥であった。事実、この二回のアメリカ留学の際に、全斗煥は共に、自らが韓国人派遣将校等のリーダーであるかの様に振舞った。士官学校第一一期生であった全斗煥は盧泰愚と並び、一連の留学生の中で最も古い軍歴を持ち、加えて最年長者でもあったから、彼自身はそれを当然の事だと看做していた様である。とはいえ同時に、「先輩然」として振舞う彼の姿勢に反発を持つ者も存在した。一回目の渡米で全斗煥と生活を共にした李瑛珍は次の様に回想する（이영진「내가 겪은 전두환 노태우와 박태준」『신동아』一九九九年五月、https://blog.naver.com/les130/80003578670［最終確認二〇二三年一〇月二六日］）。

ある日、課題を終えて宿舎に帰ると、外で全先輩が騒ぐ声が耳に入った。全先輩が嘗て一緒に勤務した米軍顧問官に会って、旧部隊長である某少将を「カネしか興味がない奴」と罵っていた。瞬間的に怒りが込み上げてきた私は、盧先輩に「どうしてあんな話をアメリカ人にするのでしょうか」と話すと、盧先輩は「そうだな」と答えた。が、その瞬間、いつのまにか全先輩がやってきて、

「この餓鬼、見えない所で悪口言いやがって」と怒られた。
原因を自分が作っておいて、それを口にすると他人を問い詰める。全先輩の生まれながらの性格だというしかなかった。

李瑛珍は「予測できない彼の行動の為に私の心は不安だった」とまで書いているから、傍若無人で、権威主義的な全斗煥の姿勢に彼がどれ程苦労したかがわかる。

こうして時に軋轢を繰り返しながらも、全斗煥は少しずつ軍内の立場を確立し、同期の中でも先頭走者の一人に数えられる様になっていく。そして、ここで彼の人生を一変させる大事件が発生する。朴正煕等による軍事クーデタがそれである。

2 朴正煕との出会い

五一六クーデタ

一九六一年五月一六日午前三時過ぎ。ソウル市を東西に貫く漢江を跨ぐ漢江人道橋（現在の漢江大橋）南端に、約六〇〇〇名の兵力が集結しつつあった。率いるのは、大邱に本部を置く第二軍副司令官の朴正煕。前日、密かにソウル市内に戻った彼は、この日の深夜にソウル首都圏の西部、永登浦に置かれた第六軍官区司令部に現れ、これを掌握、その配下の部隊を以て、予てより予定していた軍事クーデタを実行しようと試みていた。にも拘わらず、朴正煕の呼びかけに応じて実際に集まった部隊は、金浦に駐屯する海兵隊第一旅団と陸軍第一空挺特殊戦旅団等

の僅かな部隊のみ。時間も計画より遅れており、クーデタは決して順調に進んではいなかった（本書における、「五一六クーデタ」そのものの詳細な経過は、以下の書籍に拠っている。金炯旭『金炯旭 회고록』［문화광장、一九八七年］）。

そして更に悪い事に、このクーデタの計画は既に参謀本部の知る所となっていた。だが対する参謀本部は迷っていた。参謀総長であった張都暎《チャン・トヨン》が、李承晩政権崩壊後、政治的混乱が続く状況の中、張勉《チャン・ミョン》率いる時の政権を守るべきか、或いはいっその事、朴正熙率いるクーデタ勢力と連合して、自身が政権を奪取すべきかを決めかねていたからである。結果、参謀本部がこの戦略的に重要であった漢江人道橋防衛の為に積極的に兵力を配置する事はなく、この橋において、朴正熙率いるクーデタ部隊を迎えたのは僅か五〇〇名の憲兵隊だけだった。

憲兵隊の抵抗を簡単に突破してソウル市内中心部に突入したクーデタ部隊は、瞬く間に陸軍本部をはじめとするソウル市内の要所を占拠した。国務総理の張勉は身の危険を感じ、執務室代わりに使用していたソウル市内中心部に位置する半島ホテルを離れ、修道院へと避難した。午前五時、朴正熙等は「軍事革命委員会」の名前で「革命公約」を発表、ラジオを通じて韓国全土に自らが権力を掌握した事を明らかにした。ここで「第二共和国」体制は短かった命を終え、クーデタ勢力によるむき出しの軍事政権の支配へと移行する。

クーデタ勢力への参加

それでは、全斗煥はこの未曽有のクーデタをどの様にして知ったのか。彼は次の様に回顧する（전두환『전두환 회고록』3、三三ページ）。

一九六一年五月一六日早朝四時頃、私は誰かがドアを叩く音で目を覚ました。陸軍士官学校同期の李東南《イ・ドンナム》大尉だった。李大尉はわが家が身を寄せていた元暁路《ウォンヒョロ》にあった妻の実家からさ程遠くない所に住んでおり、互いの往来も時々あった。彼は私を見るや否や「革命成る！」と叫んだ。朴正熙将軍という方が主導して革命が起こった、と言うのである。陸軍本部の情報参謀部に勤務していた李大尉は、この日早朝緊急連絡を受けた瞬間、革命が起こった事が分かったと言った。情報参謀部将校という、誰よりも早く情報を入手できる地位にいる為だからかも知れないと思ったが。後日聞いた話では、この李大尉は以前から軍事革命の雰囲気を感じていた、との事だった。

それでは全斗煥は、この時点で状況をどう理解していたのだろうか。彼は続ける（전두환『전두환 회고록』3、二三ページ）。

> クーデタを主導したのは情報参謀部出身の将校達だった。朴正熙将軍は佐官級であった時代、情報参謀部に勤務した事があり、金鍾泌《キム・ジョンピル》《きん・しょうひつ》氏と朴鐘圭《パク・ジョンギュ》氏も情報参謀部出身だった。李東南大尉は革命勢力としては参加できなかったが、これを主導した人々の動向から、彼等が何かしらを計画している直感を得たのだった。だからこそ李大尉は陸軍本部が下した緊急連絡を、彼等が行動を開始した証だと看做し、即ちこれは革命の勃発だ、と自信満々に語ったのだ。そして、この李大尉の言葉を聞くや否や、私もまた「革命賛成！」と言った。

重要な事がいくつかある。第一は後に朴正熙政権において重要な地位を占める事になる全斗煥であるが、彼はこの時点ではクーデタ計画を知らされておらず、また朴正熙との直接の面識もなかった事である。そして、その事はこのクーデタの中心部隊の一つが、全斗煥自身がその創設に参与した第一空挺特殊戦旅団であった事を考えると少し意外に思えなくもない。とはいえ、この回顧にも書かれている様に、全斗煥が朴正熙のクーデタに賛意を寄せた事は明らかだから、仮に事前にこれを知っていたのであれば、その事を隠す理由は全斗煥にはなく、故にその回顧は信用するに足る、と言える。

明らかなのは、この一九六一年における軍事クーデタが勃発した段階では、朴正熙等クーデタ勢力の中心人物は、全斗煥を重要人物だとは看做しておらず、その存在すら明確に認知していなかった事である。加えてこの時代の全斗煥は、朴正熙等のクーデタに対して賛意を見せる一方で一定の違和感すら有していた、と述懐する。彼はその理由について次の様に説明する（전두환『전두환 회고록』3、三五ページ）。

陸軍士官学校が四年制課程を採択した時に徹頭徹尾参考にしたのは、アメリカのウェストポイントだった。［中略］アメリカ式教育には当然、自由民主主義の理念が含まれていた。士官学校は一般社会とは異なり特殊な規律と秩序が適用される組織であるが、各人の人権と自由、そして平等が尊重され、討論を通じて合意を形成する自由民主主義の文化がはぐくまれていた。

全斗煥は『回顧録』において、自分が革命を支持したのは、腐敗した世の中に対して軍人が「革命を起こす」事を支持したのであって、軍人や軍が「自ら統治する」事を支持したのではない、と述懐する。後に自らクーデタを起こし、「自ら統治する」事になる全斗煥のものとしてはかなり奇異に映る説明である。

或いはそこにあったのは、この時点での全斗煥等とこの時にクーデタを主導した人々との間に存在した人脈的且つ世代的な溝であったのかも知れない。しかし、この時点での全斗煥は自らその溝を埋めるべく積極的に行動する事を選択する。即ち彼は、この日自らに革命の勃発を伝えた李東南と共に、革命勢力の本拠地が置かれていた陸軍本部に赴き、革命支持を直接表明するのである。

全斗煥（左）と朴正熙（中央）

彼等が求めた「革命の指導者」との面会は、意外な事に簡単に認められ、全斗煥は朴正熙との初の面会を果たす事になる。背景には、この時、朴正熙の最側近の地位を占めていた朴鐘圭と全斗煥との間の特別な関係があった。朴鐘圭は全斗煥が最初の渡米を果たす一年前に既に同じレンジャースクールで訓練を受けた、言わば特殊戦部隊の「先輩」であり、彼等は直接の面識こそなかったものの、互いの存在をよく知っていたからである。

こうして全斗煥は朴正熙との初の対面を果たす事になる。

彼はこの時の経験を次の様に回顧している（전두환『전두환 회고록』3、七八ページ）。

陸軍参謀本部長室に居た朴正熙将軍は私の事を少しだけ知っていた。私が以前、朴将軍の副官候補に挙がった事があったからだった。朴将軍と舅が陸軍士官学校の同期生だった縁である。〔中略〕朴正熙将軍は私が「全斗煥大尉です。私の舅が李圭東将軍になります」と挨拶をすると「そうか」と言ったきり、続く言葉を発しなかった。そこで私がもう一度口を開いた。「私は革命を支持する為に参りました。単に私が個人的に支持するという事ではありません。私は、革命成功の為には、陸軍士官学校同窓会が革命支持の意見を表明する事が重要だと考えています。そこで、陸軍士官学校生徒に革命支持の意を示す為の街頭行進をさせたいと思います」と自らのアイデアを述べた。朴将軍は私の提案を喜んで受け入れ、革命軍の腕章を一つ渡してくれた。その時が正に私が「革命軍」になった瞬間だった。

陸軍士官学校生徒の街頭行進

この話を理解する為には、当時の陸軍士官学校卒業生を巡る状況を理解する必要があろう。クーデタ前年の一九六〇年、第一一期以降の「四年制陸軍士官学校卒業生」達は、彼等独自の同窓会として「北極星会《ブクククソンフェ》」を立ち上げた。自らこそが韓国で初の本格的な士官学校教育を受けた真の軍エリートである、と自負する彼等は陸軍士官学校全体の同窓会活動においても、それまでの世代との間に一線を画そうとしたのである。当然の事ながら、その幹部の座を占めたのは、「四年制陸軍士官学校」の第一期生に当たる、第一一期生達であり、初代会長には設立時に陸軍士官学校教授を務めていた姜在倫《カン・ジェリュン》が就任した。同窓会活動の便を図る為であると同時に、この時点では第一一期生の間での出世競争においては、全斗煥等「五星会」に集った「運動部」系の人々よりも、学業成績に優れ、陸軍士官学校の教官らを勤めた「学究派」の人々が優位に立っていたからでもある。

当時、学軍士官、つまり、大学生等によって構成される予備兵力を指揮する士官としてソウル大学文理学部に駐屯していた全斗煥は、この「北極星会」のソウル地区同窓会長を務めていた。ソウル地区同窓会はこの同窓会最大の支部であり、その会長は事実上、同窓会全体の事務を総括する立場にあった。彼はこの立場を利用して、陸軍士官学校の現役生徒を動員しようと試みた。つまり四年制士官学校の同窓会である「北極星会」の意志を代表する形で士官学校に働き掛け、彼等に革命支持を表明させる事で、クーデタの首謀者である朴正熙の歓心を買おうとした訳である。

ジープ一台を与えられた彼はその脚で陸軍士官学校に向かった、というから、朴正熙をはじめとするクーデタ勢力の人々も、陸軍士官学校の動向を気にかけていた事がわかる。しかし、この時点では依然、クーデタの成否は明らかではなく、全斗煥等による説得作業は容易ではなかった。とりわけ困難だったのは士官学校幹部の説得だった。当時の陸軍士官学校の校長は、姜英勳《カン・ヨンフン》。陸軍士官学校の前身である軍事英語学校第一期生である彼は、第二期生である朴正熙の先輩であり、合同参謀本部長も務めた軍の重鎮であった。「自らが陸軍本部に行き事態を確認するまでは応じられない」として、全斗煥の提案を拒んだ彼は、その後もクーデタへの協力を拒否する事となり、後に「反革命将校第一号」として、ソウル市内にあった西大門《ソデムン》刑務所に収監される（『연합뉴스』二〇一六年五月四日、

https://www.yna.co.kr/view/AKR20160504205500001〔最終確認二〇二三年一〇月二六日〕）。

予期しなかった陸軍士官学校幹部の抵抗に直面した全斗煥は焦っていた。時を無駄にして、海軍や空軍の士官学校に先んじられてはならない、と考えていたからだった。陸軍、そして全斗煥自身がクーデタ後の政局において重要な位置を占める為には、自らの存在をクーデタ勢力、そしてその中心に位置する朴正熙等に強く印象づける必要がある。その為には、海軍や空軍の士官学校の後に街頭行進するのでは意味がない。

こうして、彼は協力を拒否する校長の頭越しに、「生徒隊長」を説得し、協力へと仕向ける様に工作する。その論理は「革命を支持しろと言うのは、銃を取れというのではない。意を同じくする者が街頭行進をして、我々が革命を支持している事を国民に知らしめるのだ」った、というから、陸軍士官学校の生徒の中にもクーデタそのものへの参加には、強い抵抗があった事を知る事ができる。説得には、途中から全斗煥の意を受けて合流した既に士官学校を卒業していた将校達も参加した。

こうして全斗煥が「その経緯を詳述すれば優に本一冊が書ける」という程の紆余曲折を経て、陸軍士官学校生徒の街頭行進が実現するのは、クーデタ勃発から二日後の五月一八日。翌日には空軍士官学校生徒が同じく街頭行進を行っているから、他の士官学校に先んじられてはならない、という全斗煥の危惧が杞憂でなかった事がわかる。

士官学校をバスで出発した生徒達は、東大門《トンデムン》から行進を始め、ソウルの目抜き通りである鍾路《チョンノ》を西に進み、光化門《クァンファムン》前まで出た所で南進、ソウル市庁前広場に集結した所で、臨時に設置された演台に立った朴正熙に迎えられた。朴正熙の横に立つのは、朴鐘圭と車智澈。後日、相次いで大統領府の警護室長を務める事になる二人が控えていた。

　そして、その直後、全斗煥は自らの目論見が成功した事を知る事になる。朴鐘圭が彼に声をかけ、クーデタ勢力の一員として公式に参加する事を求めたからである。全斗煥はそのまま、朴正煕による閲兵式を見終える時間もなく、市庁前広場のすぐ横にあった国会議事堂（現在のソウル市議会議事堂）に拠を移した軍事革命委員会に移動した。そしてそこで電話番等の雑務を務める事となる。こうして彼はクーデタ勢力の一員となる事になったのである。

第四章　フロントランナーへの浮上

1　軍から見た現代史の現場

軍への残留

クーデタ勢力が作り上げた軍事革命委員会は、翌五月一九日、国家再建最高会議へと改編された。議長に就任したのは参謀総長の張都暎。彼はクーデタ直後に政権を裏切り、軍事革命委員会委員長の職に担ぎ上げられていたのである。内閣首班と国防部長官の地位をも占めた張都暎は、しかし、すぐにその職を追われ、七月二日に「反革命罪」に問われ逮捕される。逮捕に当たったのは、朴正熙の姪の婿であり、クーデタの首謀者の一人であった金鍾泌。この時点での金鍾泌はクーデタ直後の五月二〇日に新設された韓国初の本格的な情報機関である中央情報部の長を務めている。逮捕された張都暎は一九六二年三月、「特殊犯罪処罰に関する特別法」により、反革命罪で無期懲役に処せられた。張都暎の失脚後、国家再建最高会議議長に就任したのは、それまで副議長に留まっていた朴正熙だった。

そして、全斗煥はこの国家再建最高会議にて、朴正熙議長の直下に置かれた民情秘書官に抜擢される。併せて、この過程で全斗煥は朴正熙等の依頼に応える形で、自らと親しい士官学校同期生達をも国家再建最高会議の要職に推薦した、という。こうして彼等同期生の中から、孫永吉が朴正熙の副官、崔性澤が総務秘書官、そして防諜部隊に勤務していた盧泰愚が最高会議との連絡将校の任に就く事になる。とはいえ、彼等は何れも既に朴正熙との一定以上の関係を有していたから、全斗煥の推薦がどの程度の役割を果たしたのかはわからない。孫永吉は朴正熙が軍需基地司令官時代に、また、崔性澤と盧泰愚は同じく朴正熙が第五師団長時代に、朴正熙の下で働いた経験があったからである。

ともあれ重要なのは、こうして全斗煥をはじめとする陸軍士官学校第一一期生、より正確にはその中でも「五星会」に集った人々が、クーデタ勢力と密接な関係を得るに至った事である。当然の事ながら結果、彼等の軍内部での存在感は大きく上昇した。

しかし、それではこの段階で彼等がすぐに政治的にも大きな権力を有するようになったか、といえばそうではない。何故なら、彼等陸軍士官学校第一一期生は何れも、ここから政治の世界に残るのではなく、一旦軍へ戻る事を選択するからである。

その背景は次の様になる。クーデタ勢力は政権獲得から早い段階で民政移管を公約しており、クーデタから一年半後の一九六二年一二月二日には国民投票にて、憲法改正を実現した。続く一九六三年には、この新たなる憲法に定められた規定に従って、一〇月には大統領選挙が、そして一一月には国会議員選挙が実施された。大統領選挙には国家再建最高会議議長の朴正熙と、前職大統領の尹潽善《ユン・ボソン》、更には李承晩失脚後に大統領権限代行を務めた許政《ホ・ジョン》、同じく李承晩失脚後の戒厳司令官を務めた宋《ソン・》堯讃《ヨチャン》、李承晩政権の最後の国務総理だった卞栄泰《ビョン・ヨンテ》といった、錚々たる顔ぶれの人々が立候補を表明した（この辺りの動きについては、拙著『民主化の韓国政治――朴正熙と野党政治家たち　1961〜1979』〔名古屋大学出版会、二〇〇八年〕の各所参照）。

大統領選挙は「野党候補の一本化」の名目の下、許政や宋堯讃といった有力候補が選挙戦の途中で候補を降り、彼等の協力を受けて事実上の「野党統一候補」となった尹潽善が朴正熙を猛追した。結果、得票率にして僅か一・五％差にて、朴正熙が辛くも当選を果たす事となる。続く国会議員選挙では、第一党にプレミアムを与える独特の選挙制度と野党分裂の恩恵をも受け、朴正熙等が新たに結党した民主共和党は、僅か三三・五％の得票率にも拘わらず、全一七五議席のうち一一〇議席を占める事に成功する。こうして、民政移管後もクーデタ勢力が政権を維持する事となり、韓国は「第三共和国」と呼ばれる体制へと移行する。

そして当然の事ながら、この過程において朴正熙は自らの政権を支える為の人材を数多く必要とし、クーデタ勢力の中からも多くの人々が政界に転身した。その為の勧誘はクーデタ直後の極めて早い段階から行われていた様であり、全斗煥はその勧誘を受けた人物の一人であった。勧誘には、最高会議議長の朴正熙が直接説得に乗り出した。具体的な内容は、軍を退き、国会議員に立候補しないか、というものであったという。この経緯について彼は次の様に回顧している（전두환『전두환 회고록』3、三七ページ）。

「私は政治をするなんて考えた事もありません。それだけでなく、地域に組織もなく、資金もなく、何の準備もできていません」と断った。すると朴議長は、「その様な事は心配する必要はない。私が全部手伝ってあげるから出馬準備をしなさい」とおっしゃった。私は再び「私は軍が好きなのです。立派な軍人になる為に士官学校に入ったのです。だから軍に戻ります」と話した。すると朴議長は、「軍人だけが国に忠誠を尽くす事ができるのではない。政治をしながらも、国家に忠誠を尽くす事ができる」と、国会議員出馬を引き続き強い口調で勧めたのだった。

私はこれ以上、その意志に正面から逆らう事は難しいと考えた。拒否する為の適当な理由も見つからず、思わず「それでは家に帰って家内と相談してみます」と申し上げた。すると彼は立腹して「私は全大尉を見損なった。そんな大事を家人と相談するというのか。ならいい、もう行きなさい」そういって黙ってしまった。普段は家庭的で、部下の妻や家族に対しても配慮が深い方だった。しかし、そんな彼でも男は外での仕事を家に帰って相談するものではない、と考えている様だった。

全斗煥は後に、朴正煕が自分に国会議員立候補を勧めたのは、四年制陸軍士官学校最初の卒業生に当たる第一一期生から、誰か一人を象徴的存在として国会に送り込みたかったからだろう、と推測している。

クーデタ勢力への違和感

とはいえ、後に自らもまたクーデタを起こし、積極的に政治に手を染める事になる全斗煥は、どうしてこの時点での朴正煕直々の誘いを拒否する事になったのだろうか。注目すべきは、彼等が朴正煕等に対して有していた一定の不満であった。『回顧録』で、全斗煥は次の様に記している（전두환『전두환 회고록』3、三五ページ）。

当時、私だけでなく正規陸軍士官学校出身者は皆軍に戻った。最高会議では私以外にも同期生の孫永吉、崔性澤等も働いた。彼等に私の様に政治参加の機会が与えられたのかどうかは分からないが、とにかく正規陸軍士官学校出身の中でこの時点で政治の世界に参与した人はいなかった。それは階級が低かったり、経歴が足りなかったりして機会がなかったからだとは思わない。車智澈氏の場合、階級は私と同じ大尉だったが、軍人としての出発は遅かった。朴鐘圭少佐も軍経歴は我々と大きく違わなかったからだ。

そしてこの全斗煥はこの文章を次の様に続ける。「四年制正規教育の最初の生徒である第一一期生は、日本軍出身の軍先輩や日本軍出身の先輩たちから教育訓練を受けた先輩将校たちとは異なる環境で、異なる内容の教育を受け、軍人に育てられた」(전두환『전두환 회고록』3、三五ページ)。垣間見えるのは、再び、車智澈や朴鐘圭への露骨な対抗意識であり、また彼等を重用する「日本軍出身の軍先輩」に対する違和感である。陸軍士官学校の入学試験に失敗した後に、陸軍の歩兵幹部試験に合格して任官した車智澈は、逆に陸軍士官学校卒業生に対して強いコンプレックスを有していたと言われている。朴鐘圭は、陸軍歩兵学校の第五期生であり、朝鮮戦争以前からの長い軍歴を誇ってはいたが、全斗煥等、「正規陸軍士官学校出身者」から見れば、やはり短期の速成教育を受けて軍に任官した人物に過ぎなかった。だから彼もまた、「正規陸軍士官学校出身者」に比べれば、エリートとは言えない人物に過ぎないと、全斗煥等には看做されていた。

加えて両者は、特殊戦部隊を巡っても全斗煥等と競合する立場にあった。既に述べた様に、朴鐘圭と車智澈は、全斗煥と同じくアメリカで特殊戦の専門教育を受けた経験のある人物だったからである。にも拘わらず、クーデタ勃発から軍を退役するまでの短い期間で、彼等は、朴鐘圭は中佐から大佐、車智澈は大尉から少佐にまで昇進した。強いエリート意識を持ち年功序列を重視する全斗煥にとって、三年年下で、同じアメリカ留学中に、アメリカ兵との間で起こしたトラブルから助け出した事もある車智澈が、自らの地位を易々と追い越した事に対して、複雑な思いを有したであろう事は想像に難くない。

明らかなのは、全斗煥等四年制陸軍士官学校卒業生が、エリートである自らとは異なる、叩き上げの将校を重用する、朴正熙等クーデタ勢力に対する一定の違和感と反感を有していた事だった。つまり、彼等は表面的にはクーデタ勢力に忠誠を誓っていたものの、その人事の在り方については一定の不満を有していた事になる。朴正熙の朴鐘圭や車智澈に対する信頼が、全斗煥等に対するものより厚い事は明らかであり、だからこそこのまま政府に留まり、政界に進出しても彼等の後塵を拝する事は明らかであった。であれば一旦軍に戻って、その地位を築き直した方が賢明だ、という訳である。

ともあれ、こうして朴正熙からの国会議員出馬要請を拒否した全斗煥は、国家再建最高会議議長下の民情秘書を辞し、軍に戻った。全斗煥にとって幸運であったのは、自らの勧誘が拒否されたにも拘わらず、朴正熙がその後も全斗煥に一定以上の好意を持ち続けた事であろう。軍に戻った全斗煥はまず光州にあった陸軍歩兵学校の工業軍事班で教育を受けた。その全斗煥を地方視察の為にたまたま光州を訪れた朴正熙が呼び出し、激励の意を示した、というから、朴鐘圭や車智澈には及ばないものの、朴正熙が全斗煥に依然として目をかけていた事がわかる。

全斗煥はその後、中央情報部情報課長に一旦配属され、一九六一年一一月には少佐に昇進した。その後、陸軍人事参謀部に勤務し、更には陸軍大学校での再教育を経た後、一九六六年八月、彼は第一空挺特殊戦旅団に配属される事になる。役割は大隊長代理、予てから特殊戦部隊での勤務を希望していた彼の願いが叶った形である。その後も順調に昇進した全斗煥は、早くも同じ年の一一月には中佐に昇進し、この部隊の副団長に任じられた。階級も上がり生活に余裕の出来た彼はこの時、はじめて自らの家を購入している。場所はソウル市内南部の龍山《ヨンサン》。現在、尹錫悦《ユン・ソクヨル》の大統領官邸が置かれている場所の近くである。

そしてこの頃、全斗煥の父、全相禹が死去している。死因は癌。一九六七年三月二日、六九歳であったという。ちょうど西ドイツを視察中であった全斗煥は、その死に目に会う事は勿論、葬儀に出席する事すら叶わなかった。慶尚南道の農村に生まれ、貧困の中、子供達を育てた全相禹が死んだのは、この年全斗煥が購入した新居においてだった。

大統領官邸襲撃事件

さて、こうして軍人として着実な、しかし依然として平凡な歩みを続けるかに見えた全斗煥の人生に、大きな転機が三つ訪れる。一つ目は、一九六八年に勃発した北朝鮮軍の特殊部隊による青瓦台襲撃事件である（この事件の詳細については、내외통신사編『北傀의 對南挑發史（1945. 8-1980. 4）』［내외통신、一九八一年］他）。一九六八年一月一八日、北朝鮮の特殊部隊、第一二四部隊第一中隊第一小隊に所属する三一名が突如として、朝鮮戦争における休戦協定により設置された休戦ラインを越え、韓国側に侵入したのである。最前線を守る第二五師団は、自らが設置した鉄条網が切られている事を発見して、その侵入に気づき、想定される彼等の移動範囲の捜

索を行ったものの、侵入者を発見する事はできなかった。これを以て、彼等は一旦、侵入者は既に北朝鮮側に戻ったと判断した。つまり単なる一時的な挑発行為に過ぎなかった、と考えたのである。

　しかし、事態は大きく異なった。北朝鮮で徹底した訓練を受けたエリート部隊である彼等は、装備を持ったまま韓国軍の想定を遥かに上回る速度で南進し、既に警戒地域を突破していたのである。韓国軍が配備した警戒線を越えた後、用意していた韓国軍第二六師団の軍服に着替えた彼等は更に南下、一月二一日午後九時三〇分頃、青瓦台、つまりは当時の大統領官邸のある裏山にまで侵入した。

　そうして、ソウル市内に入る最後の障壁、朝鮮王朝時代に築かれたソウルを取り巻く八つの門の一つ、彰義門《チャンウィムン》、別名北小門《ブクソムン》に入ろうとした時、彼等は警戒中のソウル市鍾路警察署所属警察官二名から検問を受けた。北朝鮮特殊部隊は、「我々はＣＩＣ（当時の陸軍防諜部隊の略称）所属の隊員である。特殊訓練を終えて復帰中だから邪魔をするな」と答えたものの、警察官はこれに納得せず、無線で応援を呼び、崔圭植《チェ・ギュシク》署長等がこれに駆けつける事となった。身分証明書を求める警察側に対して、苛立ちを強めた北朝鮮特殊部隊は、道路を上がって近づいてくる市内バスの姿を見て、応援の軍部隊だと誤認して、遂に警察官らに発砲。こうして北朝鮮特殊部隊と警察の間で戦闘が発生する（와이투케이「김신조 사건 전문（六八年一月二一日）」、二〇二二年六月一九日、https://y2k2041.tistory.com/15814622［最終確認二〇二三年一〇月二六日］）。

　さて、ここまでの話なら、この事件と全斗煥は何の関係もない様に思える。しかし、彼はこの事件の当事者の一人であった。何故なら、大統領官邸のある青瓦台周辺の防備の任に当たっていた首都警備司令部所属の第三〇警備団の大隊長が全斗煥であったからである。『回顧録』によれば、戦闘による銃声を聞いた彼は、休戦ラインを突破した北朝鮮特殊部隊が大統領官邸周辺に接近したと判断、直ちに部下に照明弾の発射を命じている。そして、この照明弾の発射には伏線があった。一九六七年八月一一日、第一空挺特殊戦旅団副団長から、第三〇警備団長に転じた全斗煥は、大統領官邸防備の重責に応えるべく、赴任直後からその警備体制の強化に努めた。そして、彼は大統領官邸の防備が思いの外に薄い事、とりわけ北方からの侵入に弱い事を発見する。そして、その結果として彼が提案したのが、大統領官邸の周囲に敵への反撃の為の複数の迫撃砲を設置する事だった。そしてこの時の照明弾発射はこの迫撃砲を使ったものだったのである。

しかし、大統領官邸周囲における重火器の設置は、逆に一旦これを管理する軍部隊が裏切れば大統領に対する危害を容易に加え得る様になる措置でもあった。クーデタから既に七年、張都暎をはじめとした多くの人々が政権を追われ失脚する事となっていた。当然の様に、朴正煕もまた、誰かに裏切られ、その政権を失う可能性が皆無である訳ではない。そう考える猜疑心の強い朴正煕から疑いをかけられない様に、全斗煥はこの配備に当たって、用心深く大統領官邸の警護室長を務めていた朴鐘圭を通じて、大統領から直接の許可を取っている。

第三〇警備団は大統領官邸付近の各所から照明弾を発射し、大統領官邸周辺は煌々と照らされた。全斗煥によればそのうち一発が、意図せずして——より正確には古い弾頭が正確に飛ばなかった結果として——北朝鮮特殊部隊の近くに落下したという。警察との戦闘直後のこの状況に、北朝鮮特殊部隊は最早、朴正煕をはじめとする韓国要人を殺害する、という自らに与えられた任務の遂行は困難になったと判断し、山中への逃走を試みた。その後、韓国軍と北朝鮮特殊部隊との間の戦闘が二週間に亘って展開され、結果、韓国軍は一名を逮捕し、残り三〇名を射殺したと発表する。とはいえ、この公式発表とは異なり、数名が追跡を振り切って北朝鮮へと戻ったという証言もあり、その真相は今日ではわからない。この事件は北朝鮮部隊が青瓦台に最も接近した日付を取って「一・二一事件」と呼ばれている。

同期のフロントランナーへの浮上

この事件は全斗煥にとって、大統領である朴正熙に対して自らの存在を改めてアピールする格好の場となり、その後の彼の昇進を大きく助ける事となる。翌一九六九年一〇月一日の「国軍の日」、全斗煥はこの事件における活躍が認められ、「保国勲章三一章」を与えられた。進んで一か月後の一一月一日に彼は、金復東、孫永吉、崔性澤の三名と同時に、士官学校第一一期生としては、はじめて大佐の地位に昇進する。注目すべきは、この四名が何れも甞て全斗煥等が結成した「五星会」に繋がる人々であった事かもしれない。「運動部」系に属する彼等は、「学究派」の人々に比べ士官学校時の成績で劣り、当初は出世争いでも彼等に先んじられる立場にあった。しかし、自らと同じ慶尚道出身の朴正熙がクーデタにより政権を獲得した後、その信頼と機会を与えられた彼等は、急速な昇進を果たす事となっていたのである。

そしてこの段階で全斗煥はその「五星会」系の人々の中でもフロントランナーの一人になっていた。少佐から中佐までの昇進が五年を要したのに対し、中佐から大佐までは僅か三年。北朝鮮によるゲリラ事件が全斗煥の軍人としてのキャリアアップにもたらした影響は大きく、仮にこの事件がなければ、彼は朴正熙が暗殺される一九七九年までに、後に彼の本格的台頭を決定づける事件の捜査を任せられる程の地位には至らなかったかもしれなかった。

全斗煥は同じ一九六九年四月には、四年制士官学校卒業生で作る「北極星会」の会長にも就任して

いる。嘗ての士官学校の劣等生が、成績優秀者を飛び越え、同期をまとめる地位に立った瞬間だった。しかし、この事件が全斗煥にもたらしたものはそれだけではなかった。『回顧録』は次の様に記述する（전두환『전두환 회고록』3、四八ページ）。

当時、私は首都警備司令部配下の第三〇警備団長として万一の状況に備え、万全の準備を整えておいた事により、北朝鮮の特殊部隊を撃退する事ができた。しかし、北朝鮮の特殊部隊要員三一人が軍事境界線を越えて大統領府の目の前まで潜入できた事実は、私にとって大きな衝撃として残る事になった。

その時、私は一つの固い執念を胸の中に刻んだ。北朝鮮が再び挑発を強行するなら、いつでも平壌に飛び、特定地域の目標物を破壊して戻ってくる能力を持った部隊を作ろうと決意したのだ。

「私は［自らが指揮する］第一空挺特殊戦旅団を、北朝鮮の一二四軍部隊を凌駕する特殊戦部隊に作り上げるのだ」。全斗煥は後に再び空挺特殊戦旅団に戻った際の回顧部分において、この様に述べているから、如何にこの時の北朝鮮特殊部隊の「超人的」な能力が印象深かったかがわかる。この事件は全斗煥をして、自らの本来の「専門分野」と自認する特殊戦部隊の重要性と、それを活用したゲリラ戦の重要性を実地で確認させる事となった。こうして、北朝鮮一二四軍部隊は、彼の目標の一つになった。

ベトナム戦争

こうして大統領官邸の防備という重責をこなした彼は、一九七〇年一一月二二日、第九師団第二九連隊長に任命される。第九師団の別名は「白馬部隊」。「青龍部隊」

と呼ばれた海兵隊第二旅団、「猛虎部隊」の別名を有した首都師団と並び、ベトナム戦争に派兵された韓国軍部隊の一つである。そしてこのベトナム戦争へ派遣されている部隊の指揮は、全斗煥が強く希望する所でもあった。背景にあったのは、全斗煥等、士官学校第一一期生が、先立つ世代の将校等に対して、抱えていた共通の問題、即ち、実戦経験の欠如である。既に述べた様に、一九五一年に士官学校に入学した彼等は、前線で激しい戦闘が繰り広げられた朝鮮戦争下において、遙か後方の士官学校にて手厚い士官教育を受けた「守られた」エリートであった。しかし、その事は同時に先立って士官学校を卒業した世代とは異なり、彼等が朝鮮戦争における実戦経験を有しなかった事を意味していた。

だからこそ、当時の韓国軍はベトナム戦争を、彼等四年制士官学校卒業生が実戦経験を積む貴重な機会として利用していた。盧泰愚によれば（노태우『노태우 회고록』上、一三五ページ）、四年制陸軍士官学校卒業生は一九六四年七月に派遣された野戦外科病院関係者及びテコンドー教官の一〇余名を皮切りに、一九六五年には「猛虎部隊」二五〇名、そして一九六六年には「白馬部隊」一五〇名等、僅か二年間で五〇〇余名が相次いでベトナムに派兵されている。この結果、「国内で特殊な任務に就いていた者を除いて、第二六期生までのほぼ全員が実戦を経験する事になった」、と盧泰愚は言う。冷戦期世界最大の戦争であったベトナム戦争は、南北両ベトナム併せて数百万名にも及ぶとされる膨大な死者・行方不明者を出した凄惨な戦争であり、この中で韓国軍もまた五〇〇〇名以上にも及ぶ犠牲者を出している。

さて、この様な韓国軍において、全斗煥は大きなハンディキャップを有していた。何故ならここまでの彼には、早い段階でアメリカでの特殊戦の最先端の訓練を受け、韓国軍におけるこの分野での専門家になる機会が与えられる一方で、ベトナムにて実戦経験を積む機会が与えられて来なかったからである。盧泰愚や金復東等、嘗ての士官学校時代の同僚等が次々とベトナムに派遣され、「経験」を積む中、全斗煥が一定の「焦り」を憶えていたとしても不思議ではない。

だからこそ、この「遅れてやってきた」ベトナム派兵の機会は、全斗煥にとっては自らの軍人としてのキャリアにおいて「足りないもの」を補い、真のフロントランナーになる為の貴重な機会と認識されていた。

「蝙蝠25号」作戦を指揮する全斗煥

全斗煥が指揮した第九師団第二二連隊の別名は「蝙蝠部隊」。駐屯地はカインホア省ニンホア、与えられた役割は地域で活躍する南ベトナム解放民族戦線兵力の殲滅作戦であった。指揮官である全斗煥は、「蝙蝠二五号」「禿鷲七一一号」「蝙蝠二六号」と呼ばれた作戦を実行し、この地域の解放戦線兵力の掃討に努めている。このうち自らの連隊の別名である「蝙蝠」がついた作戦は連隊独自の作戦、師団の別名である「禿鷲」のついた作戦は師団規模の作戦であった。

ベトナムにおける最初の作戦であり、彼にとって最初の実戦であった「蝙蝠二五号」作戦の実施に当たり、全斗煥は「アメリカのポートベニングで学んだ特殊戦の戦術を応用する事にした」と誇らしげに記しているから、ジャングルに覆われたこの地域での戦闘を、全斗煥が、士官学校からアメリカ留学、更には陸軍大学等において学んできた知識を実践する場だと認識していた事がわかる。そして彼は作戦の度に前線に立ち、連隊長自らが作戦を陣頭指揮したという。南ベトナム解放民族戦線を、それから半世紀近くを経た時点でも「ベトコン」と書く事を躊躇しない全斗煥の『回顧録』において、戦地の住民の被害を省みる文章はどこにも存在しない。

こうして「戦果」を上げた彼の帰国は一年後の一九七一年一一月。帰国後の彼は、自らが指揮した「蝙蝠二六号」の成功により、「乙支《ウルチ》武功勲章」を授けられる事となっている。後日、南ベトナムが敗北し、ベトナム戦争が終わった時の印象を彼は次の様に記している（전두환『전두환 회고록』3、四六ページ）。

南ベトナム崩壊の知らせを聞いた時、私の心境は複雑だった。南ベトナムは戦闘に敗北して滅びたのではなく、内部から崩壊したからだ。戦争の最中にも反政府デモが絶えず、政治指導者達の腐敗で民心は離反していた。昼には純朴な農民だった農村地域の住民たちが夜にはベトコン戦士に変身する姿を現場で生々しく見守った。

帰国した彼は、第一空挺特殊戦旅団の団長に任じられた。ベトナムで実戦経験を積み、いよいよ自らが創設から携わってきた韓国最初の本格的な特殊戦部隊の指揮官になった訳である。一九七三年一月一日には、准将に昇進、この時も大佐昇進時と同じく同期のフロントランナーであり、金復東、孫永吉、崔性澤と同時であった。こうして嘗て「五星会」に集った陸軍士官学校第一一期生は、将軍、つまり軍服に「星」の付く階級にまで到達した。つまり、彼等は士官学校生時代の夢をここで一つ叶えた事になる。

2　ハナ会

維新クーデタ

しかし、ここで彼等、陸軍士官学校第一一期生には、大きな試練が訪れる事になる。一九七二年一〇月一七日、朴正熙は突如、「特別宣言」を発表し、この日の一九時を期して、国会を強制的に解散すると共に、政党他による政治活動を禁止した。憲法の一部条項が停止されると共に、韓国全土には非常戒厳令が宣布された。朴正熙は進んで一一月二一日に戒厳令下で国民投票を実施、一二月一七日には、「維新憲法」と通称される、新たな憲法の成立を宣言した。「維新クーデタ」と呼ばれる事件である。

背景にあったのは、朴正熙政権の長期化と憲法の規定の衝突だった。クーデタ後の一九六三年、朴正熙が自ら主導して作り上げた憲法は大統領の任期を最大二期八年と定めていた。しかし、朴正熙は一九六七年、再び尹潽善を破って二回目の大統領当選を果たすと、この憲法の規定の改正に乗り出す事になる。だが、この過程では様々な思惑が渦巻き、与党民主共和党は分裂、朴正熙はこれを力で抑え込む事を余儀なくされる。結果、一九六九年一〇月一七日に行われた国民投票で改憲案は了承され、朴正熙は一九七一年の大統領選挙に出馬する事が可能となった。この選挙で朴正熙は、野党候補者である金大中を辛くも破り三選される。

しかし、この後も、朴正熙政権は揺れ動き続けた。最大の問題は、一九六九年に改正された憲法もまた、「大統領の継続在任は三期までに限る」という規定を有しており、故にこの規定に従えば、朴正熙は一九七五年に予定される次期大統領選挙に立候補する事が出来なかったからである。そして大統領選挙の翌月に行われた国会議員選挙で、与党民主共和党は一二九議席から一一三議席へと議席を減らし、憲法改正に必要な国会全議席の三分の二を下回った。つまり、更に憲法を改正して、朴正熙の四選を実現する事は不可能になっていた。

明らかなのは、このままでは朴正熙が一九七五年には誰かに政権を譲り渡さなければならない事であった。しかし、朴正熙に自らの政権を手放す考えは毛頭なく、結果、彼は一九六一年に続いて再び、むき出しの軍事力を用いて、その目論見を実現する事を選択した。それこそが、「維新クーデタ」と呼ばれた、大統領自らによる、「上からのクーデタ」であった。

この様な朴正熙の選択は、もう一つの事を意味していた。それは彼が、野党勢力以上に、自らの政権を支える人々を信用していなかった事である。仮に朴正熙が信用にたる後継者を見出し、その人物に政権をゆだねる事が出来るなら、或いは彼は敢えて二度目のクーデタを起こさなくても済んだかもしれなかった。

尹必鏞事件

この様な朴正熙の権力への執着と猜疑心は、やがて一つの大きな事件を引き起こした。尹必鏞《ユン・ピルヨン》事件である。この事件は、当時、首都警備司令官を務めていた政権有力者の一人、尹必鏞が、朴正熙の引退の必要と、その後継者を誰にすべきかについて議論をした、というものである。この話は当然の様に、ただでさえ自らの権力維持に向けて神経質になっていた朴正熙の逆鱗に触れる事となる。

本書において重要なのは、この尹必鏞がハナ会と朴正熙を取り結ぶ位置にあった事である。尹必鏞によれば、彼がハナ会の存在について知ったのは一九六五年頃の事。その存在を朴正熙に伝えたのも彼であったという。当時の朴正熙とハナ会との間の有名なエピソードとして、朴正熙が全斗煥と孫永吉の二人を大統領官邸に呼び、「一心」と揮毫《きごう》した指揮棒と、日本車のクラウンを贈ったというものがある。「一心」の語が、ハナ会の別名である「一心会」から来ている事は明らかであり、それは朴正熙がハナ会の存在を認め、支持している事を意味していた。

旧保安司令部西氷庫分室跡
（現在は軍人用アパート）

だからこそ、「尹必鏞事件」はハナ会の人々に大きな影響を与えた。朴正熙の強い猜疑心の下、行われた捜査では、尹必鏞を中心とした人々がクーデタを試みた、というシナリオの下、過酷な拷問が行われた。事件の衝撃は、ハナ会に所属する第一一期生全体に及び、彼等は粛清とそれに付随する拷問に恐怖した。当時の心境について盧泰愚は次の様に回想している（노태우『노태우 회고록』上、一八二ページ）。

姜将軍はその場ではいい顔をしていたが、それは策略に過ぎなかった。権翊鉉《クウォン・イクヒョン》、安教徳《アン・キョドク》、孫永吉等、多くの友人や後輩等が保安司令部の西氷庫分室に送り込まれ、拷問を受けたのである。しかも尹将軍と親しい関係にあればある程、その拷問は激しかった、という。

私も例外である筈がなかった。「いつかは拷問を受けるのだろう」そう覚悟を決めた最中、中央情報部の安全家屋に呼ばれ調査を受けた。しかし、拷問は受けなかった。

盧泰愚の危惧には理由があった。何故なら捜査過程においてハナ会の存在を知った保安司令官の姜昌成《カン・チャンソン》は、朴正熙に対して軍内における私組織である同会の除去を建言していたからである。しかし、全斗煥等にとって幸いな事に、この姜昌成の朴正熙に対する献議は、逆に自身もハナ会との関連を取り結んでいた大統領の激しい怒りを買う事になった。こうしてハナ会所属の第一一期生に対する捜査は中断され、追及の矛先は全斗煥や盧泰愚等にまでは、及ばなかった。全斗煥は、『回顧録』で、朴正熙自らが処罰すべき人物とそうでない人物を振り分けたからだ、と証言するが、その真相はわからない。

ともあれ重要なのは、こうして自らの同期生をはじめとする軍内の多くの人々が失脚する中で、全斗煥が「無傷で」生き残った事であった。とりわけ、同じ士官学校第一一期生の中で、全斗煥や金復東と並んで出世街道の先頭を走っていた孫永吉が失脚した事は、ハナ会の中での全斗煥の地位を突出させる効果を持っていた。国家再建最高会議において朴正熙の副官を務め、尹必鏞や権力の中枢にある中央情報部長の李厚洛《イ・フラク》とも良好な関係を有していた孫永吉が持っていた政治的なバックグラウンドは、軍内における地位と人脈しか持たない全斗煥を遥かに凌駕するものだった。仮にこの事件が起こらず、朴正熙の暗殺がなければ、朴正熙と尹必鏞、李厚洛と言った、当時の政府要人と親しい関係にあった孫永吉が軍や政権にて、枢要な地位を占めた可能性は高かった。

こうして士官学校第一一期生の多くを巻き込んだ尹必鏞事件は、全斗煥をして、同期との競争において逆に有利な地位を与える事となった。そしてそこに朴正熙がもう一つの人事を発動する。そしてこれこそが、全斗煥に政権掌握に大きく近づく決定的な機会を与える事になったのである。

旧保安司令部建物（現在は国立現代美術館ソウル館）

保安司令官抜擢

むき出しの権威主義的支配が行われた維新体制期は、韓国現代政治史においても最も反民主主義的であった事で悪名高い時期である。しかしながら、個人としての全斗煥にとってこの時期は、相対的に安定した人生を送る事のできた時期に当たっていた。一九七六年六月一四日、彼は大統領警護室作戦次長補に任じられ、大統領官邸で朴正熙に直接仕える地位に到達した。一九七七年二月には少将に昇進、士官学校第一一期生で彼と同時に昇進したのは金復東と崔相澤の二人のみになっていた。そして一九七八年一月二三日、全斗煥は遂に師団長に任じられる。与えられたのは歩兵第一師団長。首

516民族勲章を受章する全斗煥

都正面を守備するこの韓国で最も古い師団の長に、少将に昇進してから一年に満たない全斗煥が任命された背後に、朴正熙の彼に対する強い信頼を読み取る事は容易である。

この第一師団長時代の自らの最も大きな功績として全斗煥は、北朝鮮が韓国への侵入の為に掘った侵入トンネルの発見を挙げている。地下七三メートルの深度に掘られたトンネルは、幅二メートル、高さ二メートル、全長約一・六キロの巨大なもので、その南側の出口は三か所に分かれ、最も近いものはソウルから僅か五二キロの地点におかれていた。有事には一時間で三万人もの兵士の侵入が可能だったと言われており、現在まで発見されている北朝鮮により掘られた侵入トンネルのうち最大のものである。発見された順序に合わせて「第三トンネル」と呼ばれるこの侵入トンネルは、今日休戦ラインを訪れる観光客も訪れる場所になっている。この侵入トンネルの発見により、全斗煥は朴正熙から、その名も朴正熙が軍事クーデタを起こした月日のついた「五一六民族勲章」を与えられた。

こうして見ると、北朝鮮特殊部隊による大統領官邸襲撃未遂事件での活躍と併せて、全斗煥は、大統領である朴正熙からの評価を得やすい「イベント」に恵まれていた事がわかる。そして、彼には更に大きな跳躍の機会が訪れる。一九七九年三月五日、国軍保安司令官に任じられたのである。そして、この人事こそが、後の全斗煥の政治的台頭の大きなきっかけとなった。

既に、尹必鏞事件における姜昌成の活躍で見た様に、保安司令部とは軍内における防諜活動と犯罪捜査を主たる任務とする機関である。韓国軍において、防諜活動や軍内犯罪捜査に当たるこの組織が重要な存在となったのには理由があった。朴正熙自身が嘗ては朝鮮半島南半における共産党組織、「南朝鮮労働党」の党員であったという逸話に典型的に表れている様に、建国前後から韓国軍への北朝鮮からの働き掛けは極めて強く、これを防ぐ為に韓国軍は軍内における防諜活動、つまり、スパイ摘発に力を入れざるを得なかった。

保安司令部は政治的にも大きな意味を持った。李承晩政権期から続く、長い権威主義体制下に置かれた韓国では、この機関は、時の政権が体制を維持する為にも用いられたからである。こうして元々は陸軍内部に置かれた小さな諜報機関として出発したこの組織は、何時しか政権を支える重要な暴力装置の一つに成長した。そして、全斗煥が司令官に就任する直前の一九七七年九月には、陸軍保安司令部は、海軍防諜隊や空軍特殊部隊と統合され、軍全体を統括する「国軍保安司令部」が成立した。これにより保安司令部は、韓国の三軍全ての情報収集、防諜活動を統括する組織になった訳である。

その事は、保安司令部の長である保安司令官が、軍内の行政を担当する国防部長官や、軍令面での統括を行う統合参謀本部長と並ぶ、軍内の要職になった事を意味していた。情報機関である中央情報部がその情報の支配により、韓国政府や社会において巨大な影響力を誇った様に、言わば「軍内の中央情報部」であった保安司令部は、時に国防部や統合参謀本部をも脅かす存在にまで成長しつつあった。

だからこそ、この「軍内の中央情報部」の長を歴任した人々の中には、先の事件により失脚した尹必鏞や、朴正煕暗殺時の中央情報部長官・金載圭、更には尹必鏞と軍内の地位を争った姜昌成や、朴正煕政権末期に参謀総長を務めた鄭昇和といった錚々たる顔ぶれが並ぶ事となった。それ故に、この枢要なポストに、多くの高級将校を飛び越えて、僅か四八歳の少将が抜擢された事は異例であった。その背景について、全斗煥は以下の様に回想する（전두환『전두환 회고록』3、五八―五九ページ）。

> 本来、保安司令官は国防部長官直属であり、陸軍参謀総長はその人事に関与できず、推薦権者である国防部長官と中央情報部長、警護室長が候補者を推挙する方式で人事が行われてきた。
> この時、中央情報部の金載圭部長は首都軍団長の文洪球《ムン・ホング》中将を推し、警護室の車智澈室長は警護室次長の李在田《イ・ジェジョン》中将を候補に考えていたが、盧載鉉《ノ・ジェヒョン》長官が私を朴大統領に推薦した結果、未だ少将に過ぎなかった私が就任する事になった。盧長官は、「私が朴大統領の格別な信任を受けており、第三トンネルを発見した功績もあるのだから、私を推薦すれば採用されるだろう」と考えた、という事だった。

権力の一角を占める保安司令官の任命に際して、国防部長官の盧載鉉と中央情報部長の金載圭、そして大統領警護室長の車智澈が争い、結局、大統領である朴正煕は、軍の重鎮ではあっても権力欲の薄い盧載鉉が推した全斗煥を指名した。それはこの後起こる「事件」を考えれば、示唆的な事に思えなくもない。

ともあれ、こうして全斗煥は保安司令官に就任し、末期の朴正煕政権の一角を占めるに至る事となる。そして、この人事こそが、彼が権力の階段を一気に駆け上がる重要な基盤となるのである。

第Ⅱ部　血塗られた権力への階段

第五章　朴正熙暗殺事件

1　朴正熙政権末期の権力構造

こうして全斗煥の人生に大きな転機が訪れようとしていた時、韓国、そして朴正熙政権は新たな危機に直面しつつあった。背景には大きな国際社会の変化があった。それまで第二次世界大戦後の世界秩序を支えて来た「冷戦体制」が、急速に変化しつつあったのである。

デタントという危機

変化の最大のポイントは、韓国も位置するアジアの片隅からやって来た。最も重要だったのは、長らくこの地域における最大の国際的懸案であったベトナム戦争が、一九七〇年代に入り終焉へと向かった事である（以下、小倉貞男『ドキュメントヴェトナム戦争全史』〔岩波書店、二〇〇五年〕他を参照の事）。泥沼化しつつあるベトナムでの自らの敗色が明らかになったアメリカは、一九六〇年代末からこの戦争からの撤退を模索した。一九六九年に成立したニクソン政権は、まずはその前提として、北ベトナムを支援する中国への接近を試みた。こうして一九七一年のキッシンジャー米大統領補佐官の極秘訪中と、翌年のニクソン訪中が実現する。この流れの中で、アメリカの保護を失った台湾は、一九七一年一〇月、国連での代表権を失って追放され、日本もアメリカに遅れまいとして、一九七二年九月、田中角栄首相が中国を訪問し、周恩来首相との間で日中共同声明を発表し、国交を樹立した。

これらを受けて一九七三年一月、ベトナム戦争を巡るパリ平和協定が締結され、アメリカのニクソン政権はこの戦争の終結を宣言、南ベトナムからの「名誉ある撤退」を敢行した。しかし、戦争はこの時点では終結する事なく、結局、一九七五年五月、アメリカに見放された南ベトナム政府が崩壊する事でようやく幕を閉じる。

そしてこの様な状況は、南ベトナムや台湾と同様、冷戦下の最前線に置かれた分断国家であった韓国に危機的状況をもたらした。何故なら、ベトナムからの撤退を果たしたアメリカは、同時に在韓米軍の撤退をも検討する事になったからである（我部政明・豊田祐基子『東アジアの米軍再編――在韓米軍の戦後史』［吉川弘文館、二〇二二年］他）。この様な状況の中、一九七六年には朴正熙政権による中央情報部を通じたアメリカ政界への贈賄工作、コリアゲート事件が発覚、翌一九七七年の六月には、前年よりアメリカに亡命中であった元中央情報部長の金炯旭《キム・ヒョンウク》が米下院で証言を行い、朴正熙政権のアメリカ等における極秘活動を暴露した（Frederic P. Miller, Agnes F. Vandome, John McBrewster ed., *Korea-gate : political scandal, South Korean, Richard Nixon, national intelligence service* (*South Korea*), *Tongsun Park, Unifcation Church, Sun Myung Moon* [Alphascript Pub., 2011]. 金炯旭はその後、一九七九年一〇月にパリにて謎の失踪を遂げる）。

そして、全斗煥が保安司令官に就任した頃、韓国を取り巻く危機はより大きなものになろうとしていた。重要だったのは一九七七年に米大統領に就任したカーターが「人権外交」を掲げて、韓国に民主化への圧力をかけるようになった事である。こうしてアメリカにおける政権交代は、韓国における民主化運動にも力を与える形となった。

結果、民主化運動が次第に盛り上がりを見せる中で行われた一九七八年一二月の国会議員選挙において、朴正熙政権与党の民主共和党は、金泳三率いる野党・新民党に対して、全体の得票率で後塵を拝する屈辱的な事態に直面する。与党に有利な選挙区配置と、国会全議席の三分の一が大統領の事実上の統制下にある「統一主体国民会議」により選出される奇形的な制度により、最終的な議席数の上でこそ、与党は国会の多数を維持したものの、朴正熙政権の威信は大きく傷ついた。

しかし、この時点での朴正熙は依然六一歳。政界を引退するつもりは未だなく、にも拘わらず国内外の難局を打開する手段は存在しないように思われた。こうして朴正熙は苛立ちを強め、政権内部には殺伐とした雰囲気が流れていた。

全斗煥が保安司令官に就任したのは、そんな頃の事であった。

最末期の朴正熙政権

さて、ここで一九七九年春の時点での朴正熙政権の構成を確認しておこう。行政府において大統領の朴正熙の次の序列を占める国務総理の地位にあったのは崔圭夏《チェ・ギュハ》《さい・けいか》。朴正熙の二歳年下の彼は、日本統治期に東京高等師範学校の英語英文学科を卒業し、満洲にあった国立大同学院政治行政班を修了した後、満洲国の官僚として勤務した。一九四五年八月に帰国、京城師範大学英文科助教授に就任したものの、英語能力に優れた彼は米軍政下、中央食糧行政処企画課長に抜擢され、再び官僚としての道を歩む事になる。その後、李承晩政権の外相であった卞栄泰に見出されて外交官として活躍した。李承晩政権の末期には外務次官の地位にまで昇進している。

能吏であった崔圭夏は、朴正煕政権でも重用され、一九六七年には外務部長官に就任した。その後一九七五年一二月、金鍾泌の失脚を受けて国務総理署理に抜擢された彼は、翌年三月に正式に国務総理に就任、朴正煕暗殺時まで在任した。多くの人々が権力争いに巻き込まれて失脚した朴正煕政権末期において、安定して要職を占めた数少ない人物の一人である。

崔圭夏の下で、国防部長官を務めていたのは盧載鉉、陸軍士官学校の前身に当たる朝鮮警備士官学校の第三期生である。アメリカ陸軍歩兵学校にも留学経験を持つ彼は砲兵運用の専門家として、朝鮮戦争でも活躍した。一九六一年のクーデタには参与しなかったもののその後順調に昇進を果たし、一九七二年には、日本軍での従軍経験を持たない人物としては、初の陸軍参謀総長に就任している。その後、一九七五年に陸海空軍で構成される合同参謀本部の議長に就任した彼は、一九七七年に退役、この年から国防部長官の地位にあった。

大統領が大きな権力を握る国では、時に内閣以上に重要なのは、大統領の職務を補佐する大統領秘書室である。この大統領秘書室の室長は金桂元《キム・ゲウォン》。一九二三年生まれの彼は、日本統治末期に日本陸軍予備士官学校を卒業し、敗戦を少尉の階級で迎えている。解放後は軍事英語学校を一期で卒業しているから、韓国軍における軍歴は朴正煕より長い事になる。一九六六年に陸軍参謀総長に就任し、六九年に大将の地位で軍を退役した彼は、金炯旭失脚後、中央情報部長に起用され、中華民国大使を経て、大統領秘書室長に任命されている。中央情報部長起用時も、大統領秘書室長任命時も、共に強く固辞したというエピソードがあるように、権力欲の薄い人物だった。金桂元に対して、朴正熙は「嫌なら仕事などしなくていいから、側にいてくれ」と述べた、というから大統領の信頼は極めて厚かった。

　この時代の韓国におけるもう一つの権力の中心は情報機関。中央情報部の長を務めるのは金載圭（金載圭については、문영심『바람 없는 천지에 꽃이 피겠나：김재규 평전』〔시사IN북、二〇一三年〕他）である。朴正熙の九歳年下であった彼は、大統領と同じく慶尚北道善山郡《ソンサングン》出身。特別幹部候補生第一期として、日本陸軍の航空整備兵であった過去がある彼は、陸軍士官学校の前身である朝鮮警備隊士官学校を、これまた朴正熙と同じ第二期で卒業している。他方で朴正熙のクーデタ直後には、国防部総務課長を務めていた彼は、「反革命行為」で捜査された過去もある。旧知の朴正熙の配慮により疑惑を免れた、とも言われている。

　その後、古参の軍幹部の一人として順調に昇進を果たした彼の人生が大きく変わるのは、本書でも既に触れた一二一事件、つまりは一九六八年の北朝鮮軍特殊部隊侵入事件によってである。この事件後、陸軍防諜部隊長に抜擢された彼は、その後保安司令部と改称された組織の初代長官、つまり保安司令官に就任した。軍隊を一九七三年に退役した彼は、政界に転じ、大統領の統制下にあった維新政友会所属の国会議員となったものの、すぐに中央情報部次長に任命され、国会議員を辞する事になる。その後、建設部長官として閣僚を務めた彼は、韓国企業による海外建設事業の受注を大きく増加させた事で、朴正熙に評価された。結果、一九七六年、中央情報部長に就任し、この年までその職を維持している。朴正煕に秘書室長として金桂元を候補者として推挙したのも金載圭であり、両者の関係は良好だった。

他方、大統領警護室長として、朴正煕の最も近くにあったのが車智澈。嘗て全斗煥と共にアメリカにて特殊戦の訓練を積んだ人物である。朴正煕等による軍事クーデタに積極的に関与した彼は、その唯一の本格的戦闘と言える漢江人道橋における戦いで活躍した事で、朴正煕の信頼を確固なものとした。クーデタ成功後に国家再建最高会議議長警護次長の要職を得た彼は、民政移管直前に軍を退役、政界に転じた。その後四期に亘り国会議員を務めた彼は、その後、一九七四年に発生した文世光《ムン・セグァン》事件、つまりは在日韓国人文世光による朴正煕暗殺未遂事件の責任を取って更迭された朴鐘圭の後任として大統領警護室長に就任する。大統領の信任が厚かった彼は、その人柄の故か、或いは年齢が他の人々より相対的に若かった為か、他の政権要人と円滑な関係を有さなかった。

次に軍に目を転じてみよう。陸軍参謀総長の地位にあったのは鄭昇和《チョン・スンファ》（鄭昇和『12・12사건：鄭昇和는 말한다』［까치、一九八七年］）。全斗煥より二歳年上の彼は、朝鮮警備士官学校第五期生である。同期の出世頭であった彼は、一九六一年のクーデタ直後に三二歳の若さで准将に昇進、朴正煕率いる国家再建最高会議の一員に名を連ねた。民政移管直前の一九六二年七月には、保安司令部の前身である陸軍防諜部隊の部隊長に起用されているから、朴正煕の信任の厚さがわかる。当時の鄭昇和の部下の一人が盧泰愚であり、軍内の諜報活動の結果を政治的に利用する事に熱中する盧泰愚を「軍人たる者、そういう作業に熱中すべきではない」として諌めた、というエピソードが残されている。政治に介入する事は少なかったという彼の人柄がよく表れた話である。

鄭昇和の上には、三軍を統括する合同参謀本部長である金鍾煥《キム・ジョンファン》がいる。しかし、朝鮮警備士官学校四期の彼の地位は直接率いるべき「部隊」を有さないものであり、その高い地位に比して、大きな影響力を有してはいなかった。

逆に言えば軍隊では、時に誰がどの部隊を率いているかがより重要になる。この点において重要なのが、首都警備司令部の存在である。一九六一年、軍事クーデタに参与した兵力の一部から新たに創設された組織を前身とするこの司令部は、従来からソウルに置かれていた第六軍管区司令部が、主として北方からの北朝鮮の侵入に備えるものであったのに対し、首都、より正確には首都におかれた政府を守る事を主任務にした組織であった。この司令部配下の部隊に対しては、韓国国軍では唯一、参謀本部ではなく、大統領が直接指揮権を持っており、その司令官ポストは強い政治的性格を帯びる事となった。

さて、全斗煥が保安司令官に就任した一九七九年春の段階で、この首都警備司令官の地位を占めていたのは、陸軍士官学校第八期生の全成玹《チョン・ソンガク》。金鍾泌や尹必鏞と同期の軍人である。しかし、本書において重要なのは、その後を受け、一一月にこの職に就く張泰玩《チャン・テワン》であろう（장태완『12・12쿠데타와 나』［명성출판사、二〇一二年］）。彼は全斗煥と同じく一九三一年生まれ。しかし陸軍士官学校ではなく、陸軍綜合学校の第一一期生である。この学校の卒業生としては最初に将軍の地位にまで昇りつめた出世頭でもあった。

既に幾度か述べている様に、「自らこそが四年制の正規教育を受けた真のエリートだ」という意識を有していた陸軍士官学校卒業生は、陸軍歩兵学校や陸軍綜合学校出身の将校を軽んじる傾向があり、その事はこれらの学校の卒業生の側にもよく認識されていた。結果として両者の間には険悪な人間関係が形成され、頻繁な衝突が招来された。

だからこそ張泰玩にも、彼等、四年制陸軍士官学校出身者との衝突のエピソードが残されている（김재홍「박정희 친위대 하나회의 경복궁 회동」『프레시안』二〇一二年六月二八日。また、장태완『12・12쿠데타와 나』）。事件が起こったのは、一九七六年六月、首都警備司令部参謀長に就任した張泰玩は、首都警備司令部傘下の防空陣地工事現場への抜き打ち調査を行った。現場の責任者は陸軍士官学校第一五期生で、ハナ会会員の金相球《キム・サング》中佐。現場における緊張感のなさを叱責した張泰玩に対して、金相球が抗弁し、両者は激しい言い争いになった。そして、ここで金相球が、「私はあなたより軍事学をもっと勉強して任官したのだ」と放言する事件が起こる。張泰玩はこの一言を許さず、結果、金相球は上官への「抗命」を理由に懲戒され、軍の退役を余儀なくされる。ハナ会の多くの会員は張泰玩を恨んだという。

そして、最後に保安司令官として、軍内外の諜報任務を総括する立場にあったのが、全斗煥。保安司令部が管轄する人員の規模は数千名に過ぎず、単独で戦闘行為等を行う能力は極めて低い。しかし、既に述べた様に、軍内の情報を管理する部署として、陸軍、海軍、空軍全ての動きを把握し得る立場にあり、その情報収集能力は卓越していた。

こうして見ると、当時の韓国の大統領を巡る状況が極めて複雑な事がわかる。二度のクーデタにより成立した政権であるが故に、内閣や政党といった文民組織は大きな力を有していない。他方、軍や情報機関の側に圧倒的な権力を持つ人物がいるか、と言えば、そうでもない。重要なのは、この時代の韓国においては、様々な機関の権限や機能が重複し、競い合う関係にあった事である。例えば、諜報関係においては、中央情報部が主たる機能を担うものの、軍には別に保安司令部があり、その情報収集の範囲は軍外にも及んでいる。言い換えるなら、両者は互いが互いを監視する関係にある事になる。

政権を巡る「軍事力」についても、合同参謀本部の下に、陸軍参謀本部、更には首都警備司令部があるが、これらの関係は必ずしも上位の機関が下位の機関を統制できる形にはなっていない。保安司令部や大統領警護室も小規模だが、独自の兵力や実行部隊を有しており、しかもその「軍事力」は大統領に極めて近い所にある。加えて、情報機関である中央情報部もまた、この時代には相応の「警察力」を有していた。

当時の韓国における権力を巡る状況が、この様な錯綜した状態にあった原因は、大統領である朴正熙の政治的操作にある。自ら自身がクーデタにより政権を獲得した朴正熙は、政権内部の特定の人物や機関に権力を集中させる事が、自らの権力基盤を脅かす事だと考えており、その「分断統治」に意を注いだからである。

権力構造の地理的配置

最後に、これらの機関が地理的にどの様に配置されているかを見てみよう。むき出しの権力争いが行われたこの時代、誰がどこに本拠を置いていたかを知る事は、事態の展開を理解する上でも必要不可欠であるからである。

舞台はソウル市内、それも漢江以北の比較的狭い地域である。地域の地理的中心は、朝鮮王朝時代の正宮である景福宮《キョンボックン》。その南側正面には、嘗ての朝鮮総督府、この当時は政府の中枢機能が集中す

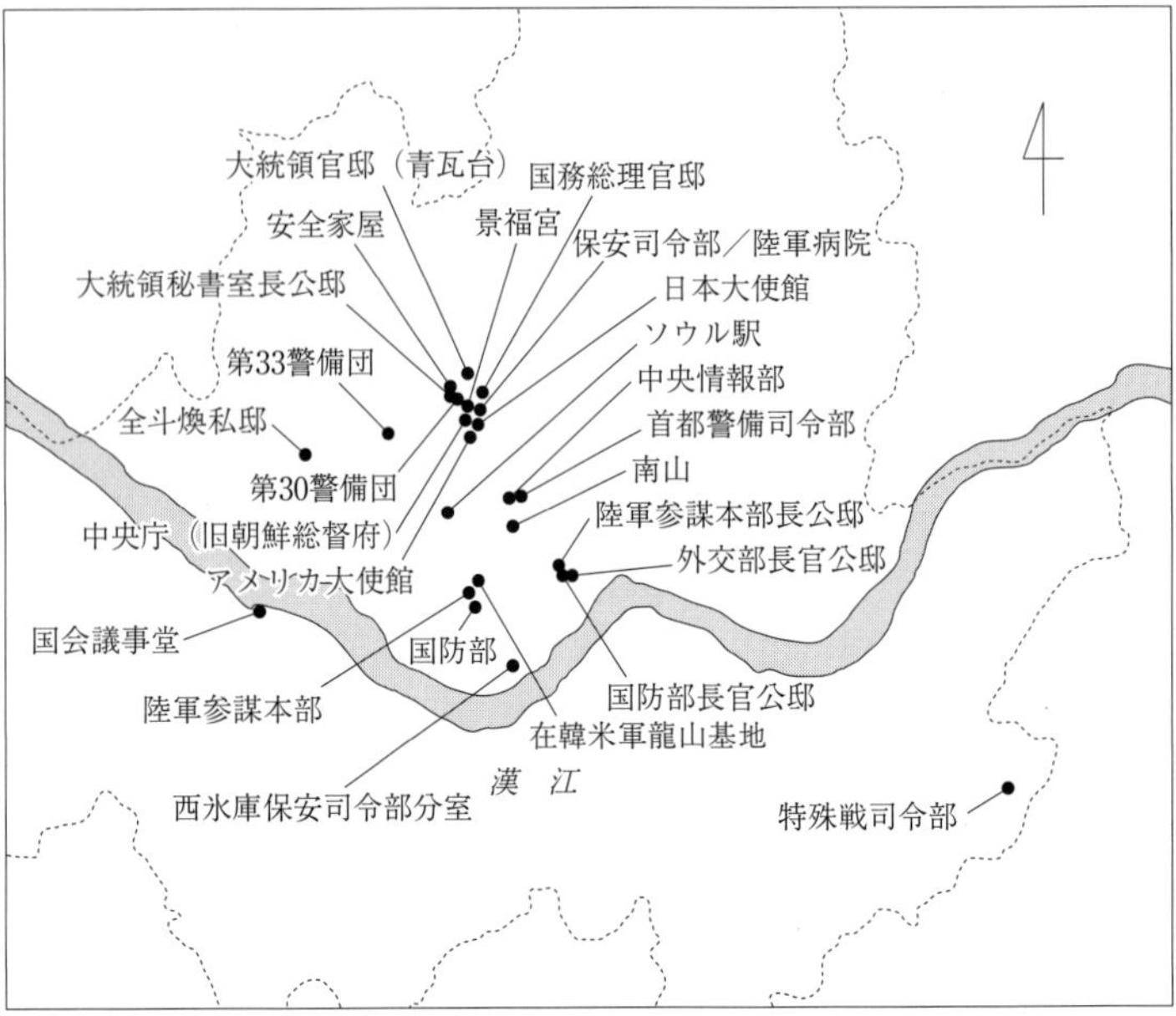

ソウル市内地図

る「中央庁」と呼ばれている建物が聳え立っている。行政を掌る国務総理、つまり崔圭夏の執務室はここにある。

しかし、朴正煕が絶対的な権力を振るったこの時代、権力の中心は、景福宮北側の高台に位置する大統領官邸にある。嘗ての朝鮮総督官邸を引き継いだ場所に建つこの建物が、瓦の色から「青瓦台《チョンワデ》」と呼ばれた事はよく知られている。青瓦台には大統領の居住空間と執務室があるのみならず、大統領の執務を補助する秘書室、そして大統領警護室も置かれている。朴正煕、金桂元、車智澈はここにいる。大統領官邸の周囲には、政府関係者が息抜きをする場所もある。すぐ西側の宮井洞《クンジョンドン》には、中央情報部が管理する「安全家屋」、敢えて日本語に訳せば「隠れ家」

があり、職務を終えた朴正熙はここで、少人数による宴会を行うのが常だった。「安全家屋」という名称から錯覚しがちだが、ここには一軒の「家屋」だけがあったのではない。広大なスペースの中、本館、旧館、そして、ハングルの「アルファベット順」に、各々カ、ナ、タの文字が付けられた三つの建物、合計五つが並んでいた。

大統領官邸の周辺には、軍事施設もある。大統領警護室の部隊とは別に、大統領官邸の最も近くに駐屯しているのが、首都警備司令部第三〇警備団。嘗て全斗煥が大隊長を務めていた部隊である。その基地は、大統領官邸の南側にある景福宮の内部、現在は泰元殿《テウォンジョン》が復元されている場所に置かれていた。この場所は、ちょうど中央庁と青瓦台の中間地点に当たり、嘗ては朝鮮総督府を警備する日本軍が駐屯していた所でもある。

同様に日本統治期の施設を使っているもう一つの組織が保安司令部であり、言うまでもなく、全斗煥はここに本拠を置いている。現在、韓国国立現代美術館のソウル館となっている建物がそれである。この建物は一九三三年、京城医学専門学校の医療施設として建てられたものであり、その後、ソウル大学第二附属病院、陸軍総合病院を経て、国軍ソウル地区病院として使われた比較的大きな建物であり、一九七一年からここに保安司令部の本部も入居する事となっていた。景福宮のすぐ東側、大統領官邸からも極めて近い位置にある。

地図の縮尺を変えてもう少し広い範囲を見てみよう。景福宮から南に下り、日本統治期からの繁華街である明洞《ミョンドン》を挟んで南山の山麓にあるのが、首都警備司令部。張泰玩はこの建物に陣取っている。現在は、朝鮮王朝期から日本統治期に建築された古い家屋を保存する、「南山韓屋公園」になっている。そこから南山を登る途中にあるのが中央情報部、金載圭のオフィスはここである。この建物が現在は「ソウルユースホステル」として使われている事を知れば、嘗ての「南山の部長たち」は驚くに違いない。

南山の山頂に登り、そこから日本統治時代には朝鮮神宮の参道であった長い階段を西に下ると、やはり日本が残したソウル駅がある。そこから更に南に下がると、向い合って聳え立つのは国防部と陸軍本部の建物である（因みに尹錫悦政権下では大統領の執務室が国防部の中に置かれている）。韓国軍の主要施設がこの龍山と呼ばれる地点にあるのは、隣に大規模な米軍駐屯地があったからである。そして、この地に軍事基地があるのもまた、日本統治時代の名残である。国防部長官の盧載鉉、陸軍参謀総長の鄭昇和、そして合同参謀本部長の金鍾煥のオフィスはここにある。

この場所にはもう一つ重要な拠点がある。それは米軍駐屯地に置かれていた米韓連合軍司令部である。一連の出来事が開始される一九七九年の前年、一九七八年一一月に設置されたばかりのこの司令部の初代司令官は、ジョン・ウィリアム・ヴェッシー・ジュニア。この年の七月に、ジョン・A・ウィッカム・ジュニアに代わっている。副司令官は韓国軍の柳炳賢《ユ・ビョンヒョン》。当然、軍隊の作戦を指揮する作戦統制権は米軍側が有している。因みにこの時期のアメリカ大使はウィリアム・ヘンリー・グライスティーン・ジュニア、長い台湾滞在経験を持つ外交官である。在韓国日本大使は後に外務次官になる須之部量三。両国の大使館は、景福宮のすぐ南に位置している。

最後にこれ以外に、事件の舞台として重要な地域がある。南山の南麓にある漢南洞《ハンナムドン》には、政府首脳の公邸が並んでいる。この地域は、国務総理や大統領秘書室長等の公館がある大統領官邸近隣の三《サム》清洞《チョンドン》と並ぶ、高官公邸の集中地域であり、国会議長や大法院長といった三権の長のみならず、参謀本部長、外支部長官、国防部長官等の公邸が位置している（なお、現在の尹錫悦政権における大統領官邸は、この外交部長官公邸を改修したものである）。つまり、昼間はソウル中心部で働く彼等は、夜になるとその南北にある三清洞と漢南洞に分かれて休む事になる。この地理的配置の乖離が、後に極めて重要になる。近くには既に何度も登場した保安司令部の西氷庫分室も位置している。

漢南洞の南には、漢江が流れており、その中洲である汝矣島《ヨイド》に国会議事堂がある。しかし、権威主義体制下のこの時代、韓国政治に占める国会の地位は大きく低下しており、政治の中心としては機能していない。

だからこそ、一九七〇年代末のこの時代、韓国の首都ソウルでの事件は、古い市街地がある漢江の北――そして夜――に起こる事となる。

2　一九七九年一〇月二六日

大行事

そして、遂に事件が起こる。映画やドラマでも何度も取り上げられた、よく知られる事件なので、ここでは朴正熙研究の第一人者である、趙甲済が書いた『朴正熙、最後の一日』（裵淵弘訳、草思社、二〇〇六年）を参考にそのあらましだけを記しておく事にしよう。話は一本の電話で開始される（趙甲済『朴正熙、最後の一日』三七ページ）。

今日の夕方六時に、閣下を招いての〝大行事〟があります。

電話をかけてきたのは大統領警護室長の車智澈、受けたのは中央情報部長の金載圭である。「大行事」とは、大統領と情報部長、更には秘書室長と警護室長の四人による晩餐の事を意味している。時間は既に午後四時一〇分、金載圭は慌ただしく自らのオフィスを出て、「安全家屋」に向かう。僅か一〇分で到着。午後四時二〇分。

同じ頃、中央情報部の儀典課にも大統領警護室から同様の電話がかかっていた。情報部は「安全家屋」の管理をするのみならず、これらの晩餐会等の準備をする役割をも担っていた。警護室からの連絡には、「接待の女性を二人準備しておいてくれ」という内容も含まれていた。連絡を受けた中央情報部儀典課長の朴善浩《パク・ソンホ》は部下に晩餐の準備を命じると共に、二人の女性に電話をかけた。一人は歌手の沈守峰《シム・スボン》、もう一人は前日知り合ったばかりの、元モデルで女優志望の大学生、申才順《シン・ジェスン》だった。沈守峰は既に一度同様の晩餐に呼ばれた事があったが、申才順はこの日が初めての「大行事」への参加だった。情報部は、こうした晩餐会の為に女性のリストを有しており、元モデル等に予てから声をかけていた、という。

この時点ではもう一人の晩餐会の参加者である、大統領秘書室長の金桂元は「大行事」の開催をまだ知らず、旧知の国会議員と大統領官邸の執務室で面会している。彼はこの議員から夕食に誘われていたのだが、まだ席を立っていない。金桂元には嘗て同じ議員との約束を、大統領からの急な呼び出しでキャンセルした事があったからである。「閣下がまたお呼びになるかもしれないので、五時まで少し待ちましょう」。金桂元の言葉が呼び込んだかの様に、電話は鳴った。「大行事」の開催を知った彼は、今回もこの議員との約束をキャンセルする。一六時三〇分。

「安全家屋」のある宮井洞《クンジョンドン》には、中央情報部の施設があり、その二階には部長専用の寝室があった。情報部の儀典秘書であった尹炳書《ユン・ビョンソ》が陸軍参謀総長の鄭昇和に電話をかけ、この寝室にいた金載圭に繋いだ。金載圭は、鄭昇和を「安全家屋」での夕食に誘う。但し会場は「大行事」が行われるのとは別の建物である。一六時四〇分。

一七時、儀典課長の朴善浩が自ら車を運転し、女性達のピックアップに向かう。一七時四〇分、金桂元が「安全家屋」に向かい、金載圭と共に「大行事」の会場である、ナ棟へと足を運ぶ。ナ棟は洋風二階建ての瀟洒な建物であり、掘り炬燵風に作られた特別に脚を休めるスペースが設置された部屋が会場である。旧知の親しい間柄にある金桂元と金載圭は、その場にまだいない大統領警護室長の車智澈について話を交わす。愚痴を溢す金桂元に対して、金載圭が言う。「あの野郎を、今日、始末してしまいましょうか」。この件については別の人を通じて大統領と話す事になっている、とお茶を濁す金桂元に対して、金載圭は「中途半端な事ではだめです」と念を押す。

運命の晩餐会

同じ一七時四〇分、車智澈は大統領を迎えに執務室を出る。副官が拳銃を渡そうとするものの受け取らない。この頃、車智澈は拳銃を持たない事が多くなっている。

一七時五〇分、車智澈が大統領執務室に到着する。一八時五分、大統領と警護室長は「安全家屋」のナ洞に到着する。五名の大統領警護室職員が同行している。待ち受けていた金載圭と金桂元が彼等を宴会場に案内し、直ちに晩餐会が開始される。宴席には、蜂蜜漬けの朝鮮人参、桔梗の和え物と、揚げ物、生野菜、松茸、蒸し牛肉の薄切り、そしてウイスキー二本とたばこ二箱が置かれている。ウイスキーは朴正熙が好んだシーバスリーガル、この晩餐会の為に、「安全家屋」の料理人は三〇皿程度の食事を用意した。

酒席の主たる話題は二つ。一つは野党、新民党、もう一つは釜山・馬山地域で拡大する民主化を求めるデモである。背景には当時の政治的事情があった。前年一九七八年の国会議員選挙における「事実上の勝利」に自信をつけた野党は、政権への批判を強めていた。その中心となったのが一九七九年五月に総裁に就任した金泳三であり、「鮮明野党」の看板を掲げる彼は、海外メディアのインタビューを受けるなどして、活発な運動を展開していた。

この様な金泳三の活動に業を煮やした朴正熙政権は、彼がニューヨーク・タイムズとのインタビューにて、「アメリカは国民と絶えず遊離している政権と、民主主義を熱望する多数の人々の二つのうち、どちらを選択するかを明らかにすべきだ」と話した事を理由に、懲罰に乗り出した。与党はこの発言を、自らの国の政治を外国に委ねる、容認すべからざる「事大主義的」発言だとして、金泳三を国会から除名する旨の懲戒動議を提出したのである。一〇月四日、金泳三は国会で議員職を剝奪される。

この状況を受けて、一〇月一六日、金泳三の地盤である慶尚南道の釜山で、金泳三の国会除名に反対する釜山大学生たちのデモが発生する。やがてデモは釜山全域に拡大し、一八日には同じ慶尚南道の馬山にも飛び火した。所謂「釜馬民主抗争」の勃発である。朴正熙政権は一八日、釜山に戒厳令を、二〇日には馬山《マサン》・昌原《チャンウォン》一帯に準戒厳令とでも言うべき衛戍令を発動した。

朴正熙はデモの背後に、金泳三の策動があると信じており、金載圭や金桂元は大統領がそう信じているのは、車智澈の誤った情報注入の結果だと考えていた。会話は以下の様に展開された。朴正熙が「新民党工作はどうなった」と問いかけ、金載圭が上手くいっていない旨を報告した。車智澈が「あんな連中！　ふざけた事を言うなら、新民党であろうが学生であろうが、戦車ですりつぶしてやります」と口をはさみ、「最近の情報部は釜馬事態処理にせよ、この問題にせよ、一体何をしているのか」、と悪態をついた。殺伐とした会話を見かねた金桂元が、「情報部長はカクテルを作るのがお上手なのですよ」と口を挟み、金載圭に助け舟を出す。

一八時一五分、女性達が「安全家屋」に到着した。朴善浩は彼女等に「この場で見聞きした事を口外したら処罰される」旨を承諾する誓約書にサインを要求した。女性達はこれにサインをした。一八時三〇分過ぎ、車智澈が連れてくる形で女性達が合流し、朴正熙の右側に申才順、左に沈守峰が席を取った。

一八時三五分、鄭昇和参謀総長が「安全家屋」に到着した。しかし、到着した彼を出迎えたのは、金載圭ではなく、中央情報部第二次長補の金正燮《キム・ジョンソプ》だった。彼は言う。「部長殿が大統領閣下に呼び出されたので、代わりに参りました」。鄭昇和は自分を呼び出した金載圭が来ない事に気分を悪くしたが、遅れて合流するのかもしれない、と考え直して彼と食事を取ることにする。場所は「安全家屋」の本館、朴正熙等がいるナ棟とは約五〇メートル離れている。

一八時四〇分、「大行事」を抜け出した金載圭は本館へ向かい、鄭昇和に礼を失した事を詫び、一〇分弱の間、言葉を交わす。この建物の二階にある寝室へ向かった金載圭は隠していた拳銃を取り出し、ズボンのポケットに入れた。金載圭は部下である朴興柱《パク・フンチュ》と朴善浩を呼び、こう告げた（趙甲済

『朴正熙、最後の一日』七三ページ）。

　国が誤れば、君たちも私も死ぬのだ。今晩、私が片付ける。部屋から銃声が聞こえたら、君たちは警護官たちを処理しろ。

「閣下もですか」と尋ねる朴善浩に対して、金載圭は頷いた。朴善浩は実行準備の為に三〇分の余裕を要求し、金載圭は承諾した。朴興柱は唖然として立ちすくんでいた。

朴正熙が時計を気にしている。一九時、テレビをつけると、国会を除名された金泳三がアメリカ大使と面会したニュースが流れる。朴正熙が更に不機嫌になり、金載圭の不手際を責めた。金載圭が珍しく反論し、車智澈が、あんな連中は戦車ですりつぶしてやれば良い、と再び悪態をつく。この間、酒を飲んでいるのは、ほぼ朴正熙と金桂元の二人だけである。車智澈は酒が弱く、金載圭は肝臓を悪くしていた。

朴正熙の提案で沈守峰が歌を二曲歌う。車智澈が歌い終わった人が次の人を指名するゲームを提案し、沈守峰は車智澈を指名する。車智澈が歌い、今度は申才順を指名する。金載圭がもう一度部屋を出た。

一九時三八分、朴善浩は金載圭に連絡し、準備が整った事を告げた。金載圭が晩餐会に戻ると、申才順はまだ歌を歌っている。そして運命の一九時四〇分、金載圭は拳銃を懐の右ポケットから取り出し、こう叫んだ。「車智澈、お前は生意気だ！」銃声が鳴り響き、銃弾は車智澈の右手首を貫通した。

「なにをしておる！」こう叫んだ朴正熙は、その場を見まいとするかの様に目を閉じ、背筋を伸ばして座っている。ふらふらと立ち上がった金載圭は、数秒間ためらった後、朴正熙に対して二発目を発射した。銃弾は右胸を貫通し、朴正熙は座ったまま右に倒れた。金載圭は続けて三発目を撃とうとしたが、拳銃は動かない。金載圭は代わりの銃を求めて居間へと戻り、車智澈はトイレに逃げ込んだ。

晩餐会の会場から銃声が鳴り響いた瞬間、待機していた中央情報部員等も一斉に行動を開始、同じ建物に詰めていた大統領警護室職員を制圧した。銃声を配電がショートした音だと勘違いしたボイラー工が、誤って電源を落とし停電になる。金桂元はこの間に、晩餐会場から居間に逃げ出した。金載圭は部下の所に戻り、朴善浩から拳銃を借りる。晩餐会の会場に戻る途中で、部下を探す車智澈を見つけ、射殺する。会場に戻った金載圭は、朴正熙の後頭部に銃弾を発射、結果的には、これが彼の致命傷となった。つまり、朴正熙はこの時点ではまだ生きていたのである。

合同捜査本部長指名

本書は全斗煥の伝記であるので、朴正熙暗殺事件の更なる詳細は他に譲ろう。寧ろ、本書で重要なのはここからである。既に述べた様に、この「安全家屋」には五つの建物があり、本館では鄭昇和と金正燮が食事をしていた。食事がデザートに差し掛かった頃、銃声が響く。二人が訝《いぶか》しむ中、金載圭がやってくる。「大変な事になりました！」それだけ告げた金載圭は、「後は車に乗ってから話しましょう」と言って、鄭昇和と共に車に乗り込んだ。問い詰める鄭昇和に対して、金載圭は大統領を示す親指を立て、人差し指でバツ印を書いた。閣下が亡くなられたのか、という問いへの答えはなく、鄭昇和は車智澈の犯行ではないかと考えた。金載圭や金桂元と同じく、鄭昇和もまた、大統領の信任を傘に権力を揮う車智澈を好ましく思っていなかった。

車に乗った二人の問題は、どこに向かうかだった。驚くべき事に金載圭にはここから先の具体的な計画はなかった。鄭昇和の提案で車は陸軍本部に向かう。緊急用のバンカーもある陸軍本部の方が安全で、軍の掌握にも便利だ、というのが理由だった。陸軍本部に到着した鄭昇和は、国防部長官の盧載鉉に電話をかけ、彼を呼んだ。二〇時三〇分、参謀総長室にやってきた盧載鉉に、鄭昇和は大統領が撃たれた事を告げた。体制を整えた鄭昇和は、やはり合流した全成坮首都警備司令官に大統領官邸の外郭を包囲する様に命じた。鄭昇和と盧載鉉は車智澈がクーデタを起こし、大統領官邸を占拠した、と考えていた。因みにこの段階の鄭昇和には、許可なく軍を動かす権限は与えられておらず、参謀総長としての独断であった。その事は、後にこの日の彼の行動へと疑念を抱かせる理由になった。

一方、「安全家屋」に残されていた金桂元は大統領を病院に運んだ。運んだ場所は、保安司令部と同じ建物にある国軍ソウル地区病院。しかし、到着した時点で既に朴正煕は事切れていた。死亡を確認した金桂元は大統領官邸にある自らの執務室に行き、警護官に総理、国防、法務、内務部長官、そして陸軍参謀総長を呼ぶ様に命じた。この任務を命じられた警護官は全斗煥の弟の全敬煥だった。二〇時一五分、金桂元は崔圭夏に自ら電話をかけ、大統領官邸へと呼び出した。すぐ隣にあった国務総理官邸を出た崔圭夏が到着したのは、二〇時三〇分。金桂元は、金載圭と車智澈が銃撃戦になり、金載圭の撃った流れ弾が当たり、大統領が死んだのだ、と彼に説明した。

その頃、金載圭は金桂元を探していた。大統領秘書室の事務室で電話に出た金桂元は、金載圭や鄭昇和等に大統領官邸に来る様に伝えたが、鄭昇和と盧載鉉はこれを拒否している。状況不明のまま大統領官邸に行く事を恐れたのである。彼等は逆に崔圭夏や金桂元が陸軍本部に来る様に要求した。金桂元は、金載圭が鄭昇和等を監禁し、陸軍をも掌握したのだと考えた。

二一時一五分、金桂元は執務室を出て、一五分後に陸軍本部に到着した。崔圭夏国務総理や政府各部長官も同行する。到着すると金載圭が戒厳令発動を主張し議論している。議論を見た金桂元は、金載圭が大統領の死去を隠したままであり、未だ軍を掌握していない事を悟る。二二時三〇分、国防部長官室にて、非常国務会議が開会された。金載圭は再び、戒厳令発動を主張するものの、事件の詳細を説明しない彼に対して、長官達の苛立ちは高まった。同じく現場にいた金桂元も追及され、追い詰められた彼は、別室にて盧載鉉と鄭昇和に、金載圭が朴正熙を暗殺した事を打ち明ける。盧載鉉が金載圭の逮捕を決め、鄭昇和が「必ず逮捕します」と言って立ち上がる。

鄭昇和は陸軍憲兵監を呼び、金載圭逮捕の指示を具体的に出した。そしてもう一人の人物を呼び出し、憲兵監が金載圭を逮捕した後、その身柄を引き受け、捜査を開始する事を命令した。そしてその人物に、戒厳令の宣布と同時に設置される合同捜査本部長に就任する様に告げる。

その人物こそ、全斗煥。こうして保安司令官の地位にあった全斗煥は、この朴正熙暗殺事件の合同捜査本部長という重責を任される事になった。

3　朴正熙暗殺事件合同捜査本部長

保安司令部から見た一〇月二六日

一九七九年一〇月二六日二〇時頃、乗用車に乗っていた全斗煥は、司令部からの無線連絡を受けた。副官が電話をかけて確認すると、大統領警護室の全敬煥から幾度も電話が入っている、という。しかし、逆に保安司令部から全敬煥への連絡は繋がらず、この電話が何を意味するかはわからなかった。

やがて、漢江に近い西氷庫にある保安司令部分室に到着した全斗煥に盧載鉉から、至急陸軍本部に来る様に命じる電話が入った。しかし、全斗煥は直ちには動かなかった。彼は軍の諜報機関である保安司令部の長として、まずはできる限りの情報を収集してから行動すべきだ、と考えたのである。

保安司令部本部との連絡等の結果、大統領官邸で何か重大な事態が起こっているらしい事を把握した全斗煥は、改めて盧載鉉に電話をかけ、私服のまま陸軍本部に向かっても大丈夫か否かを尋ねた。盧載鉉は、服装など構わずすぐに来る様に命令し、全斗煥は陸軍本部に向かう。到着、二一時頃。

しかし、陸軍本部は混乱の極みにあり、政府や軍の幹部も未だ、金載圭による朴正煕暗殺を知らずにいた。全斗煥は密かに陸軍本部を抜け出し、保安司令部の本部へ向かう事を選択する。混乱する陸軍本部にいるよりも、軍内の諜報機関である保安司令部にいた方が、より正確な情報把握ができる、と考えたからである。車で移動する間に、彼は保安司令部秘書室長、保安次長、そして共産主義対策を担当する対共次長を司令部に待機させる事を命じている。

保安司令部に戻った彼を出迎えたのは、参謀長の禹国一《ウ・グクイル》。全斗煥はここで「コード1」つまりは朴正煕が死去し、その遺体が国軍ソウル地区病院にある事を知らされる。既に述べた様に、国軍ソウル地区病院は、保安司令部と同じ建物にあったから、保安司令部にとって病院内で何が起こっているかを知る事は、さほど難しい事ではなかったのかも知れない。

併せて禹国一は全敬煥から再び電話が幾度もあった事を報告し、全斗煥にこう提案した。「大統領警護室ではなく、陸軍本部に行った方がいい」。禹国一もまた多くの関係者と同じく、犯人は車智澈であり、大統領官邸を占拠して立て籠っているのだ、と考えていた。彼は後日、「全将軍もこの時点では車智澈を疑っていた筈だ」と回顧している。

全斗煥は保安司令部に置いてあった軍服に着替え、改めて陸軍本部に向かった。急いでいたので、警護兵が間に合わず、司令官の車を警護するはずの警護車が兵士を乗せずに発車してしまった、というエピソードが残されているから、全斗煥も相当に慌てていた事がわかる。

そして、午前〇時前、全斗煥は鄭昇和に呼ばれ、参謀総長室に行く。共に呼ばれたのは、陸軍憲兵監の金晋基《キム・ジンギ》だった。ここで彼は、陸軍憲兵が金載圭を逮捕して、保安司令部に引き渡すという手順を知らされる。

しかし、ここで疑問が生まれる。中央情報部長の金載圭は既に軍を退役しており、彼による大統領暗殺は軍に関わる事件ではない。にも拘わらず、どうして憲兵が逮捕し、捜査を保安司令部が行うのか。この絡繰りを説く鍵は、先に金載圭自身が提案した戒厳令にある。戒厳法第一一条は次の様に述べている（趙甲済『朴正熙、最後の一日』二二七ページ）。

> 非常戒厳の宣布と同時に、戒厳司令官は戒厳地域内のすべての行政事務と司法事務を管轄並びに掌握する。

戒厳司令官に非常代理権を与える戒厳令は、本来、「戦争または戦争時に準じる事変」に、「敵の包囲攻撃によって社会秩序が極度に攪乱された地域」に宣布されるべき地域に敷かれるものであり、この日の事件は、これに該当するものではない。にも拘わらず、戒厳令が宣布された理由は二つ。一つは金載圭がこの事態を利用して、軍と協調して全権を握ろうと考えた事、二つ目に何よりも、朴正熙政権下において既に幾度も戒厳令が発布されており、当時の政府関係者の間では、戒厳令発布への抵抗感が麻痺していた事である。

だからこそ、金載圭が戒厳令の宣布を提案した時にも、根拠になる大統領官邸における騒乱状態の内容に関わる疑念こそ飛び交ったものの、戒厳令を敷く事自体への疑問を呈する政府関係者は少なかった。こうして、金載圭の逮捕が決まる中で、彼が提案した韓国全土への戒厳令布告は、その範囲こそ「済州島を除く地域」に限定されたものの、ほぼそのまま認められる事になった。地域が全国ではなく「済州島を除く地域」になったのは、戒厳令が全土に布告された場合には、戒厳司令官が独立して行動できるのに対し、地域を限定した場合には、戒厳司令官に対する国防部長官の指揮権が生じる決まりになっていたからであった。背景には、国務総理であった崔圭夏や国防部長官であった盧載鉉が、戒厳司令官に対する影響力を担保しようとした事があった。

戒厳司令官には軍の事実上の最高指揮官である陸軍参謀総長が就任し、鄭昇和は戒厳地域内、つまり、済州島を除く韓国全土における行政と司法を直ちに掌握した。この時点で、大統領府は大統領の朴正熙が暗殺され、秘書室長の金桂元が事件の当事者となった事で機能を停止しつつあった。大統領警護室は室長の車智澈が殺害され、混乱の極みにある。中央情報部もまた、部長の金載圭が逮捕された事で、捜査をする側ではなくされる側となり、情報機関としての機能を停止した。

結局、この時点で機能していたのは、軍と内閣だけであり、その内閣が本来有する行政機能と、更には司法に関わる権限をも掌握する事で、鄭昇和は事実上国家の全権を握る形になっていた。尤も一〇月二六日から二七日に日付が変わろうしている頃、戒厳令は未だ公式には宣布されていなかった。必要な法的手続きの全てを終えていなかったからである。しかし、既にその以前から鄭昇和は、戒厳令を前提とした行動をとっている。だからこそ鄭昇和は、自らに間もなく公式に与えられるであろう権限を前倒しして使う形で、金載圭の逮捕を警察にではなく憲兵に、捜査を検察にではなく保安司令部に委託する事になったのである。

情報機関の掌握

しかし鄭昇和が見逃していた事があった。それはこの事件の容疑者である金載圭が中央情報部長であり、中央情報部そのものが捜査の対象になる事である。だから、自らが捜査権を得ると同時に、全斗煥は参謀長の禹国一に次の様な命令を下している（趙甲済『朴正熙、最後の一日』二二七ページ）。

情報部、検察、治安責任者を明朝招集する。中央情報部の局長級以上の幹部たちは、全員連行して調査する事。そして、布告令を通して中央情報部の機能を停止させる。

その事は、即ち、全斗煥率いる保安司令部が、情報機関として競合関係にあった、中央情報部を事実上接収し、支配下に置く事を意味していた。朴正熙政権における中央情報部は、権力維持の為の中心機関であり、そのトップである中央情報部長は、大統領に次ぐ権力を持ち得る存在であった。そして、全斗煥はこの瞬間、大統領不在という緊急時において、軍内における情報機関のみならず、金鍾泌が作り、李厚洛が君臨し、更には金載圭が大統領の地位を窺ったこの巨大な情報機関をも掌握する事になったのである。

そして事態はそれだけでは済まなかった。鄭昇和が全斗煥に部長就任を命じた「合同捜査本部」は、実は如何なる法律にも具体的な規定が何一つない存在しない機関だった。唯一、国防部が戒厳令の実施計画として作った「忠武計画一二〇〇」に「合同捜査本部を設置できる」という一文が存在したが、それ以上の具体的な規定はどこにも存在しなかった。つまり、鄭昇和は、全斗煥に対して「合同捜査本部」の設立から捜査までの全てを、丸投げした形になったのである。

全斗煥はここから「合同捜査本部」を一から作り上げていった。作業を担当したのは、保安司令部法務官の朴俊洸《パク・ジュングヮン》。幸い、保安司令部は一〇月一八日、釜山に非常戒厳令が敷かれた際、この合同捜査本部の設置について検討を行った事があり、議論はこの検討内容を土台に行われた。結果は次の様なものだった。

合同捜査本部は戒厳司令官の直属の組織とされ、情報部、検察、警察、憲兵、軍検察など、全ての捜査情報機関を調整、監督する。この権限は本来中央情報部が有するものであったが、戒厳令を理由にそのまま奪う形である。併せて地方の戒厳事務所に合同捜査団を置く事とし、捜査団長にはその地の保安部隊長を任命する。保安部隊長はその地の検事長を指揮下に置く。こうして瞬く間に合同捜査本部は、単なる朴正熙暗殺事件の捜査を担当する部署から、韓国全土における情報・捜査機関を統制する巨大な権力を持つ機関となった。

とはいえ人々は、事の重大性には未だ気づいていなかった。朴正煕暗殺直後の大きな混乱の中、そして戒厳司令官に全ての権力が集中する状況下、戒厳司令官の更に下に置かれた合同捜査本部の在り方についてまで、誰も考える余裕が存在しなかったからである。

ともあれ一〇月二七日午前四時、鄭昇和の決裁を受けて発表された戒厳布告五号により、戒厳令の宣布と合同捜査本部の設置が発表された。同日八時三〇分、中央情報部幹部や検察総長、更には戒厳令下で治安維持に当たる治安本部長が、保安司令部の接見室に呼び出され、朴正煕の暗殺とその犯人が中央情報部長である事を告げられる。そして中央情報部は一切の独自での予算執行を禁じられると共に、「合同捜査本部の許可」がある場合にのみ、これが可能になる、と通告された。その瞬間、朴正煕政権下で強大な権力を振るった中央情報部は、全斗煥と彼の率いる保安司令部の管理下に置かれた訳である。その後一〇月三〇日に李熺性陸軍参謀次長が中央情報部長署理に任命されるものの、中央情報部の職務に関する保安司令部の干渉は防ぐ事ができなかった。中央情報部が所持していた資料は保安司令部に移され、幹部達は捜査を名目に軒並み連行される事となった。

さて、肝心の朴正煕暗殺事件の捜査はどうなっていたのだろうか。一〇月二七日〇時過ぎ、憲兵監は金載圭を、「陸軍総長が話したいと言っている」という口実の下におびき出し、逮捕する事に成功した。逮捕された金載圭は保安司令部の車に押し込まれ、そのまま保安司令部に引き渡された。二時三〇分、保安司令部西氷庫分室に到着すると同時に金載圭の「捜査」が開始される。「捜査」は手荒いものであり、容赦ない拷問が加えられた。金載圭は次の様に証言している（趙甲済『朴正煕、最後の一日』二八五ページ）。

捜査官たちは私の全身を好き放題に殴り、はなはだしくは、ＥＥ８電話線を指に巻いて電気拷問まで行いました。こんな拷問が何日続いたかわかりません。

そしてここで一つの事件が起こる。金載圭が事件の現場には、金桂元大統領秘書室長のみならず、鄭昇和参謀総長もいた、と述べたのである。この発言を聞いた李鶴捧《イ・ハクボン》捜査課長は全斗煥に対して、金桂元と鄭昇和の拘束、捜査を進言した。この報告を受けた全斗煥は後に以下の様に証言している（趙甲済『朴正煕、最後の一日』二〇〇ページ）。

情報部長、大統領秘書室長、陸軍参謀総長が共謀した組織的な内乱であり、完全な革命ではないかと考えました。こんな事態で鄭総長を拘束したら、背後勢力により、別の内乱行為が起きる可能性があると判断しました。

重要なのは、全斗煥と合同捜査本部捜査官たちが、鄭昇和が事件の共犯ではないか、と疑いはじめた事だった。そしてその疑念こそが、彼等が次の事件の扉を開く事を正当化する。

第六章　粛軍クーデタ

1　クーデタへの道

鄭昇和と全斗煥

合同捜査本部長に就任し、情報機関を事実上接収した全斗煥は、戒厳令下、検察や警察をも配下に置き、絶大な権力を手に入れた。そしてその事は、戒厳司令官である鄭昇和にとっても大きな意味を持っていた。この時点での戒厳司令官は、法により上位の指揮権を持つ国防部長官を除けば、何者にも掣肘《せいちゅう》されずに、行政、司法の全てを統制する事ができる存在であり、加えて陸軍参謀総長を兼ねる事で、軍の指揮権も有する絶大な権力を持つ存在だった。言い換えるなら、この時点での韓国政府の実権は、憲法の規定により大統領権限代行に就任した国務総理の崔圭夏にではなく、陸軍参謀総長兼戒厳司令官の鄭昇和が握っていたと言ってよい。

しかし、この鄭昇和の巨大な権力は、彼自身が朴正煕暗殺事件の捜査を合同捜査本部に不用意に丸投げした事により、強力な対抗者を生み出す事となった。言うまでもなく、全斗煥である。とりわけ、合同捜査本部設置の過程で、彼が中央情報部や検察、更には憲兵等をも指揮下に入れた事は、鄭昇和の権力行使に重大な制約を与える事となった。何故なら、これにより鄭昇和は本来なら自らの手足や「耳」になるべき機関への、直接の統制力を事実上失う事となったからである。

しかし、これは異常な事態であった。何故なら、合同捜査本部が与えられた権限は、飽くまで「朴正熙暗殺事件」の捜査の為に限定されるべきものであって、他に及ぶべきものではなかったからである。にも拘わらず、その権力が拡大した背景には、当時の韓国における特殊な事情があった。一九六一年に軍事クーデタにて政権を獲得し、一九七二年の「維新クーデタ」、つまりは大統領自身による「上からのクーデタ」により、権威主義的な体制を実現した朴正熙政権において、大統領の威信は絶大であり、誰もが大統領の顔色を見て行動した。

だからこそ、この朴正熙の死が韓国社会にもたらした影響も大きかった。大統領の意志が絶対であったからこそ、その死の責任を問う為の捜査や裁判は、何物にも優先されたからである。少なくとも、捜査を任された全斗煥や保安司令部の人々はそう考え、主張した。

そして、この理解は多くの人がまた共有するものであった。全斗煥は、「朴大統領暗殺事件は国家にとっても、また歴史的な観点からも、ありうべからざる不幸であり、一点の疑惑も残らず徹底的に捜査せよ。捜査と関連して、合同捜査本部長に全権を与える様に、戒厳司令官に指示してあるので、法と原則に従って処理する様に」（전두환『전두환 회고록』1、三四ページ）とする崔圭夏大統領権限代行の言葉を記している。

だからこそ、彼等はその捜査の為には、金載圭が部長として君臨した中央情報部のみならず、あらゆる政府機関に容赦なく介入した。そしてもう一つ重要だったのは、この事件には実際、多くの政府要人が関係していた事であった。典型は暗殺の現場にいた大統領秘書室長の金桂元であり、元来が金載圭と親しい関係にあった彼には、共犯の嫌疑が当初からかけられた。事件から三日後の一〇月二九日、金桂元は連行され、金載圭と同じく、保安司令部分室にて厳しい尋問を受けた。大統領秘書室のみならず、彼の自宅もが捜査対象となり、大統領秘書室もまた機能を停止した。大統領権限代行となった崔圭夏は、強力な秘書陣のサポートを失い、国務総理官邸に留まり職務を続ける事になる。

対立

そして既に述べた様に、合同捜査本部の疑いの目は進んで、鄭昇和、そして軍そのものに向けられた。そしてその事は鄭昇和自身も良く理解していた。彼は金桂元が連行されたのと同じ一〇月二九日、合同捜査本部の「参考人招致」を受け入れ、証言を行っている。とはいえ、この時点での証言は、彼が自らの主張を一方的に行っただけのものであり、全斗煥と合同捜査本部は満足していなかった。

そして、もう一つ指摘しなければならない事がある。それはそもそもこの合同捜査本部がどんな権限を持ち、何に依拠してどこまで捜査をするのか決まっていなかった事である。例えば、鄭昇和が後に執筆した回顧録（鄭昇和『12・12사건』一一一―一一三ページ）には、金桂元の捜査をしていた合同捜査本部が大統領秘書室において「どこにも記録がない」九億ウォンの金額を発見した際の処理についてて書かれている。合同捜査本部はこの金額から、大統領死後の生活資金として遺族の朴槿恵に六億ウォンを与えた後、捜査費用として一億ウォンを合同捜査本部自らの経費とし、最後に残った二億ウォンを鄭昇和の下に持って来た、と言うのである。当然の事ながら、合同捜査本部に捜査の過程で見つ

かった金銭を、自由に配分する権限がある筈がなく、これが違法な措置である事は明白だった。
この報告を受けた鄭昇和は「この様な処置を行ってはダメだ、と直観した」と記すものの、措置の撤回を合同捜査本部に求める事はしなかった。「一度大統領の遺族に渡した金銭を返還させるのは忍びない」というのが、その理由である。法的手続きを軽視していたのは、程度の差こそあれ、鄭昇和も同様であったのである。そして彼は軍関係者の金銭意識について次の様に述べる。当時の韓国軍人の順法意識の低さを示す発言なのでそのまま記しておこう（鄭昇和『12・12사건』一二二ページ）。

法による業務手続をよく理解していない軍人達は、金銭に纏《まつ》わる問題でも、その場での自らの判断に従って命令を下して、そのまま執行すればよい、と錯覚している者が多かった。戦場での決定の様に、その時々の判断で下した命令がそのまま法になる、と考える傾向があったのだ。従って、国家の運営においては法なくして何物もなしえない、という事を理解していない軍人が生まれるのはどうしようもない事かも知れなかった。

鄭昇和は自らの下に運ばれてきた二億ウォンをそのまま金庫にしまい込んだ、という。
何れにせよ重要なのは、こうして合同捜査本部が法的手続きに無頓着なまま捜査を進め、自らの活動範囲を拡大させて行った事である。その捜査はやがて、金載圭や金桂元の不正蓄財にまで及び、各々二五億ウォンと七五億ウォンの隠し資産が発見されている。合同捜査本部は再び独断にて、これらの財産を強制的に国庫に献納させた。当然、そこには裁判等の手続きは一切存在せず、全ては合同捜査本部の一存により進められていた。合同捜査本部の活動は明らかに「捜査」の範囲を超え、独自の判断による実質的な処罰の履行へと踏み込んでいた。

捜査の過程では、金載圭から軍人への金銭の供与も明らかになった。例えば、日本のお盆に当たる「秋夕《チュソク》」には、海空軍参謀総長には一〇〇万ウォン、三軍総参謀長、首都軍団長、首都警備司令官には数百万ウォン、特殊戦司令官には三〇〇万ウォン等の資金が、中央情報部から渡った事を捜査本部は確認している。因みに鄭昇和自身には三〇〇万ウォン、保安司令官の全斗煥には五〇〇万ウォンが渡っていた、という。

こうして朴正熙暗殺事件の捜査の為に設立された合同捜査本部は、何時しか多くの人々の不正蓄財事件の捜査にも手を染める事となり、全斗煥は鄭昇和にその関係者の処罰へと踏み切る事を提案している。しかも彼が提案した処罰の範囲は、朴正熙暗殺事件そのものとは無関係な、多くの軍人や公職者、そして財界人をも包含するものだった。しかし、鄭昇和は対して、捜査は法的に行われるべきものであり、合同捜査本部には不正蓄財を捜査し、処罰する権限は存在しない、としてこれを拒絶する。全斗煥はこの鄭昇和の反応を、彼が自らにも責任が降りかかる恐れのある問題をもみ消そうとしているのだと考えた。

合同捜査本部の暴走を留めようとする鄭昇和と、本来の権限を逸脱して政治的な粛清にまで踏み出そうとする全斗煥。両者の対立の原因はこの他にもあった。この時期、政府では朴正熙死後の後継大統領の選出を巡る動きが進んでいた。進められていたのは、大統領権限代行である崔圭夏を、「上からのクーデタ」により朴正熙が作り上げた当時の憲法の規定に従い、正式な大統領へと就任させる事であった。この憲法では大統領は国民の直接選挙によってではなく、選挙運動の禁止された「完全公営選挙」で選ばれた代議員で構成される「統一主体国民会議」により選出される事となっており、政府はこの会議における「唯一の候補者」として崔圭夏が立候補し、当選する事を前提として動いていた。しかし、この朴正熙によって朴正熙の存在を前提として作られた会議において、政党に所属せず、選挙の経験もない崔圭夏がどの程度の支持を集められるかには不透明な部分が存在した。

全斗煥は、この選挙において崔圭夏が多くの支持を集められなければ、政府の求心力が低下すると恐れており、鄭昇和に、保安司令部が統一主体国民会議の代議員を「指導」して崔圭夏への投票へと導く事を提案したものの、この提案もまた鄭昇和によって拒絶されている。

維新体制への評価

背景にあったのは、朴正熙と彼の作り上げた「維新体制」に対する理解の違いであった。即ち、朴正熙の庇護を受け、その影響下で台頭した全斗煥は、「維新体制」を正統なものだと考えており、その維持は当然の事だと考えていた。だからこそ、彼はその目的の為に本来自らに与えられた法的な権限を遙かに越えて行動した。否、大統領が暗殺され、戒厳令が敷かれる非常事態において、全斗煥は捜査や関連する処罰を進めるに当たり、法的な手続きが重要だとはそもそも考えていなかった。

しかし、彼の極端な考え方は当時の韓国政府においても主流とは言えなかった。朴正熙の暗殺から僅か一〇日後の一一月六日、崔圭夏は「時局に関する談話」で、自らの大統領就任後早い時期に、憲法を改正する旨を明らかにした。この事に典型的に表れている様に、当時の韓国では政府関係者の多くもまた、「維新体制」は改められるべきであり、また改めなければ自分達が政治的主導権を維持する事は難しい、と考えていた。

だからこそ、鄭昇和も朴正熙暗殺後の早い段階で、既にこの様な理解を前提として動いている。例えば一一月二六日、軍関係者を集めた会議での鄭昇和の発言について、全斗煥は次の様に記している（전두환『전두환 회고록』1、六四ページ）。

軍の人事を断行し自身の軍人脈を強固に構築して一週間が過ぎた一一月二四日、鄭総長は初の戒厳拡大会議で自らの胸中を打ち明けた。「一〇・二六事件は残念だが、国と国民全体にとっての不幸ではない。朴大統領が構築した体制は間違っており、是正されるべきだ」と述べたのだ。この発言の意味は非常に重大だ。「朴大統領は韓国の民主化のためにこれ以上い続けてはならない存在だった」という金載圭の発言と近似していたからである。金載圭と鄭昇和の意見が以前から一致しており、互いに共感がなければ出て来る筈のない発言だった。故にこれを聞いた陳鍾埰《チン・ジョンチェ》第二軍司令官、白石柱《ペク・ソクジュ》陸軍士官学校校長等が「朴大統領が逝去してそれ程日も経っていないのにどういう事か。朴大統領の生前に言わずに、何故今そんな事を言うのか」と鄭総長を非難した。会議の雰囲気は悪化し、答えに窮した鄭総長は昼食後に会議を再開しようと言って、急いで休会を宣言してしまった。

鄭昇和をはじめとする多くの韓国政府要人は、「維新体制」は改められるべきである、と考え、その移行手続においても一定の範囲とはいえ、法的な根拠が必要だと考えていた。しかし、朴正熙の作り上げた「維新体制」を当然と考える全斗煥にとって、それは亡き朴正熙に対する裏切り行為だと映っていた。

合同捜査本部の権限、政治への介入の是非、そして、朴正熙が構築した「維新体制」に対する認識。全斗煥と鄭昇和の間には大きな認識の懸隔があり、この違いがもう一つの事件を引き起こす事になる。一九七九年一二月一二日はすぐ目の前にまでやって来ていた。

鄭昇和と全斗煥の対立は抜き差しならない段階へと突入しつつあった。しかし、ここで見落とされてはならない点が一つあった。それはこの段階での両者の間には、依然として、大きな地位や権力の格差があった事である。戒厳司令官と陸軍参謀総長を兼ねる鄭昇和の権限は少なくとも制度的には絶大であり、合同捜査本部長である全斗煥の権力は飽くまで、鄭昇和からの権限の委譲の上にのみ成立するに過ぎなかった。

鄭昇和の動き

だからこそ、対立の露呈は、即ち、鄭昇和による全斗煥排除の動きへと繋がっていった。資料や証言から確認できるだけでも、鄭昇和は自らの制度的な監督役である国防部長官の盧載鉉に、全斗煥の合同捜査本部長や保安司令官の任を解く事を、二度に渡って提言している。そして、その二回目には保安司令官の職を解いて「東海警備司令官」へ配属すべき事を具体的に提案したとも言われている。ソウルから離れた朝鮮半島東海岸の地域の防衛を担当する司令官のポストであり、鄭昇和が全斗煥を首都から追放し、政治的影響力を行使し得ない地理的な場所へと追い払おうとしていた事は明白だった。

そして、それはより大きな観点から見れば、鄭昇和が自らの軍、或いは政府における基盤を固める為の作業でもあったかも知れなかった。ここにおいて重要だったのは、一一月一六日における張泰玩の首都警備司令官就任であった。既に述べた様に、張泰玩と全斗煥等ハナ会の間の関係は、以前から良いものではなく、全斗煥等がこの人事を、自らの排斥の始まりであると考えたのは、不思議ではなかった。

鄭昇和は併せて「首都警備司令部設置令」を改定し、これまで大統領警護室の指揮下にあった首都警備司令部を、陸軍参謀本部の指揮下に移している。進んで鄭昇和は、陸軍本部作戦参謀部長に河《ハ》小《ソ》坤《ゴン》を任命した。鄭昇和が第七師団長時代に作戦参謀を務め、第一軍司令官当時に参謀長を務めた腹心である。

明らかなのは、戒厳司令官の鄭昇和の権力が拡大しており、全斗煥は自らが追い詰められつつある、と考えていた事である。鄭昇和は全斗煥に忌避感を持ちつつあり、全斗煥に与えられた巨大な権限は、飽くまで朴正熙暗殺事件の捜査の為のものに過ぎなかった。金載圭に対する軍法会議が進行する中、彼の権勢は終わりに近づいているように見えた。

クーデタ計画

だからこそ、全斗煥は拡大した自らの権力を守るべく、行動する事となった。自らの権力を維持する為に必要な事は二つ。一つは対立する鄭昇和を戒厳司令官の地位から追い払う事、もう一つは、自らの権力の基盤である朴正熙暗殺事件に関わる捜査の範囲を更に拡大する事である。そして、この二つを同時に実現する方策があった。鄭昇和自身を朴正熙暗殺事件に関与した容疑で電撃的に拘束し、失脚させればよいのである。

こうして、全斗煥等による軍事クーデタの計画が進行する。期日は早々に一二月一二日に決められた。統一主体国民会議での崔圭夏の大統領選出が一二月六日に予定されており、その日より前に軍が行動を起こす事は難しかった。何故なら参謀総長拘束の為には、大統領である崔圭夏の許可が必要だったからである。彼等がこの日を選んだのには、もう一つ理由もあった。一二月一一日に軍将官の昇進審査が予定されており、仮にこの審査が軍事クーデタで流れた場合、昇進を阻まれた将校の恨みを買う可能性が生まれるという懸念である。クーデタという大事の計画において、軍内の世論を重要視する所に、全斗煥の人心操縦術の一つの典型が表れている。

この計画が作られる過程は、実は全斗煥の『回顧録』に比較的詳細且つ直截的に書かれている。後に述べる様に、彼はこの計画の実行を、クーデタではなく、正当な捜査活動だと主張しており、故にこれを隠す必要はないというのがその論理である。全斗煥が『回顧録』にて説明する、事件に向けた準備は次の様なものだ。崔圭夏が大統領に正式に就任した一二月六日、全斗煥は朴正熙暗殺事件の捜査の指揮を執る李鶴捧《イ・ハクボン》捜査局長に、鄭昇和連行計画の検討を命じた。李鶴捧は二日後の一二月八日にこの回答を行い、鄭昇和を陸軍参謀総長公館にて、「任意同行」方式で連行する事が確定する。一二月九日、全斗煥は李鶴捧と保安司令部調整統制局長の許三守《ホ・ミムス》を呼び、鄭昇和を連行する為のより具体的な指示を下している。この時点まで許三守は鄭昇和逮捕の作戦を知らなかった、と言うから、ここまでの準備は全斗煥と李鶴捧の二人だけの間で進んでいた事になる。

全斗煥がここで許三守に作戦を知らせた理由はこうだ。合同捜査本部長の上司である戒厳司令官を逮捕する為には、戒厳司令官を任命し、指揮する権限がある人物の許可が必要である。因みに全斗煥自身は『回顧録』で、合同捜査本部長であった自らは捜査の為の全権を与えられていたから、やろうと思えば独断でも逮捕に踏み切れた、と書いている。とは言え、その論理が当時の政府でそのまま通用したか否かは、甚だ怪しいと言わざるを得ない。

だからこそ全斗煥は「念の為に」、鄭昇和よりも更に上位の地位にある誰かの裁可を獲得し、逮捕を正統化しようと試みた。そしてここで彼は、戒厳司令官の直接の監督者である国防部長官の盧載鉉ではなく、大統領である崔圭夏をその対象に選択した。全斗煥は既に以前に盧載鉉に鄭昇和への捜査を求めて拒絶された事があり、軍出身で参謀総長経験者でもある盧載鉉よりも、文官の崔圭夏の方が御しやすい、と考えたのかも知れない。事実、以後も全斗煥は一貫して、重要な政治的決定の際には必ず崔圭夏の裁可を仰ぎ、正統化する事を繰り返していく。

さて、崔圭夏から裁可を得る為には、鄭昇和の逮捕が必要である理由を大統領に説明できる人物が必要である。その任に当たれるのは捜査を指揮する李鶴捧以外に存在せず、故にクーデタ時に全斗煥は崔圭夏の前に彼を連れて行き、その任務を遂行させせなければならなかった。つまり、鄭昇和の連行そのものについては、他の人物が必要であり、その役割を任されたのが許三守だった訳である。こうして李鶴捧と許三守の間で、更に詳細な計画が作られていった。

計画前日の一一日には、捜査第二局長の禹慶允《ウ・ギョンユン》、第三三憲兵隊長の崔石立《チェ・ソクリプ》にも計画が伝えられた。禹慶允には許三守と共に陸軍参謀総長公館に赴く役割が、崔石立には憲兵隊を率い、「万一にも銃撃戦が起こらない様に」備える任務が与えられた。

新軍部の結集

全斗煥の『回顧録』からも明らかな様に、この鄭昇和の連行に当たって、彼は当初から軍事衝突が発生する可能性を予見しており、その為の布石を打っていた。そして、その為に彼は『回顧録』には書かれていない準備をも行っている。

一つは、鄭昇和の連行、つまりはクーデタを進める為に、十分な兵力を集める事である。注意しなければならないのは、保安司令官兼合同捜査本部長の地位にある全斗煥の、直接指揮できる兵力が限られていた事である。だからこそ仮に戒厳司令官として強大な権限を持つ鄭昇和やその関係者が本格的な抵抗を見せれば、全斗煥が有する兵力だけでクーデタを遂行する事が出来ない事は明らかだった。従って全斗煥には、自らを守り、共に作戦を遂行する「同志」が必要だった。そして彼にはその同志を募る絶好の環境が存在した。それは当時のソウル近郊の陸軍各部隊の指揮官に全斗煥と親しい人物が集中していた事だった。

そしてその中核となったのが、全斗煥が自ら実質的な会長を務めるハナ会、とりわけその中心とも言える陸軍士官学校第一一期生達だった。士官学校時代において全斗煥と最も親しい関係にあったのは、本書でも既に幾度も登場した金復東と盧泰愚。しかしこの時点でソウルを取り巻く京畿道《キョンギド》を管轄する第三野戦司令部副司令官の地位にあった金復東は、同期内での激しい出世争いの結果、何時しか全斗煥との関係が疎遠になっていた。彼はその後も全斗煥とその政権において重要な役割を果たす事はない。

だからこそ、全斗煥が最も頼りにしたのは盧泰愚だった。当時の盧泰愚はやはり京畿道、そのソウル北部に配置された名門第九師団の師団長を務めていた。師団長は配下の兵力に直接指示を出し得る位置にあり、クーデタの遂行において重要な役割を果たし得る存在である。同じく、ソウル南方に駐屯する第七一歩兵師団の師団長も、彼等と同期の白雲澤が務めていた。

師団の上には軍団があり、第九師団は第一師団や第二五師団等と共に第一軍団に属している。この第一軍団長の要職を務めるのが黄永時《ファン・ヨンシ》。全斗煥等よりも一期先輩に当たる彼は、朝鮮戦争下において早い段階で動員され、多くが戦死した士官学校第一〇期生の数少ない生き残りである。全斗煥が第一師団長であった当時から第一軍団長であった彼は、全斗煥や盧泰愚とも良好な関係にあった様である。他方、黄永時は鄭昇和には反感を有しており、その彼にクーデタへの参加を呼び掛けたのは、隷下の第九師団長であった盧泰愚であった。これにより、第一軍団長が第九師団長の出動命令に許可を出す事が可能となり、盧泰愚がクーデタに兵力を提供する事が現実化した。

黄永時と同じく、全斗煥よりも長い軍歴を有したにも拘わらず、このクーデタに参加した人物には、兪学聖《ユ・ハクソン》と車圭憲《チャ・ギュホン》がいる。兪学聖は国防部軍需次官補、車圭憲は首都軍団長の要職を務めていた。黄永時とは異なり、全斗煥等との事前の綿密な協議は行っていなかった様である。なお、車圭憲が軍団長を務める首都軍団と、張泰玩が率いる首都防衛司令部との間に上下関係は存在しない。彼等には全斗煥が直接、クーデタへの誘いをかけている。

クーデタには、同じハナ会に属する全斗煥の後輩達も参加した。陸軍士官学校第一二期生の朴熙《パク・ヒ》道《ド》と張基梧《チャン・ギオ》は、第一三期生の崔世昌《チェ・セチャン》と共に、嘗て全斗煥が育てた特殊戦部隊の指揮官である。各々第一、第三、第五空挺特殊戦旅団の司令官であるから、特殊部隊の大半が全斗煥と行動を共にした事になる。朴熙道等と同じ第一二期生の朴俊炳《パク・チュンビョン》は、やはり首都近郊に位置する第二〇師団の師団長である。

ソウル市内における作戦を成功させる為には、周辺のみならず、ソウルそのものに駐屯する兵力を味方につける必要もある。しかしそのソウルを管轄する首都警備司令官を務める張泰玩は既に述べた様に、予てからハナ会つまりは、四年制士官学校卒業生との関係が悪く、当然、その協力は期待できない。であれば、可能なのは彼の指揮下にある下位の部隊の指揮官を引き抜く事である。

大統領官邸を守る第三〇警備団の団長は張世東《チャン・セドン》。慶尚道出身者が多いハナ会においては珍しい、全羅南道《チョルラナムド》出身者である。背景には、全斗煥との間の交友関係が存在した。全斗煥と同じ時期にベトナムに派兵されていた彼は、そこで全斗煥の信任を得る事となった。その後全斗煥が第一空挺特殊戦旅団長に任じられた際には、彼に直接望まれてその副官を務めている。加えて言えば、全斗煥もまた既に述べた様に第三〇警備団長の経験者であったから、張世東はその職務を引き継いだ形にもなっている。

第三〇警備団と並んで大統領官邸を西方から守る第三三警備団の団長は金振永《キム・ジンヨン》。陸軍士官学校第一七期卒業の彼は、保安司令部にて秘書室長として全斗煥を支える許和平《ホ・ファピョン》や、鄭昇和逮捕の大任を与えられた許三守の同期生である。全斗煥が第三〇警備団長であった際に中隊長を務めた事があり、やはりハナ会の一員である。張世東を全斗煥に紹介したのは彼だという。

とはいえ、味方の兵力を集めただけでは、クーデタの成功は確実ではない。この作戦において相手にしようとしているのは、戒厳司令官兼陸軍参謀総長として絶大な権力を握る鄭昇和であり、仮に彼を支持する勢力が団結して抵抗すれば、クーデタの成功が覚束ないのみならず、敵対する北朝鮮や、韓国の安定を求める同盟国のアメリカの干渉を招く可能性もある。だからこそ、クーデタはできるだけ迅速に、多くの血を流さずに遂行される必要がある。

であれば、その為には反対勢力に属する人々を足止めし、彼等の動きを封じ込める事が必要である。全斗煥が警戒の目を向けたのは、三名の人物。首都警備司令官の張泰玩と、憲兵隊を指揮する憲兵監の金晋基、そして、陸軍特殊戦司令官の鄭《チョン・》柄宙《ビョンジュ》である。幾度も述べてきた様に、張泰玩は首都圏を防備する首都警備司令部の指揮官であり、金晋基率いる憲兵隊は、大統領に就任した崔圭夏のいる国務総理官邸や陸軍参謀総長官邸の防備を担当している。彼等の抵抗が排除できなければ、クーデタ勢力は逆にソウル市内に封じ込められ、企てが失敗する事になりかねない。陸軍特殊戦司令部は、一九六八年、空挺特殊戦旅団等の特殊戦部隊を統括する部署として創設されたものである。通常の師団の上部に軍団がある様に、特殊戦部隊の旅団の上にはこの司令部があったのである。ハナ会に属する後輩達が指揮する特殊戦部隊に期待する全斗煥にとって、その上層組織の指揮官はやはり何としてでも足止めしたい存在だった。

それでは彼等を足止めする為にはどうしたら良いか。その為に全斗煥が選んだ方法は単純だった。クーデタ決行のその時間にこれらの人々を自らの主催する酒宴に招待してその場に留めさせ、彼等が自らの部隊等を指揮できなくさせるのである。その任に選ばれたのは保安司令部参謀長の禹国一。但し、情報が漏れるのを恐れてか、彼にはその背後でクーデタが遂行される事は、伝達されなかった。後に禹国一は、ハナ会の一員ではなかった自分自身も全斗煥には信用されておらず、故にその邪魔にならない様に体よく追い出されたのだろう、と語っている。

計画実行に障害となる可能性のある人物を、自らのゲストとして酒宴に呼び出し、自分自身は急用が出来たとの理由で部下に接待させ、その場に留まらせて無力化する。このセットアップは、朴正熙暗殺の際に金載圭が鄭昇和を誘い出したのと全く同じものである。全斗煥は金載圭の行動を一部参考に自らのクーデタ計画を作ったのかもしれなかった。

そして、一二月一一日、全斗煥は親しい軍の司令官に明日、「誕生日の招待」の為に集まる様に電話をかけた。こうして準備は整い、運命の日を迎える事となる。

2　一九七九年一二月一二日

クーデタ勃発

一九七九年一二月一二日、後に全斗煥等による粛軍クーデタと呼ばれる事件はこうして勃発する。この事件については、韓国が民主化された後、韓国の国会や裁判所で幾度も調査や報告がなされており、その展開の詳細はほぼ明らかになっている。そこでここではまず事件の時系列的な展開について、それらの調査結果を基に簡単にまとめてみよう。

時刻は一八時、場所は朝鮮王朝の正宮であった景福宮の北西端に駐屯する第三〇首都警備団。全斗煥による「誕生日の招待」に応じた将校が集まってくる。彼等を階級別に紹介するなら次の様になる。中将の階級からは三名、国防部軍需次官兪学聖、首都軍団長車圭憲、第一軍団長黄永時。首都圏周辺の軍隊を指揮する二名の軍団長が参加しているのが重要である。少将からは、保安司令官全斗煥、第九歩兵師団長盧泰愚、第二〇歩兵師団長朴俊炳、そして第七一防衛師団長白雲澤。盧泰愚と白雲澤は士官学校時代の全斗煥の同期であり、ハナ会の創設に当たった人々である。准将からは、第一、第三、第五の三つの空挺特殊戦旅団長である朴煕道、崔世昌、張基梧、そして大統領警護室長代理を務める鄭《チョン》　東《ドン》鎬《ホ》が参加している。四旅団しかない特殊戦部隊の三つと、大統領に就任したばかりの崔圭夏の警護を務める部隊の指揮官が参加している事になる。彼等は張世東第三〇首都警備団長の部屋に集結

旧第30首都警備団駐屯地跡
（12・12クーデタ時に全斗煥等が集まった）

し、事態の進行を見守り、また指揮する事になる。

それから三〇分後、全斗煥に「これまで戒厳業務に苦労が多かった首都圏の指揮官たちを食事に招待したのだが、ちょうど大統領に報告しなければならなくなってしまったので、参謀長が代わって接待してくれたまえ」との依頼を受けた禹国一が、約束場所である韓国式料亭に到着する。場所は大統領官邸から西に数キロ離れた延禧洞《ヨニドン》。「首都圏の指揮官」とは、張泰玩、金晋基、鄭柄宙の三名であり、彼等は禹国一より早く、既にここに到着する事となっていた。張泰玩によれば、高級住宅地の一角にあり、外部には看板を出さない「秘密料亭」だったという。鄭柄宙が招待者の全斗煥を待つ事を提案し、彼等は暫く建物の外で待つ事にした。食事が始まるのはそれから一時間以上後の一九時二〇分の事である。

先立つ一八時三〇分、全斗煥が李鶴捧を伴って「報告」の為に、臨時の大統領官邸の役割を果たしていた国務総理官邸に入る。大統領である崔圭夏に、朴正煕暗殺事件の捜査を目的として、鄭昇和の連行の裁可を求める為である。この裁可が得られれば、全斗煥は大統領の命により、合法的に鄭昇和を逮捕する事ができる筈だった、しかし、全斗煥の求めにも拘わらず、崔圭夏はこの連行に裁可を与えようとしない。国防部長官として鄭昇和の直属の上司に当たる盧載鉉の同意を条件に、崔圭夏は抵抗したのである。この瞬間、この日の全斗煥等の一連の行動が、後に法的正統性を大きく欠いたものだ、と批判される状況が確定する。

一八時五〇分、全斗煥が崔圭夏の説得を懸命に試みている頃、保安司令部西氷庫分室から、許三守が七〇名の兵を連れて出発する。参謀総長公邸にいる鄭昇和を連行する為である。一九時五分、到着。しかし、鄭昇和は大統領の裁可の確認を求めて抵抗した。結果、強制的に彼を連行しようとする保安司令部兵士と、参謀総長公邸を守る憲兵隊の間に銃撃戦が発生する。突然の激しい銃声に驚いたのは、参謀総長公邸と塀をはさんで隣り合う国防部長官公邸にいた盧載鉉だった。朴正煕暗殺事件の記憶も未だ新しいこの時点、身の危険を感じた彼は家族を連れて公邸を出て、隣の敷地にあった私立の名門檀国《ダンクク》大学のキャンパスへと脱出する。携帯電話も何も存在しない時代、こうして鄭昇和の直属の上司であり、また、軍の指揮において大統領を補佐すべき立場にある国防部長官が行方不明になり、事態は混迷の度を深める事となる。銃撃戦は保安司令部側の勝利に終わり、許三守は鄭昇和の強制連行に成功する。西氷庫の保安司令部分室に連行された彼は、ここで捜査という名の拷問を受ける事になる。

陸軍参謀総長公邸で発生した銃撃戦は直ちに各所に知られる事となり、すぐに鄭昇和が何者かに連行されたという情報が各所に伝えられた。陸軍参謀総長公邸を守備していたのは憲兵隊であり、その連絡はすぐに、全斗煥に呼び出されて酒席の場にいた、憲兵監の金晋基に伝えられた。金晋基はすぐにその場を離れて指揮所に戻り、張泰玩もまた電話で事実を確認した上で首都警備司令部に向かった。最後に料亭を離れたのは直接指揮する部隊を持たない鄭柄宙。彼等は、テーブルの上にあったシーバスリーガル――暗殺の日に朴正熙が傾けていたのと同じウイスキーである――を一杯飲んだだけだった。全斗煥に頼まれて接待をしていた禹国一は事態を知らされておらず、何が起こっているのかもわからないまま自宅に戻った、と後に証言する。こうして全斗煥が計画した、反対派司令官達の足止めは失敗した。禹国一は、翌日、このクーデタに参加した兪学聖に、「昨夜はやつらにじゃんじゃん酒を飲ませて酔っぱらわせてしまわなければならなかったのに、何でそうしなかったんだ」と苦言を呈されている（厳相益『被告人閣下――全斗煥・盧泰愚裁判傍聴記』金重明訳［文藝春秋、一九九七年］八五ページ）。

張泰玩等が慌てて持ち場に戻ろうとしている頃、事態収拾の努力を懸命に続けていたのは、参謀次長の尹誠敏《ユン・ソンミン》だった。参謀総長の鄭昇和が連行された今、参謀部にて指揮をする責は彼にあったからである。尹誠敏のいる国防部に、「参謀総長が怪漢によって拉致された」という情報が伝えられたのは一九時三〇分頃。二〇時二分には、張泰玩が首都警備司令部に到着する。

情報を総合して軍事反乱である、との結論を下した尹誠敏は、二〇時一〇分、ソウル首都圏に非常命令「珍島犬《チンドケ》一号」を発令、この命令を二一時には全国に拡大させた。尹誠敏は、軍の公式な統帥権者である大統領の崔圭夏とこれを公式に補佐する国防部長官の盧載鉉に連絡を試みるが、電話は共に繋がらなかった。国務総理官邸への通信は既に保安司令部によって統制されていたからである。

同じ頃、裁可を頑強に拒否する崔圭夏の説得を諦めた全斗煥は第三〇警備団へと向かう。二〇時三〇分、張世東と金振永の協力を得た彼は、第三〇警備団と第三三警備団の兵力を動員し、国務総理公館を包囲した。外部との出入りと通信を遮断する為である。尹誠敏が崔圭夏への連絡を試みても果たせなかったのはこの為であった。

二一時三〇分、全斗煥は少将以上の将軍六名を伴って崔圭夏の下へ向かい、裁可を再び要求する。しかし、崔圭夏は依然として裁可を下さない。文官出身であり、意志薄弱だと思われた崔圭夏は、全斗煥の見込みより遙かに芯のある人物だった。諦めた全斗煥は、ここで自らの側にある部隊の出動を要請する。

さて、この時点でソウル近郊にある部隊は、既に紹介したソウル市街地に駐屯する第三〇警備団と第三三警備師団に加えて、付近に首都機械化歩兵師団、第二〇師団、第二六師団の三つがあった。これに加えて、機動力の高い空挺特殊戦旅団が四つある。このうち第二〇師団長の朴俊炳は全斗煥の側にあり、四つある特殊戦旅団の三つの司令官もまた、第三〇警備団に集結していた。

だからこそ、これに対抗する側において重要だったのは、残る首都機械化歩兵師団と第二六師団、そして全斗煥側が掌握していない第九空挺特殊戦旅団を如何にして動かすかだった。首都警備司令部に戻った張泰玩は、鄭昇和連行の詳細を把握し、反乱鎮圧の為に動き出した。最初に行ったのは漢江をまたぐ橋を封鎖し、首都近郊の部隊に応援を要請する事だった。しかし、首都機械化歩兵師団も第二六師団も動かない。ここでも問題は崔圭夏と盧載鉉の不在であった。彼等の許可がなければ前線の部隊が動かせない制度になっていたからである。

同じ頃、尹誠敏も問題を抱えていた。陸軍参謀本部も首都警備司令部も制度的には大きな権限を持っていても、直属の部隊は小規模であり、それだけでは身動きが取れなかったからである。二二時一五分、ソウル旧市街地の南、龍山にある国防部で指揮をとっていた尹誠敏は危険を感じ、自らの指揮所を張泰玩が陣取る首都警備司令部に移動させた。全斗煥等が、朴熙道が旅団長を務める第一空挺特殊戦旅団をソウル市街地に向かわせるべく動いている、という情報を得た為である。尹誠敏が移動した、という情報は、封鎖されていた国務総理官邸には伝わらず、崔圭夏は軍司令部がどこにあるかを知らなかった。クーデタを試みる全斗煥と、これを阻止しようとする張泰玩と尹誠敏。両者は共に、制度的な権力を握る崔圭夏と盧載鉉を動かす事ができず、手詰まり状態になっていた。

二二時、行方不明になっていた盧載鉉が崔圭夏に電話をかけた。この頃、盧載鉉は檀国大学のキャンパスを経て、家族と共に米軍基地内にあった米韓連合司令部に逃げ込んでいた。崔圭夏は盧載鉉に直ちに国務総理官邸に来る様に命じるものの、身の危険を覚える盧載鉉は米韓連合軍司令部から動こうとしない。盧載鉉が米韓連合司令部に留まり、その協力がなければ崔圭夏が如何なる判断も下そうとしない状態が続いていた。公式なルートを通じて軍を動かす事が誰にも困難な状況が依然として続いている。

勝敗を分けた電話での説得

先にカードを切ったのは、参謀次長の尹誠敏であった。彼は特殊戦部隊の総司令官である鄭柄宙特殊戦司令官に、第九空挺特殊戦旅団を陸軍本部に向けて出動させるように命じたのである。旅団長の尹興棋《ユン・フンギ》は、特殊戦部隊の中で唯一全斗煥等のクーデタに参加しておらず、依然、鄭柄宙の指揮下にあった。尹興棋は夜間通行禁止令が発令される午前〇時を待ち、〇時五分に部隊を出動させる。

勿論、全斗煥側も座してこれを待っていた訳ではなかった。既に述べた様に彼等は、特殊戦部隊の中から第一空挺特殊戦旅団を選んでソウル市街地に入らせようと試みていた。この第一空挺特殊戦旅団は嘗て全斗煥自身が五年間団長として君臨した部隊であり、その創設時から関与した彼の影響力は極めて大きかった。こうして見ると、このクーデタにおいて特殊戦部隊が如何に重要であったかがわかる。高い機動性を持ち、従来の軍団秩序に組み込まれていなかった特殊戦部隊は、クーデタを試みる側と阻止しようとする側、双方にとって決定的なカードとなっていた。

しかしここで誤算が一つ生まれた。旅団長の朴熙道が張泰玩の敷いた警戒線に引っ掛かり、部隊に戻るのに予定より時間がかかったのである。保安司令部は既に軍の電話回線の掌握に成功しており、全斗煥はすぐに尹誠敏が第九空挺特殊戦旅団を動員した情報を入手した。この時点でソウル市内にいる比較的大きな兵力は、クーデタ側に属する張世東の第三〇警護団と金振永率いる第三三警護団であったが、第九空挺特殊戦旅団はこれより遙かに大きな兵力を有していた。故に第九空挺特殊戦旅団がソウル市内への進入に成功すれば、クーデタ勢力と反クーデタ勢力の力関係は逆転し、全斗煥等は駆逐されてしまう事になる。全斗煥の下で、この日のクーデタを指揮していた将軍の一人である盧泰愚はこの瞬間に、自決する事まで考えたという。

自らの計画が瓦解の危機に瀕している事を悟った全斗煥は、ここで一か八かの賭けに出る。尹誠敏に直接電話を入れ、軍の同士討ちは避けるべきである事を力説したのである。全斗煥は、事態は対話で解決できると主張し、尹誠敏を懸命に説得した。〇時一〇分、この全斗煥の説得に応じた尹誠敏は第九空挺特殊戦旅団に引き上げを命じる。こうして全斗煥等は九死に一生を得る形になった。判断に迷う尹誠敏は次第に軟化、「対話」を求める全斗煥に対して妥協的な姿勢へと転じていく事になる。

〇時一五分、全斗煥の命を受けた崔世昌の指示により、第三空挺特殊戦旅団の一部隊が、鄭柄宙が指揮を執る特殊戦司令部を急襲する。司令部に守備兵力はなく、自ら銃を取って抵抗した鄭柄宙は腕を撃たれて負傷した後、連行された。副官の金五郎少佐も同様に抵抗して銃撃され、即死する事になっている。

○時二〇分、朴熙道が司令官を務める第一空挺特殊戦旅団の主力部隊が漸く漢江南岸の検問所を突破し、ソウル市街地に侵入した。この瞬間、ソウル市街地の軍事バランスは全斗煥等の側に大きく傾いた。引き続いて、他のクーデタ勢力支持部隊もソウル市街地に到着する。○時五〇分、第一空挺特殊戦旅団が陸軍本部を攻撃する。陸軍本部守備隊は激しく抵抗したが、兵力の差は余りに大きく、抵抗はすぐに鎮圧された。続いて国防部、そして嘗ての朝鮮総督府の建物である中央庁が制圧される。中央庁の制圧に当たったのは第三空挺特殊戦旅団である。第五空挺特殊戦旅団もまもなくソウル市街地に侵入する。

最後まで全斗煥等に抵抗を続けたのは、首都警備司令部であった。クーデタ勃発からその終焉まで、首都警備司令官の張泰玩は一貫して強硬だった。彼が飽くまで抵抗を試みた理由は、全斗煥等が鄭昇和を連行し、軍を掌握しようとしているからだけではなかった、という。彼は本来なら、自らの指揮下にあるべき第三〇警備団と第三三警備団がクーデタに加担し、その中核部隊になっている事が許せなかったのである。しかし、この張泰玩の個人的な怒りは、彼が率いる兵士達には共有されなかった。兵士達は同じく首都警備司令部傘下にある第三〇警備団や第三三警備団と、首都警備司令部の直属部隊が同士討ちする事を望まなかった。こうしてクーデタ勢力が集まる第三〇警備団を、直接の砲撃により制圧する事を主張する張泰玩に対して、これを躊躇する将兵達が対立する状況が成立する。

結局、圧倒的劣勢の中、首都警備司令部内部で反乱が起き、午前三時、張泰玩は逮捕される。逮捕

したのは、首都警備部憲兵副団長であった申允熙《シン・ユンヒ》。彼の上司に当たる首都警備部憲兵団長の趙洪《チョ・ホン》は当初から全斗煥側に付いて第三〇警備団におり、先立つ一一時三〇分、全斗煥は趙洪に張泰玩の逮捕命令を出している。警備司令部に残されていた副団長の申允熙は、目前にいる司令官である張泰玩と、直接の上官の板挟みになっていた事になる。そして勝敗の帰趨がほぼ明確になった段階で、彼は全斗煥側に寝返り、司令官の逮捕へと向かった。「誰の命令で来たんだ」と叫んだ張泰玩に対する申允熙の答えは「保安司令官の命令です」であった、という（장태완『12・12쿠데타와 나』二一四ページ）。

こうして逮捕を試みる憲兵隊と張泰玩等の間に銃撃戦が発生し、陸軍本部作戦参謀部長の河小坤が負傷する。数に優る憲兵隊が制圧に成功し、逮捕された張泰玩は鄭昇和と同じ、保安司令部の西氷庫分室に送られた。そしてそこで同じく捜査という名の拷問を受けるのである。全斗煥との「対話」の可能性を信じた尹誠敏もまた逮捕され、こちらは保安司令部の本部へと連行される。

午前二時三〇分、盧載鉉がようやく国防部に入り、総理官邸に電話をする。崔圭夏は再び盧載鉉に総理官邸に来る様に要求するが盧載鉉はこれを拒絶する。痺れを切らした崔圭夏は、国務総理の申《シン・》鉉碻《ヒョンホ》を、中央情報部長署理の李熺性と共に国防部に赴かせる。銃撃戦の跡も生々しい国防部で盧載鉉を見つけた申鉉碻は彼を連れて国務総理官邸に向かう。しかし、盧載鉉は崔圭夏の所へは直接向かわず、保安司令部に直行した。盧載鉉は既に全斗煥から鄭昇和連行の為の裁可に協力する様に依頼を受けていたからである。保安司令部で連行の裁可書類に署名した彼は、その時の気持ちをこう述べている（厳相益『被告人閣下』一二三ページ）。

すでに（鄭昇和が）連行されたあとであり、いまさらどうこういっても意味がなかったので、決裁しました。その時点からは、むしろ、この問題を早く処理してしまわなければならない、と思う様になりました。それで、大統領の所へ行き、裁可を受けました。

こうして、崔圭夏が鄭昇和逮捕の裁可を公式に下し、全斗煥等のクーデタが完結する。崔圭夏は自らが裁可を下したその書類に、「A. M. 5：00」と時間を書き加えている。日付はともかく書類に裁可を下した時間まで記す必要がないから、そこには崔圭夏の意志が表れていた。鄭昇和が実際に連行されてから約一〇時間。「文官」崔圭夏はその逮捕が自らの裁可なしに行われた事を、公文書に残す形で記して見せたのだ、と言われている。

全斗煥の説明

とはいえ、この経過は民主化後、国会や裁判所の調査等により明らかになったものであり、当然の事ながら、全斗煥等は当時も今もこの事件について全く異なる主張を行っている。それでは「全斗煥等の主張する一二月一二日」とは、どの様なものなのだろうか。

この事件により軍内の権力を握る事になる全斗煥等──彼等は後に、朴正熙を中心とする人々とは異なる新しい世代の軍人である、という意味で「新軍部」と呼ばれる事になる──の主張を理解する上で重要なポイントが幾つかある。第一は、彼等は決してこの日の出来事が、自らによる「クーデタ」であったとは認めていない事である。彼等によれば、この日勃発したのは、朴正熙暗殺事件の責を負う合同捜査本部が、その捜査の一環として、容疑者の一人である鄭昇和を連行する過程で生じた、鄭昇和直系の一部将校等の「反乱」であった。全斗煥は当時の状況を次の様に回想する（전두환『전

두환 회고록』1、一〇〇ページ)。

尹誠敏参謀次長をはじめとする陸軍本部首脳部が見せた無分別な行動と張泰玩、金晋基等、鄭昇和直系の将軍たちが起こした暴動をどう理解すればいいのか。その夜、張泰玩が言葉の最後に繰り返したという「私たちの総長」という言葉の中にその答えがあると思う。彼等にとって鄭昇和は「大韓民国陸軍の参謀総長」ではなく「私たちの総長」だったのである。鄭昇和は彼等に陸軍の要職を任せただけでなく、今後も彼等の前途を開いてくれる「私たちの総長」だったのだ。張泰玩首都警備部司令官に任命された後、一一月一六日に陸軍本部にある将校食堂で開かれた祝賀レセプションで、鄭昇和総長に死しても仕える決意を次の様に約束していた。「私の様な田舎者が首都警備司令官になったのは大変光栄な事だ。総長にとても感謝している。命を捧げて忠誠を誓うだろう」

そのストーリーの全体像は次の様なものである。合同捜査本部を率いる全斗煥は、重大な疑惑により、戒厳司令官であり参謀総長であった鄭昇和の逮捕を決断した。この決断は、捜査の結果得られた十分な証拠に支えられたものであり、それ故に当然、正統なものである。

朴正熙暗殺事件の捜査において全権を与えられた合同捜査本部には、元々、鄭昇和を連行する権限があるのだが、法的な手続きを重視する彼等はそれに更に上乗せする形で「念の為に」大統領に裁可を求めた。とはいえ、鄭昇和の権力は絶大であるから、抵抗がある可能性がある。だからこそ、信用できる軍の一部関係者と予め意見を交換し、これへの備えをも行った。

しかし、ここで「事故」が二つ起こる。大統領は裁可に最初から前向きであったのだが、元来が慎重な性格である崔圭夏は「念の為に」国防部長官の副書をも求めた。しかし、事態の展開でパニックに陥った国防部長官が失踪し、捕まらない。こうして時間が過ぎる中、今度は酒席で深酒をし、理性を失った、鄭昇和直系の首都警備司令官の張泰玩が、自らの配下にある部隊に全斗煥等のいる第三〇警備隊への攻撃を命令した。この行為は、大統領や国防部長官の許可を得ないものであり、故に「反乱」である。この問題の発端はここにある、というのが全斗煥等の主張である。

全斗煥等の説明はここから更に続く。これまた鄭昇和直系の将校である参謀次長の尹誠敏が、「第一空挺特殊戦旅団がソウル市街地へと向かった」という「誤報」に惑わされて、大統領に無断で陸軍本部から移動し、軍の「通信線」から離脱する。これで参謀本部による指揮系統は機能を失う事になった、と全斗煥等は言う。

だからこの緊急事態において全斗煥等は自らが「やむを得ず」、張泰玩等による「反乱」を鎮圧する為に、首都圏近郊にある部隊に出動を要請した。つまり、最初に軍を動かしたのは張泰玩であり、自分達ではない、とするのである。そして、首都近郊の部隊の協力を得て、全斗煥等は「反乱」を起こした部隊を鎮圧し、その司令官であった張泰玩を逮捕した。こうして治安が回復され、日常が回復した。つまりは、この日起こったのは、クーデタではなく、理性を失った愚かな一部軍人による「反乱」の試みであり、その緊急事態において、全斗煥等は正統な手続きを以てこれを鎮圧しただけだ、というのである。

こうして見ると、全斗煥等が事態の責任を、三名の人間を愚かな「ピエロ」にして、押し付けている事がわかる。一人は、「反乱」の首魁《しゅかい》に祭り上げられた張泰玩であり、酒に酔った彼が理性を失って、軍に出動を命じたのが全ての元凶だ、という設定である。もう一人は、参謀次長の尹誠敏である。参謀総長が連行された後、参謀本部を率いるべき彼が「誤報」に惑わされて、指揮体制を離脱したために、陸軍の正式な指揮系統が失われた、だから、やむなく自分達が指揮を行わざるを得なかった、というのである。最後は国防部長官の盧載鉉である。大統領の裁可が遅れたのは、事態を勘違いした彼が勝手にパニックを起こして逃げ回っていたからに過ぎず、故に全斗煥等の責任ではない。そもそも合同捜査本部は最初から朴正煕暗殺事件捜査の為の全権を与えられているのだから大統領の裁可も、国防大臣の決裁も不要である。にも拘わらず、これを敢えて求めたのは、全斗煥等が大統領や国防部長官の存在を如何に重視し、彼等に敬意を払っていたかの表れなのだ、というのである。

そして、この全斗煥による「一二月一二日の出来事」――当然彼等は粛軍クーデタという表現を使わない――に関する説明は、彼等新軍部により打ち立てられた政権において「公式」のものとなり、韓国社会における「真実」として流布されていく事になる。そしてこの様な全斗煥等による様々な事件を正統化する為の説明が、彼等による政府の公式見解となり、流布される状況は、他の事例でも繰り返された。言うまでもなく、その最も代表的な例が、一九八〇年五月一八日に発生した、光州事件に関わるものである。

そしてこれらの「全斗煥式解釈」の流布は、即ち、彼等が自らの権力掌握を正統化していく過程に他ならなかった。次にその過程について少し詳しく見てみる事としよう。

3　ソウルの「春」と「冬」

こうして一九七九年一二月一二日、否、正確には一二月一三日早朝、全斗煥等による粛軍クーデタが完結する。そして、この日、全斗煥が本拠を置く保安司令部に六名の人物が再び集まる事になる。集まったのは全斗煥、盧泰愚、兪学聖、車圭憲、黄永時、そして、その黄永時に呼ばれて合流した戦闘教育司令部副司令官の金潤鎬《キム・ユンホ》である。彼等が集まった理由は明白であった。それはクーデタ後の軍の有り様をどうするかを決める為である。そして、彼等は次の六項目からなる「粛軍指針」を定めている。後日、この一九七九年一二月一二日のクーデタが粛軍クーデタと呼ばれる事になるのは、この指針により韓国軍内の大規模な粛清が行われたからである（조갑제『제5공화국：趙甲濟의 다큐멘터리』〔月刊朝鮮社、二〇〇五年〕一二四―一二五ページ）。

軍幹部粛清

少将級以上を審査対象にする。
鄭昇和・金載圭系列を除去する。
進級・奉職運動者を除去する。
朝鮮戦争時の後方勤務者を除去する。
陸士八期生から一〇期生は必要な人物だけを残す。
豪奢な生活を送る者、品位不良者は除去する。

彼等「六人委員会」によって作られた粛清予定者名簿は、その後、軍内各所における政治的駆け引きを経た後、確定し、クーデタから一週間後の一二月一九日、四〇名以上の高級将校が軍を退役する事を余儀なくされた。背景にあったのは、軍将校人事の停滞であった。当時の韓国軍には朝鮮戦争以前に任官した将校達が多数おり、結果として、その人事を停滞させるに至っていた。この様な状況下にあった韓国軍から、朝鮮戦争世代を一挙に退役させる事で、全斗煥等は陸軍士官学校第一一期生以下の人々が主導権を有する体制を作り上げると共に、若手将校の支持を集めようとしたのである。

しかし、それはあくまで軍内部の話に過ぎなかった。通常のクーデタは政府首脳を相手にするものであり、その後は権力の空白を埋める為に、速やかに新たな政府が樹立される。しかし、この粛軍クーデタは飽くまで、鄭昇和をはじめとした旧世代の軍人を追放するものに過ぎなかった。だからこそ、一二月六日に大統領に就任したばかりの崔圭夏を中心とする韓国政府は依然として存在していた。

否、状況は軍においてすら、表面的には同様であった。鄭昇和が追われた後、戒厳司令官と陸軍参謀総長の地位を継承したのは、陸軍士官学校第八期生の李熺性。中央情報部長署理からの異動である。張泰玩と尹誠敏が更迭された後の、首都警備司令官と参謀次長には、それぞれ粛軍クーデタで主要な役割を果たした盧泰愚と黄永時が、そして同じく鄭柄宙が追放された後の特殊戦司令官には、全斗煥等と同じ陸軍士官学校第一一期生の鄭鎬溶が就任したものの、全斗煥自身は新たな要職を得る事はなく、そのまま保安司令官兼合同捜査本部長の地位に留まっていた。

だからこそ、韓国内外の人々もこの事件をどう理解してよいか俄かにはわからなかった。粛軍クーデタ翌日の朝日新聞はこの事件について次の様にまとめている（『朝日新聞』一九七九年一二月一三日）。

ソウルの消息筋によると、逮捕は崔大統領の承認の下に行われ、射殺事件収拾の総仕上げの色彩が濃い。鄭司令官逮捕によって軍の実権は、今後、逮捕を指揮した全斗煥・国軍保安司令官がにぎるものとみられ、タカ派的色彩が強まるものとみられる。当面、崔体制には大きな変更は予想されないとしても、総司令官の逮捕によって朴大統領の射殺事件の裁判や、報告書の大筋も大きく変わってくる。これらが韓国の政情に新たな流動性をもたらす公算が強い。

ソウルの春

全斗煥等にとって都合の悪い状況も存在していた。一〇月二六日の朴正煕暗殺後、韓国社会では急速に民主化に向けた機運が高まっていたからである。既に幾度か触れた様に、当時の韓国では長らく続いた維新体制による閉塞感が強く、その事は政府関係者にすらある程度認識される事となっていた。だからこそ、崔圭夏を中心とする人々は、朴正煕が暗殺された直後から、権威主義的な維新体制を早期に改めて、何かしらの「民主化」を行う事を既定の方針としていた。

その崔圭夏が自らの大統領就任と同時に行ったのが、「大統領緊急措置九号」解除であった。この「緊急措置」は一九七五年五月一三日、「ベトナム戦争後の韓国を取り巻く新情勢に対応する為」に出されたものであり、「大韓民国憲法を否定、反対、わい曲、誹謗する、またはその改定、廃止を主張、請願、扇動、宣伝する行為」等をした人々を、「裁判官の令状なしに逮捕、拘禁、押収または捜索」し、「一年以上の有期懲役に処す」事や「一〇年以上の資格停止」を定めていた。崔圭夏政権は併せて、この措置により拘禁、服役中の政治犯を釈放する事を発表した。これにより六八名の政治犯が釈放されると共に、捜査中の二二四名の捜査が中止され、仮釈放中の一九三名の残余の刑が免除された。

併せて、元大統領候補である金大中の自宅軟禁も解除されている。

崔圭夏政権による「官製民主化」は、日本やアメリカといった韓国の友邦でも歓迎された。韓国の状況は、やがて一九六八年のチェコスロバキアにおける「プラハの春」に準えて「ソウルの春」と呼ばれる事になる。

そして、この様な状況において注目されたのが、三名の政治家、即ち、金鍾泌、金泳三、そして金大中であった。後に「三金」と称され、その後も長く韓国政治を主導するこの三名は、この時点までの韓国に存在した三つの主要な政治的会派の流れを引く人物であった。即ち、朴正熙の姪婿である金鍾泌は、一九六一年のクーデタを主導した人物の一人であり、一時はその後継者と目された人物であった。与党民主共和党や中央情報部の創設を主導した彼は、行政の長である国務総理としての経験も長かった（김종필『김종필 증언록：5・16에서 노무현까지』〔미래엔、二〇一六年〕）。

民主共和党に対抗する野党新民党を率いる金泳三は、植民地支配終焉直後に作られた韓国民主党から始まる、嘗ての民主党「旧派」の流れを引く政治家である。巨済島《コジェド》の大網元の家に生まれた彼は日本統治時代から続く、古い在地エリートの代表であると同時に、李承晩政権から朴正熙政権へと続く野党を長く率いて来た優れた政党政治家である。その優れた政治手腕は「政治九段」等と評される事がある（김영삼『김영삼 회고록：민주주의를 위한 나의 투쟁』1―3〔백산서당、二〇〇〇年〕）。

最後に元大統領候補である金大中は、野党内「旧派」に対抗する「新派」の流れを引く人物であり、豊富な政治経験を有していた。弁舌に長け、論理明晰な演説で知られた彼は、国会議員等を相手にする政党政治家というよりは、国民を前にしてこれを動かす事の出来るカリスマ性のある政治家である。

日本をはじめとした海外での知名度も高く、それこそが朴正煕政権がその活動を警戒する一つの理由ともなっていた。一九七三年に起こった「金大中事件」では、東京都内の高級ホテルから白昼、韓国の情報機関に拉致された彼が、もう少しで日本海の藻屑と消える所であった事は、わが国でもよく知られている通りである（김대중『김대중 자서전』一―四）。

重要なのは、当時の韓国が、全斗煥等による粛軍クーデタという明らかに非民主主義的な動きと、「ソウルの春」と呼ばれる民主主義的な動きが同時に出現する、極めて奇妙な状態にあった事である。そしてだからこそ、この二つの矛盾する流れは当然、衝突する。結論から言えばその結果が、一九八〇年五月一七日のクーデタであり、またその翌日から発生する光州事件だったという事になる。

朴正煕から崔圭夏へ

さて、それではこの様なソウルの春を巡る状況を全斗煥はどう見ていたのだろうか。この粛軍クーデタから光州事件に至るまでの過程を全斗煥の証言を用いながら確認してみよう。

粛軍クーデタから光州事件に至る頃における全斗煥の証言をどう扱うかは難しい。何故なら先に粛軍クーデタに関わる説明で見た様に、そこには後世に大きく批判される事となる自らの行動を正統化しようとする意図が明確に表れているからだ。

とはいえその事は、この時期の全斗煥の証言に何等の興味深い点も存在しない事、を意味しない。例えば、先の崔圭夏による緊急措置九号解除と、結果としての金大中の政治活動の解禁について、全斗煥は次の様に述べている（전두환『전두환 회고록』1、一一二ページ）。

私は、崔大統領の政府が維新統治の暗い遺産を一掃する意志を持っており、また金氏もその原因がどうあろうと、これまで苦労してきた人物であるから、この機会に心機一転、明るい政治を目指す政府に協力するのではないか、と期待する事ができると考えた。更に政治的な赦免復権の対象から金大中氏を除けば、その事実自体が新たな政治的是非の議論を呼ぶ恐れもある。だから、政治活動を解禁するなら、全て解禁してしまった方が良いと崔大統領に提案した。

後に全斗煥は再度のクーデタを起こして、金大中を逮捕、光州事件への関与を理由に死刑判決に処するから、この金大中に対する全斗煥の言葉を真に受ける事は難しい。しかし内容の真偽は別として興味深いのは、粛軍クーデタ以前と以後で、全斗煥の証言に大きなトーンの違いが生じている事である。即ち、粛軍クーデタ以前の状況に関わる部分についての全斗煥の証言は、朴正熙と彼が作り上げた体制に最大限の敬意を払う形で為されている。しかし粛軍クーデタ以後の状況に関わる部分では、全斗煥の証言は一転して、維新体制の限界を指摘し、改革を求めるものへと変化する。

そしてその理由は、粛軍クーデタ以前の彼が自らの行動の正統性を「朴正熙暗殺事件の捜査」に置いたのに対し、粛軍クーデタ以降、光州事件に至るまでの部分について全斗煥は、自らの行動の正統性を「大統領である崔圭夏の意志」に置くようになったからだった。言い換えるなら次の様になる。粛軍クーデタまでの部分において全斗煥は、朴正熙暗殺事件の真相究明こそが全てに優先されるべきである、と主張し、自らの行動を正統化しようと試みた。だから、自らの行動は、自らが軍や政治において主導権を奪おうとしたものではない、というのが彼の説明である。

しかし粛軍クーデタ以後の部分に関して全斗煥は、一九八〇年五月一七日のクーデタもその後に発生した光州事件も、全て崔圭夏やその下にある政府や軍の指示通りに動いた結果に過ぎない、と主張する。そして自らが政権を握る事になったのは、大統領の意を受けて行動した結果に過ぎない、という説明を行う。一貫しているのは、自ら自身には権力を掌握する意図はなかった、という主張である。

権力掌握の意図

ここで問題となるのは、その様な全斗煥の弁明を離れて、彼が一体いつ頃から自らによる権力掌握を見据えて行動していたのかである。この点について、この時期の韓国政治について詳しいジャーナリストの趙甲済《チョ・ガプチェ》は以下の様に理解する（조갑제『제5공화국』）。

粛軍クーデタは基本的には、合同捜査本部の権限を利用して軍内の主導権を握ろうとする全斗煥と、その暴走を阻止しようとした鄭昇和の間の軍内の権力闘争であり、この時点で全斗煥が政権自体の掌握まで完全に見据えていたとは考えにくい。事実、粛軍クーデタ時の全斗煥には、例えば朴正煕が行った一九六一年のクーデタに見られた様な独自の政治的スローガンは存在せず、この時点での彼の行動は政治色の強いものではない（興味深いのは、既に粛軍クーデタの段階で、これを「革命的状況」にまで持ち込もうとする意見があったものの、全斗煥がこれを抑え込んでいる事である。조갑제『제5공화국』一二九ページ）。

では、にも拘わらず全斗煥等は何故に政権掌握へと向かったのか。その一つの理由として、趙甲済は「報復を防ぐ為」であった事を挙げる。即ち、全斗煥等は当初、粛軍クーデタを飽くまで朴正煕暗殺事件の捜査の過程で起こった事件に過ぎない、と説明した。彼等はそこから進んで軍内の粛清を行い、それをこの事件が軍内の腐敗や綱紀弛緩と密接な関係を持っていたからだ、と位置づけた。

しかし、ここで全斗煥のロジックは行き詰まる事となった。仮に全斗煥等の行為が一時的な必要によるものならば、彼等はその職務が終わればその地位を離れ、軍や政府の状態を元来の姿に戻さなければならない。しかし、ここで全斗煥等、新軍部内部に意見対立が発生する。クーデタと「粛軍」の過程で多くの人が多くのものを失い、それは人々の心の中に全斗煥等に対する恨みとして残っている。当然の事ながらこれらの人々は報復の機会を狙っており、今度は全斗煥等に刃が突きつけられる可能性がある。であれば、それを一体どうやって防げばいいのか。

この様な憂慮に対して、とある軍人の一人は、この様な不安定な時期には北朝鮮が必ず挑発行為を起こすから、その危機的状況を待って、事を起こせば良い、と主張したという。しかし、結局、全斗煥はその時を待つ事は出来なかった。そして彼は迷った挙句に、自ら動き出して「危機的状況」を演出する事を選択したのだ、というのが趙甲済の見立てである。

趙甲済は、全斗煥は二月頃まではまだ迷っており、自らによる権力掌握の意志を決めたのは三月以降の事だろう、と推測している。何故なら、全斗煥はその頃から自ら積極的に中央情報部長の座を得る事に意欲を見せる様になるからである。軍内の情報を一手に握る保安司令官に加えて、政府や民間の情報を握る中央情報部も公式に掌握する。その事が持つ意味の重大さを最もよく知っていたのは、朴正熙暗殺事件の合同捜査本部長として、一時的にせよ、両組織を同時に傘下に収めた事のある全斗煥自身であったろう。

だからこそ、ここからの全斗煥の権力掌握に至る過程で重要な役割を果たすのは、大統領である崔圭夏になる。この時期の韓国は依然、朴正熙が作り上げた維新憲法体制下にあり、そこでは少なくとも制度的には、大統領に強大な権力が与えられていたからである。つまり、この時期の全斗煥において重要なのは、如何にして崔圭夏を自らの意志に従わせ、権力掌握へと協力させるか、であった事になる。既に述べた様に崔圭夏は、朴正熙暗殺直後の比較的早い段階から、早期の憲法改正を国民に約束したのみならず、自らの政権を古い制度を改革し新しい制度を作り上げ、次なる本格的な政権への橋渡しをする「過渡政府」と位置づけていた。そしてそこにおいては、嘗て一九六〇年、学生運動により李承晩政権が倒れた後の「過渡政府」を実際に率いた経歴を有する許政を招いて、新たなる憲法制定への助言を得る等の準備を進めていた。

しかし問題は、この崔圭夏政権の新たな体制作りに向けての動きが国民の支持を受けている、とは言い難い状況にあった事だった。当時の状況を全斗煥は次の様に回想する（전두환『전두환 회고록』1、一〇九ページ）。

崔圭夏大統領をはじめとする当時の政府高官等は、維新に象徴された個人の終身執権そのものには決して同意せず、また長期執権中だった共和党に対しても期待を持っていなかったが、彼等が共に成し遂げた国家的成就に対してだけは深い自負心を共有していた。そんな我々全員に「維新残党」というレッテルを貼り、無条件に直ちに政界から退くよう強要した両金氏をはじめとする在野運動圏の行動は、憲政秩序を無視する行為だった。私は政府の情報・捜査分野で総体的に責任を負う主要機関長の一人として、崩壊の危機にある崔圭夏政府を守る為に死力を尽くさなければならなかった。

重要なのは、新たな体制を作り上げる為には、新たな憲法を作らねばならず、そして誰がどの様な憲法を作るかによって、その後の政治的状況が大きく変わる事だった。例えば、維新体制で行われた様な、政府により統制された「完全公営」の「選挙」の下で選ばれた代議員による間接選挙で大統領が選ばれるなら、当然、崔圭夏をはじめとする現政府に近い人物が有利になる。対して、逆に国民による直接選挙で大統領を選ぶなら、直前の一九七八年の国会議員選挙では、維新体制下の抑圧色の強い環境下でありながら、野党新民党が与党共和党を抑えて得票率の一位を占めていたから、野党の候補者が大きく有利になるだろう。更に言えば、仮に大統領制が採用されず議院内閣制が採用されれば、国民的な人気は有さずとも、組織力に優れた古参与党幹部にもチャンスが生まれる事になる。

だからこそ、当時の韓国では様々な勢力が独自に憲法案を作成し、互いに競い合う状況が出現していた。しかしここで問題が一つあった。当時の憲法では、憲法改正は「大統領又は国会在籍議員過半数の発議」によるものとされていた。このうち、大統領が発議した憲法改正案はそのまま国民投票にかけられるのに対し、国会が発議した憲法改正案は、更に「完全公営選挙」で選ばれた統一主体国民会議の議決によって、確定される事とされていた。当時の韓国の国会はその三分の一が、統一主体国民会議選出の議員により占められていた。統一主体国民会議は、選挙運動すら許されない特殊な「完全公営選挙」で構成員が選ばれる、事実上の大統領の翼賛機関であり、維新憲法を支える中核中の中核と言える機関だった。つまり野党が国会で維新体制を変革する憲法案を作成しても、そのままで統一主体国民会議にて認められる可能性は極めて薄かった。

だからこそ、当時の野党をはじめとする勢力はまずは崔圭夏を中心とする人々を、政権の座から引きずり下ろし、彼等から憲法改正の主導権を奪おうと考えた。そしてその際に、彼等が使ったレッテルが「維新残党」という表現だった。こうして、次なる体制作りを巡る政権側と野党勢力の角逐が発生する。

そしてこの様な状況は、もう一つの問題と結びついた。依然として発令され続けている戒厳令を何時解除するのか、という問題である。民主化を求める野党がその即刻解除を求めたのに対し、崔圭夏政権は依然として「北傀の介入」の危険性を理由にその継続を主張していた。一九八〇年の春になると崔圭夏は、次なる大統領選挙と国会議員選挙には更に一年以上の期間が必要である、と主張する様になり、野党勢力は反発を強める事になる。

対立が激しくなる素地は他にもあった。緊急措置の撤廃や各種赦免復権の恩恵は、学生運動家達にも多く及び、結果、韓国各地では学生運動が活発化した。加えて経済状況の悪化がこれに作用した。イランのイスラーム革命から始まる「第二次石油危機」の余波は依然続いており、その経済の多くを輸出に依存する韓国の経済状況は急速に悪化する事となっていたからである。経済状況の悪化は、野党の活動や学生運動の高まりにも刺激される形で、労働運動をも活発化させた。労働紛争の件数は、一九八〇年四月九日から二九日の僅か二十日余りの間に七一九件にも及ぶ事になる。

中央情報部長署理　政府の退陣を求める野党、これを支援する学生運動、そして、劣悪な労働条件の改善を求める労働組合。崔圭夏政府は包囲され、次第に追い詰められつつあるかに見えた。その様な中、四月一四日、全斗煥は遂に中央情報部長署理、つまり代理に任命される。これまで朴正熙暗殺事件を捜査する合同捜査本部長として、「事実上」情報機関を統括する権限を行

旧中央情報部建物（現在はソウルユースホステル）

使してきた彼が、いよいよ公式にもその権限を振るう地位を得た事になる。この点について、全斗煥の『回顧録』は、崔圭夏の下にあった大統領室長の証言を引いて以下の様に説明する（전두환『전두환 회고록』1、一二一—一二二ページ）。

> 当時、中央情報部長は政府序列上、国務委員である各部長官の次に位置し（なお第五共和国からは副首相と長官との間に位置するように制度変更される）国務会議の定例出席者ではなかった。一方、中央情報部は平時には国内のすべての保安‐情報‐捜査業務を調整統制する権限を持っていたが、非常戒厳下では合同捜査本部の調整や統制を受ける位置にあった。［中略］
>
> 大統領は全斗煥司令官を中央情報部長署理に任命した際、その主な任務が金載圭体制下におかれた情報部で発生した問題を早急に整理し、組織と人員を整備、再建してその機能を早期に正常化する事である、と明確に指示している。つまり、当時の任命の経緯と目的に照らしてこれを政治的な問題と関連付ける状況はなかったと思われる。

とはいえ、この任命に至るまでには紆余曲折があった。何故なら、全斗煥が当初望んだのは署理ではなく、正式な中央情報部長への就任であったが、国務総理の申鉉碻や戒厳司令官の李熺性がこれに反対したからである。彼等は、既に軍内で絶大な権力を握りつつある全斗煥が中央情報部をも傘下に収める事を恐れたのである。

全斗煥は自ら崔圭夏を説得し、その妥協の産物として獲得したのが、中央情報部長署理としての就任だった。全斗煥の『回顧録』が、中央情報部長署理就任が、自らの望んだ結果ではなく、崔圭夏の意志であった、とする背景にはこの様な事情が存在した。

そして全斗煥はこの経緯を利用する形で、故に以後の中央情報部長署理としての自らの行動も、全て崔圭夏の指示によるものであった、と説明する。その説明によれば、事態の展開は次の様なものである。まず、崔圭夏が四月一四日、「最近の内外情勢に関する大統領談話文」を発表し、政治家と学生運動勢力に自制と和合を呼びかける一方で、内務部長官、国防部長官、中央情報部長署理、戒厳司令官、そして大統領秘書室長を集めて、学生運動への対処方針を協議した。しかし学生運動は収まらず、四月二七日に崔圭夏は、戒厳司令官に「戒厳業務の強化」を指示する。戒厳司令官であり、陸軍参謀総長を兼務する李熺性は、この指示を受けて、五月初めに予定していた全国戒厳司令官会議を四月三〇日に前倒しして開催する。こうして事態は緊迫の度を増していく事になる。

以後の状況を全斗煥の『回顧録』は以下、淡々と「李熺性の取った措置」を年表風に記述する（전두환『전두환 회고록』1、一二四ページ）。

五月六～九日、第二軍及び首都圏地域の全部隊を対象に騒擾鎮圧の準備態勢点検を実施した。

五月八日、全国大都市の戒厳分所毎に道知事、教育監、警察局長、検事長、裁判所長、市長、大学総学長を構成員とする「学園事態収拾対策協議会」を設置し、各地域における学生運動の実態を分析し、早期に事態収拾ができる様に、対策を樹立・実施する事を指示した。

同日、陸軍作戦名第一三―八〇号により、抱川郡二東に駐屯していた第一三空挺特殊戦旅団をソウル巨餘洞《コヨドン》にある第三空挺特殊戦旅団駐屯地に移動する様に指示した。

五月九日、陸軍本部作戦名第二一四号修正一号により、海兵隊一個連隊兵力の追加投入を指示した。

同日、首都警備部司令官、第二軍司令部作戦処長、陸軍本部作戦参謀部長、首都警備部作戦参謀等が出席する会議が開催され、首都圏と第二軍管轄地域全体の学生運動に備えた兵力配置計画を確定した。

五月一〇日、陸軍作戦名第一三―八〇号により、華川郡《ファチョングン》梧陰里《オウムリ》に駐屯していた第一一空挺特殊戦旅団を金浦にある第一空挺特殊戦旅団駐屯地に移動、配置した。

五月一四日、金在明《キム・ジェミョン》陸軍本部作戦参謀部長を本部長とする騒擾鎮圧対策本部を設置した。

こうして「崔圭夏の指示により」戒厳業務が強化され、その為の措置を「戒厳司令官である李熺性」が実施した。当時の韓国政府の動きが、本当に崔圭夏や李熺性の意志に拠っていたのか、そこにおける全斗煥の影響力がどれくらいであったのかは、今ではよくわからない。

しかし、当時の状況を垣間見られる話がない訳ではない。例えば趙甲済によれば、一二月一二日のクーデタにおいて、全斗煥の要求する鄭昇和逮捕の裁可を拒んで見せた崔圭夏は、翌一二月一三日には金鍾泌に対して「自分は間もなく殺されてしまうだろう」と弱音を吐いた、という。朴正熙の暗殺直後、金載圭の後任として中央情報部長署理に任命された李熺性は、粛軍クーデタ後に戒厳司令官と陸軍参謀総長に就任した後にも、全斗煥との良好な関係を維持していた。明らかなのは、この時点での両者が全斗煥と対立する関係になく、その意志も有していなかった事である。

誰が主導し、誰が背後にいたかについては、異なる主張がある。しかし明らかだったのは、こうして事態が破局へと進んでいった事だった。

第七章　政権獲得と光州事件

1　五一七クーデタ

政権獲得へのシナリオ

「まずは北朝鮮による韓国侵略の危険があり、アメリカがその危険性を認識していなければならない。第二に国内の秩序が乱れて、李承晩政権を倒した四月革命や、朴正熙がクーデタを起こした一九六一年五月一六日の直前の様な状況が起こり、崔大統領が警察力を以てはこれをもはや制御できない、と判断しなければならない」（조갑제『제5공화국』一四三ページ）。

三月に盧泰愚等、新軍部の関係者が集って行われた会議にて、とある将軍が、「軍が政権を掌握する条件」として述べた言葉である、という。事実なら、彼等は軍が如何にして権力を握るかを具体的に検討していた事になる。

とはいえこれが仮に、全斗煥等の政権獲得の為のシナリオだったとするならば、我々はそこに依然、大きな論理の飛躍がある事を知る。何故なら、「大統領が警察力を以てはこれをもはや制御できない」と判断し、それにより軍が出動したとしても、それだけでは依然、軍は大統領や彼により任命された戒厳司令官の命により任務を遂行しているだけの状態であり、彼らに代わって権力を握る事は出来ないからである。重要なのは、にも拘わらず彼等が軍の出動が直ちに政権掌握へと繋がる、と認識しており、その為の準備を始めていた事である。

とはいえこの段階ではこのシナリオを遂行するためには、決定的な要素がもう一つ不足していた。確かに、李熺性が戒厳司令官として取った一連の措置を見る限り、彼等が学生運動や労働争議の頻発を理由に、軍を治安維持の為に直接動員する準備を着々と進めている事は明らかだった。しかし、この状況は、彼等一部軍人が構想した「政権を掌握する条件」を満たすものではなかった。何故なら、この時点での学生運動や労働争議は飽くまで韓国国内の民主化や労働条件の改善を求めるものであり、先に述べた様な「北朝鮮による韓国侵略の危険」とは結びついていなかった筈だからである。つまり、状況はこのシナリオの前提である「北朝鮮による韓国侵略の危険」を未だ満たしていなかった。

そしてそれは、全斗煥等が軍を実際に動かし、自ら権力を掌握する為には、この二つの要素、つまり、国内における学生運動や労働争議の高まりと、北朝鮮の脅威、を無理にでも結び付けなければならなかった事を意味していた。

そしてここで一つの動きが起こる。大統領の崔圭夏が中東諸国歴訪の為に、韓国を離れたのである。時代は第二次石油危機の真っ只中、韓国への原油の安定供給を取り付ける交渉の為だった。五月一〇日朝、崔圭夏は出国の直前に、国務総理の申鉉碻と戒厳司令官の李熺性、大統領秘書室長の崔《チェ・グヴァンス》侊洙、そして中央情報部長署理の全斗煥を個別に呼び出し、自らの留守を頼んでいる。大統領の不在は、中央情報部長署理と保安司令官、そして未だ置かれていた朴正熙暗殺事件の合同捜査本部長を兼任する全斗煥にとって、彼を制度的に掣肘出来る最も重要な人間が一時的にいなくなった事を意味していた。

日本からの諜報

そして同じ五月一〇日午前、日本の内閣情報調査室から極秘の情報が来た、と全斗煥の『回顧録』は記す。彼によればその内容は以下の様なものだった、という（전두환『전두환 회고록』1、一二八ページ）。

北朝鮮は、韓国政府が一九八〇年四月中旬頃、金載圭を処刑すると予想していた。そして金載圭処刑時に激しい抗議デモが発生し、決定的な機会が訪れると判断し、南侵の時期を四月中旬頃に予定した。しかし、金載圭の処刑が遅れた事により、この計画を延期し、五月に入って学生と労働者の騒乱が激化すると、北朝鮮は韓国国内の騒乱事態が最高潮に達すると予想される一九八〇年五月一五日から五月二〇日の間に、南侵を敢行する事を改めて決定した。

この「情報」がどれ程の精度のものだったのか、そもそも存在したのか否かは最早わからない。ともあれ明らかなのは、この「情報」が韓国国内にて高まる学生運動や労働争議を北朝鮮の脅威と結びつけるものであり、全斗煥等が考えていた「軍の政権掌握」のシナリオに極めて都合の良いものだった事である。

そして、全斗煥はここから「情報を分析した結果」北朝鮮が仕掛けてくるのは、正規戦ではなく非正規戦だと判断した、と『回顧録』に記述する。即ち、北朝鮮の正規軍が休戦ラインを越えて侵攻するのではなく、学生運動や労働争議に紛れる形で韓国国内に浸透し、韓国政府を転覆させようとするのだ、というのである。

重要なのは、この時期、中央情報部長署理と保安司令官、そして朴正熙暗殺事件合同捜査本部長を兼ねる全斗煥が、政府、軍、情報機関、更には検察や警察の持つ情報の全てを統括する立場にあった事である。つまり、この時点での韓国には、全斗煥の示す「情報」と「分析」に反対の意を表明できる人物はいなかった。全斗煥は政府内の「情報」とその「分析」を支配する事で、政府自体をも支配しつつあったのである。

だからこそ、崔圭夏が外遊中で不在の韓国政府は、日本から伝えられたとする「情報」とその「分析」を前提に動く事になる。国務総理の申鉉碻は情報を受けて、五月一二日に臨時国務会議を開催し、併せて共和党の金鍾泌や新民党の金泳三にこの情報を伝え、協力を依頼している。そこで申鉉碻が求めたのは、一旦政治的闘争を中止して、北からの脅威に共に備える事だった。

しかし、政治家達、とりわけ野党の政治家達は、政府関係者ほどには素直に、この「情報」と「分析」を信じなかった。野党党首の金泳三は即日、アメリカ大使館を訪問し、ここから韓国政府の伝える北朝鮮の韓国侵略説は妄説だとする情報を得た、と発表した。慌てた全斗煥は、翌五月一三日、米韓合同司令部を訪問し、この点を確認しようと試みるも、アメリカ側の反応は、「米韓合同司令部は北朝鮮による侵略が逼迫しているという情報は持っていない」、という突き放したものだった。北朝鮮による侵略の脅威の存在を前提にして軍を動かす、という全斗煥等のシナリオは、このアメリカ側の動きにより危機に晒されていた。

だが、全斗煥等は自らのシナリオを継続する。何故なら、野党やアメリカと異なり、彼等は韓国政府内における情報統制には成功していたからである。中央情報部と保安司令部、そして朴正熙暗殺事件の合同捜査本部を通じて全国の検察と警察を傘下に収める全斗煥の「情報」と「分析」に、前述したように当時の政府関係者が抗する事は最早困難だった。こうして五月一四日七時五五分、韓国政府は重要機関と大学に軍を配置する命令を下した。進んで翌五月一五日、申鉉碻国務総理は「時局対策会議」を開催し、時局の安定を求める談話を発表した。ソウル市内では、学生運動団体や労働団体と、これを弾圧しようとする軍隊との間の衝突が各所で発生するに至っていた。

状況が緊張の度を増す中、五月一六日二三時五分、外遊中の崔圭夏が緊急帰国する。大統領官邸に入った崔圭夏は二三時、「時局対策会議」を招集するものの、新たな情報や解決策が存在する訳ではない。会議は空転し、結論は何も出なかった。

クーデタ開始

そして、五月一七日午前一〇時、全斗煥が崔圭夏のもとを訪問する。保安司令部諜報処長を務めていた部下の権正達《クウォン・ジョンダル》に作成させた「時局収集方案」を大統領に建議する為だった。全斗煥が提案した内容は六項目。非常戒厳令の全国拡大、大統領諮問補佐機構（後の国家保衛非常対策委員会）の設置、国会解散、一部政治家の政治活動禁止、騒擾操縦者や権力型不正蓄財者の捜査、がそれである。

明らかなのは、その内容が学生デモや労働運動の鎮圧といった当時の韓国政府が直面していた「騒擾」状態への対処を遥かに越えるものであった事である。この時点で済州島を除く地域に発せられていた戒厳令を全国に拡大するのは、地域の限定された戒厳令では戒厳司令官の監督権限が国防部長官にあるのに対し、全国に拡大された戒厳令では監督権限が大統領に移るからである。つまり、閣僚である国防部長官をラインから外す事で、内閣を戒厳令下の統治から排除しようとしたのである。これにより、戒厳司令官は大統領にのみ責任を負う事となり、口煩い申鉉碻国務総理をはじめとする文民政治家の存在を排除する事が出来る。

そして更には政治活動を厳禁し、騒擾操縦や不正蓄財の容疑で有力政治家を逮捕、追放し、国会を強制的に解散し、新たに作られる超法規的な諮問機構に実質的に立法権を移譲する。それは結局、全ての「政治」を停止させ、大統領に直結する軍が全てを支配する体制を作り上げる事を意味していた。それが事実上の軍によるクーデタである事は誰の目にも明らかだった。

しかし、ここで大統領である崔圭夏は、必ずしも全斗煥の意図通りには動かなかった。粛軍クーデタの際にも見られた様に、何かしら無理な内容を強く求められた場合の崔圭夏の対応には一定のパターンがある。粛軍クーデタにおいて国防部長官の副署を飽くまで求めた事に典型的に表れた様に、要求された内容に対して正面から抗うのではなく、法的手続きを盾にして部分的に抵抗し、できるだけ自らの単独での判断——更には責任——を避けようと抵抗するのである。

だからこそ、ここでも崔圭夏は、非常戒厳令の全国への拡大と政治活動禁止こそ、全斗煥の提案をそのまま受け入れたものの、他の部分については別途注文を付ける事になった。

まず、崔圭夏は国会の解散を裁可しなかった。何故なら、この措置は維新憲法下において大統領に与えられた権力を超えるものだからである。大統領諮問補佐機構の設置についても、その設置根拠を大統領の緊急措置権に置く事を拒否している。つまり、飽くまで現行法令の枠内でこれを作るべきだ、と主張する事で自らの直接的責任を避けたのである。併せて、騒擾操縦者と不正蓄財者の捜査についても、自らが最終決定権限者である事を改めて示すかの様に、全斗煥が差し出したリストから数名を外して見せた。非常事態を理由に大統領の緊急措置権を発動させ、憲法体制を完全に停止させようとした全斗煥に対し、崔圭夏は飽くまで、朴正熙が作った維新憲法によって定められた大統領としての権限の範囲で、当時の状況を処理する事を要求した事になる。それにより、少なくとも崔圭夏個人は、違法な措置はとっていない、と後に弁明する事が可能になる、という訳である。

しかし、この様な崔圭夏の「条件付き抵抗」は、全斗煥にとって大きな意味を持たなかった。何故なら、全斗煥は崔圭夏の「条件付き抵抗」を部分的に受け入れる事で、逆に自らの行為の正統性を主張する事が出来たからである。重要なのは、大統領が自ら許可した事であり、部分的に異を唱えたか否かではない、という事になる。とりわけここで重要だったのは、この後全斗煥にとっての「革命委員会」的な存在となる「国家保衛非常対策委員会」の設置に、条件付きであるにせよ、崔圭夏が許可を出した事である。全斗煥は言う（전두환『전두환 회고록』1、一四〇ページ）。

私のこの話は、国家保衛非常対策委員会の設置はもちろん、国家保衛非常対策委員会が行った国政改革措置と関連した法的・政治的責任を崔大統領に転嫁しようとするのではないかという誤解を招きかねないものであるが、その様な意図は全く存在しない。国家保衛非常対策委員会の改革措置については別途述べる事とするが、私が崔大統領に全て事前に報告し、承認裁可を受けたという点を明らかにする真意は、大統領の国政行為が行われる手続きと過程が実際にそうだった事実を説明する事のみにある。

一言で言うなら、崔圭夏が拘った法的手続きの詳細や正統性は、全斗煥にとっては重要ではなかった。彼にとって重要なのは、結果として、「政治」を停止させる事であり、それにより軍が実質的な支配権を獲得する事、そしてそのプロセスに大統領が裁可を与えた、事自体であったからである。

とはいえ、全斗煥にはまだ踏まえなければならないステップがあった。騒擾操縦者や不正蓄財者の処罰については、朴正熙暗殺事件の合同捜査本部長である全斗煥は、大統領の許可さえあれば、自らの職責を積極的に拡大解釈してこれを進める事が出来ると考えていた。しかし、それ以外の部分については、全斗煥は直接の権限を持っておらず、政府の各部署をして法的な手続きを取らせなければならなかったからである。

政府各部署の掌握

だからこそ、彼はここから崔圭夏による裁可を理由にして、政府各部署をして自らが「建議」した内容に沿って動く様に手を打つ事になる。まず五月一七日一一時、国防部長官の周永福《チュ・ヨンボク》が国防部会議室にて軍の主要指揮官会議を開催し、戒厳業務を担当する現場の指揮官四三名の意見を集約した。戒厳令が未だ全国に拡大されていない段階では、その取りまとめ役をするのが国防部長官の役割だったからである。会議に先立って、先の「時局収集方案」の作成者である権正達が周永福に面会して、会議を進行する為のアジェンダを渡した、という。

こうしてこの全斗煥がおぜん立てをして開かれた主要指揮官会議の結果が国務総理に報告され、国

務総理は国防部長官と戒厳司令官を伴い、崔圭夏を訪問する。全斗煥の『回顧録』には、次の様な李熺性の裁判時の陳述が資料として掲載されている（전두환『전두환 회고록』1、一四一ページ）。

　首相に報告を終えて一七：〇〇頃、首相、国防部長官とともに大統領府に崔大統領を訪ね、周永福長官が全軍主要指揮官会議の結果、非常戒厳を拡大した方が良いという結論が出たので、その旨建議する事になったと報告すると、大統領はしばらく考えてから書架に行って法典を持ってきて目を通した。再びしばらくためらった後、最後には大統領は、約一時間後に首相に非常戒厳令の全国拡大に関する国務会議を招集する様に指示を出した。

　―崔大統領は非常戒厳令の全国拡大に反対したのではないですか？

　崔大統領は非常戒厳の拡大そのものよりは手続き、法処理問題などを中心に考えている様でしたが、反対はせずに熟慮した末に建議案を受け入れたのです。

　こうして六法全書の記載を根拠にした崔圭夏の弱々しい抵抗は終了し、大統領は国務総理に非常戒厳令の全国への拡大を決定する為の閣議を招集する。この時点では、申鉉碻や周永福は未だすぐに閣議を開くつもりはなかったというから、この段階になってようやく崔圭夏は、全斗煥による「建議」に積極的に従う事を決めたのだと思われる。

　そしてそれから僅か一時間後の一八時、中央庁、つまりは嘗ての朝鮮総督府の建物で、閣議が開催された。建物の周囲には、盧泰愚が指揮する首都警備司令部傘下の軍人が数メートル置きに配置され、閣僚等に圧力をかけたとも言われている。しかし、この時点では既に、崔圭夏や国務総理等は、全斗煥等に抵抗する意志を失っていた。結果、会議は僅か一〇分足らずで終了し、五月一八日〇時を期して、全国に戒厳令が拡大される事が確定する。これが一九八〇年五月一七日に勃発した、五一七クーデタのあらましである。

2　光州事件

戒厳令拡大から光州へ

そして、事態は韓国現代政治史上、最大の悲劇の一つへと突入する。舞台は韓国の南東部に位置する全羅道最大の都市、光州《クァンジュ》。日本では「光州《こうしゅう》事件」と呼ばれる事の多いこの事件は、韓国においては事件発生から今日まで様々な名前で呼ばれて来た。全斗煥政権下の韓国ではこの事件を「光州事態」と呼び、それが国家の安全保障に関わる重大事態であった事が強調された。逆に民主化後は、同じ事件は「五一八光州民主化運動」或いは「光州民主化抗争」と呼ばれる様になり、民主化を求めた人々の活動がクローズアップされる事になっている。そこにはこの事件に対する理解の相違と背後にあるイデオロギーの違いが存在する。本書では、さしあたりこの事件について、わが国で最も人口に膾炙している「光州事件」という名で表記する事にする。

さて多くのこの時期に起こった他の事件と同様、本書は光州事件についてもその真相解明を目的とするものでもなければ、またその評価を下そうとするものでもない。しかし、全斗煥とその政権の樹立に至るまでの過程において、欠かす事の出来ない事件であり、その展開について、整理し、紹介しない訳にもいかないであろう。そこでここでは、全南社会運動協議会編『全記録光州蜂起』（光州事件真相調査委員会訳、柘植書房、一九八五年）を基に、この事件の展開について簡単にまとめてみる事にしたい。

時は一九八〇年五月一七日二三時四〇分。文化広報部長官である李揆現《イ・ギュヒョン》が、「五月一七日二四時を期して非常戒厳令を全国に拡大する」と発表し、その原因を「北朝鮮の動きと全国に拡大する騒擾事態等の為」と説明する。続く五月一八日一時、政府は戒厳布告第一〇号を、戒厳司令官である李熺性の名前で発表する。その内容は以下の通りであった（「계엄포고 제10호」、https://ko.wikisource.org/[最終確認二〇二三年一〇月二八日]。また、『朝日新聞』一九八〇年五月一九日）。

布告文

1　一九七九年一〇月二七日に宣言した非常戒厳が戒厳法第八条規定により一九八〇年五月一七日二四時を期してその施行地域を大韓民国全地域に変更した事により、現在発効中の布告を次の様に変更する。

2　国家の安全保障と公共の安寧秩序を維持する為、以下の措置を取る。

あ　全ての政治活動を中止し、政治目的の屋内・屋外集会及びデモを一切禁じる。政治活動目的でない屋内・屋外集会は申告をしなければならない。但し、冠婚葬祭と儀礼的な非政治的純粋宗教行事の場合は例外とするが、その場合も政治的発言は一切許されない。

い　マスコミの出版報道及び放送は事前検閲を受けなければならない。

う　各大学（短大を含む）は当分休校措置。
え　正当な理由のない職場離脱や怠業及びストライキ行為を一切禁じる。
お　デマの捏造及び流布を禁じる。デマでなくても以下の行為は一切許容しない。
　①　前・現職国家元首を冒瀆誹謗する行為。
　②　北傀と同じ主張及び用語の使用。
　③　公共集会で目的以外の扇動的発言及び秩序を乱す行為。
か　国民の日常生活と正常な経済活動の自由は保障する。
き　外国人の出入国と国内旅行など活動の自由は最大限保障する。
尚、本布告に違反した者は令状なしで逮捕・拘禁・捜索し厳重処断する事とする。

直後から、ソウルでは全斗煥率いる合同捜査本部が、「権力型不正蓄財」と「騒擾操縦」の嫌疑で、国会議員や社会運動家、更には財界人や元軍人等、二六名を連行する。「権力型不正蓄財」の嫌疑で、第一位にその名が挙げられたのは、与党民主共和党総裁の金鍾泌。背後には、全斗煥等、新軍部の動きに気付いた元軍人の彼が、自らの士官学校同期の現職軍人に働きかけて、これを阻止しようとした事がある、とも言われている。

他方もう一つの「騒擾操縦」の最大の容疑者に挙げられたのは、野党の有力大統領候補者の一人である金大中。後に彼に対する裁判により具体的に明らかになる様に、その容疑は、在日コリアンにより結成された民主化運動組織「韓国民主回復統一促進国民会議日本本部（韓民統）」等と連携して、

「反国家運動」を行った、というものであった。

　そして併せて先に行われた戒厳布告を根拠として、学生運動や労働運動の指導者や、宗教界の要人に対する強制捜査が行われた。先述の様に、全国の主要大学には既に軍隊が増派されていた。さて、事態は光州も例外ではなかった。五月一八日午前二時、市内の二大主要大学である全南《チョンナム》大学と朝鮮《チョソン》大学のキャンパスに空挺特殊戦旅団が派遣され、彼等は籠城中の学生達を戦闘用の棍棒でもって急襲した。襲撃は学生達の怒りを呼び、ここにこの地域出身の有力政治家である金大中が逮捕されたというニュースが加わる事で、デモは急速に拡大した。デモ隊が通りで警察を圧倒する中、一六時四〇分、空挺特殊戦旅団がデモ鎮圧にも投入された。その強力な圧力により、デモ隊は通りから一旦駆逐された。

　五月一九日、多くの市民を含んだデモ隊は数千人の規模に達し、一〇時四〇分警察との間で衝突が始まり、やがて再び空挺特殊戦旅団が投入される。この頃までに衝突は市内各地に拡大し、光州市内の病院には多数の重症患者が運び込まれ、野戦病院さながらの風景が展開されている。衝突は翌二〇日も継続され、デモ隊はタクシーやバスの車両をも動員して抵抗し、その規模は数万名に達する事となる。結果、全南道庁と光州駅を除く市内の要衝の全てはデモ隊の手に落ち、政府側の見解を流し続ける放送局も襲撃され、次々と炎上した。追い詰められた戒厳軍は夜間に入り、これまでの催涙弾と火炎放射器に加えて、自動小銃による射撃も開始し、多数のデモ隊が死亡した、と『全記録光州蜂起』は記録する。群衆の中から「我々も武器を持たなければならない！」という声が上がる。

市民軍の登場

五月二一日、群衆の数は一〇万名を超える。催涙弾の尽きた戒厳軍が再び実弾を発砲し、以後、軍による発砲が断続的に繰り返される。デモ隊は車両を駆使して市外に向かう。軍が各地に備蓄する武器や弾薬を奪取する為である。結果、全羅南道各地で大量の武器や弾薬が彼等によって奪取され、市内のデモ隊に分配される。武装したデモ隊は、「市民軍」と呼ばれる様になり、空挺特殊戦旅団を主力とする戒厳軍に、彼等から武器を奪取して武装した「市民軍」が対峙する状況が成立する。こうして光州事件は本格的な「武力衝突」の様相を見せる事になる。

市内各地で本格的な戦闘が繰り広げられ、一七時三〇分、戒厳軍の市内からの総退却が決定する。二〇時、全南道庁がデモ隊の手に落ち、遂に光州市内全域が「市民軍」の支配下に置かれる事になる。この日の戦闘までに、「市民軍」が獲得した兵器は、カービン小銃二二四〇丁、M1小銃一二三五丁、38口径拳銃一二丁、45口径拳銃一六丁、LMG機関銃二丁、実弾四万六四〇〇発、M60機関銃一〇余丁、TNT火薬四箱、そして多数の手榴弾と装甲車五台に及んだ。事態が単なる平和的なデモ隊とそれに対する鎮圧活動、というレベルに最早ない事は誰の目にも明らかだった。

戒厳軍の市内からの撤退は戦術的なものであり、郊外に出た彼等は光州市内に向かう道路を封鎖した。光州を孤立させると共に、光州以外の地域の運動をまず鎮圧する為である。デモ隊が光州市外に遠征し、郊外で大量の武器や弾薬を奪取された事への反省に基づくものであり、また、運動がこれ以上、光州以外の地域で拡大するのを防ぐ為でもあった。

戒厳軍に勝利し市内から駆逐したと信じる「市民軍」の士気は高く、彼等は奪取した全南道庁に本拠を置いた。五月二二日一二時三〇分、宗教指導者や弁護士、官僚等一五名からなる「五一八収拾対策委員会」（以後、「一般対策委員会」と表記）が形成される。委員長は崔漢字《チェ・ハンウ》。三一運動にも参加した長老の民族運動家である。一三時三〇分、彼等は軍の投入中止や死者への補償等を内容とした要求を戒厳軍側に伝達する。一七時、一般対策委員会が「交渉報告大会」を開催し、戒厳軍との間の交渉結果を報告した。しかし、その内容には市民軍からの武器回収の提案が含まれており、市民の一部は一般対策委員会の妥協的な姿勢に反発した。それでも一般対策委員会は武器回収を決定し、これに応じる人々も徐々に現れる。事態の収拾を巡り、市民内部での分裂が激しくなり、大学生達は独自に「学生収拾対策委員会」（以下、「学生対策委員会」と表記）を組織する。委員長には全南大学の金昌吉《キム・チャンギル》が就任する。

五月二三日、光州市の外郭では市民軍と戒厳軍の衝突が散発的に続いている。一〇時、批判を浴びた一般対策委員会が改編され、全南大学と朝鮮大学の学生が加えられる。新たに委員長にはカトリック大司教の尹恭熙《ユン・コンヒ》が就任する。学生対策委員会の金昌吉が自動小銃二〇〇丁を集めて戒厳司令部に出頭する。戒厳軍側の動きを探る為であったという。一一時三〇分、全南道庁前広場に集まった人々が、「第一次民主守護全市民決起大会」を開催する。この段階で人波は一五万名規模にまで膨らんでいる。一方、この日だけで二五〇〇丁の武器が戒厳軍側に回収された、という。

五月二四日八時、韓国国営ＫＢＳのラジオ放送が「銃器を所持した者は二四日午前中に返納すれば責任を問わない」とする内容を放送する。一三時、学生対策委員会が開催され、強硬派と穏健派が対立する。一四時三〇分、「第二次民主守護全市民決起大会」が開催され、一般対策委員会の妥協的な方針が批判される。人々の分裂は更に激しいものになっている。二一時、学生対策委員会が再度開催されるものの、強硬派と穏健派の間での妥協は得られず、強硬派の一部が委員会を離脱する。穏健派を中心とする学生対策委員会は武器の全面回収を決定する。

五月二五日一五時。「第三次民主守護全市民決起大会」が開催される。しかし、参加者は大きく減少している。二一時、金昌吉が学生対策委員長を辞任し、強硬派が主導権を獲得する。委員会名も「民主闘争委員会」に変更され、穏健派が組織から全面離脱する。こうして大学生の強硬派を中心とする「光州民衆民主抗争指導部」（以下、「抗争指導部」と表記）が発足する。抗争指導部は武装解除方針を撤回して、「予備軍」を動員し、武器の再配布を開始する。同じ頃、崔圭夏大統領が光州近郊にある軍事教育施設「尚武台《サンムデ》」を訪問、二一時、二二時、二二時三〇分の三回に分けて光州市民に対する「特別談話」を発表する。崔圭夏はここで市民に武装を解除して日常に戻るべき事を強調した。この状況が「北韓共産集団」に悪用される可能性がある事がその公式の理由である。

戒厳軍再突入

五月二六日五時、戒厳軍が光州市街地への再侵入を開始する。戒厳軍は一キロ程進んで停止し、市民軍側に、「午後六時までに武器を全て返納せよ」とする最後通牒を通告する。一〇時、一五時と「民主守護全市民決起大会」が開催されるもののその規模は極めて小さくなっている。一七時、戒厳軍は「もう待てない」として、今夜中に攻撃を再開する旨を通告する。穏健派の学生達は武器返納を主張し、一般対策委員会委員の大部分もこれに同調する。しかし、強硬派の学生達はこれに従おうとしない。強硬派が籠城する全南道庁に残っているのは、この時点で僅か数百名の人々だけになっている。

五月二七日〇時、全南道庁と市外を結ぶ電話回線が切られ、抗争指導部は外部との連絡手段を完全に失う。二時半、抗争指導部は全南道庁に非常警戒体制を実施する。三時、戒厳軍が動きを再開する。

四時、全南道庁は戒厳軍に完全に包囲され、最後の降伏勧告が行われる。しかし勧告は銃弾を以て返答され、戒厳軍が最後の作戦を開始する。攻撃はすぐに完了した。

併せて光州市内の各地でも帰討作戦が行われ、全ての作戦は五時一〇分までに完了する。こうして一〇日間に亘る光州事件が終了する。五月三一日、韓国政府はこれにより、死者一七〇名（民間人一四四名・軍人二二名・警察官四名）、負傷者三八〇名が発生した、と発表した。民主化後韓国政府によって設立された「五一八記念財団」は後に、死者一五四名、行方不明者七〇名、負傷者三〇二八名を認定するに至っている。各団体が主張する数字には大きな違いがあり、その被害者の数は、今日まで最終的に確定された、とは言えない。

苛立つアメリカ

粛軍クーデタから始まる全斗煥等の政治的な動きは、こうして五一七クーデタを契機にして、光州事件へと導かれた。光州事件は、朝鮮戦争という極端に大きな例外を除けば、建国後の韓国における最も大きく悲劇的な政治事件の一つであり、それ故に今日に至るまで幾度もその原因や評価について議論されている。

そして、その事は当時においても同様であった。重要であったのは、国際社会の高い関心であった。この事件に関わる報道は、戒厳令が全国に拡大され、検閲が強化された韓国内でこそ大きく制限された。しかし、その様な制限が及んだのは韓国国内だけであり、海外メディアは連日の様にこの事件の詳細を報じたからである。韓国メディアもまた、自らが報道できなかった情報を海外メディアに積極的に提供し、五一七クーデタから光州事件に至るまでの状況を海外に伝えるのに協力した。結果、新聞等の日本語メディアにも、当時の韓国人が知り得なかった情報が、毎日の様に大きく伝えられる事になっている。

そしてその様な国際社会の注目は、そのままこれら諸国政府の韓国を巡る状況への反応へと繋がった。事件が進行する最中、既に北朝鮮政府は、韓国政府と韓国政府の行為に「同意」を与えたアメリカ政府を批判する声明を繰り返している（例えば、『朝日新聞』一九八〇年五月二七日、二八日）。六月二日には、ソ連も批判に加わり、『プラウダ』が米韓両国を批判する記事を掲載するに至っている（『毎日新聞』一九八〇年六月四日）。

しかし韓国にとって重要なのは、自らの背後にある二つの国、つまり、同盟国であるアメリカと隣国の日本の反応であった。日本政府は、既に事件最中の五月二一日、「事件に関心」を向けている事を表明し、韓国政府の「善処」を公式に求めたものの、それ以上の圧力をかける事はなく「政情安定を望み見守る」姿勢に終始した（『朝日新聞』一九八〇年五月二三日）。消極的な政府に対して、日本の世論では、一時期、日本に拠点を置いて活動した金大中との関係とも相まって、多くの知識人や民間団体が、金大中逮捕と光州事件に対する抗議と真相究明を求める声明文等を発表するに至っている（『朝日新聞』一九八〇年五月二二日、五月二四日）。

とはいえ、この点において、より積極的な姿勢を見せたのはアメリカであった。アメリカ政府は事件発生直後の五月二二日、国務省のカーター報道官が、韓国軍部に「最大限の自制」をし、「事態の平和解決の為（反体制派との）対話」を求める異例の声明を出している。同報道官は併せて、「エスカレーションは外部勢力の危険な判断の誤りをも誘いかねない」との懸念を表明し、その後アメリカはE3A早期警戒機を沖縄に配備し、更に空母ミッドウェイを韓国沖に派遣する等の措置を取っている

(『朝日新聞』一九八〇年五月二三日)。

更に進んで、戒厳軍が光州を力で鎮圧した五月二七日、アメリカ国務省は、「この様な事態に立ち至った事は遺憾だ」として韓国政府を非難する声明を発表し、更には「幅広い支持基盤に立つ文民政府確立」を求める事となっている。アメリカ政府が、韓国の事態が軍事政権の樹立に向かいつつある事を強く牽制している事は明らかだった。しかし、韓国政府はこの発言に積極的に反応せず、五月三〇日には、しびれを切らした駐韓アメリカ大使館のバンス報道官が、韓国の主要報道機関を自ら個別に訪ね、戒厳令強化拡大、有力政治家逮捕、国会閉鎖等と進んだ韓国政府の一連の措置について、その事前通告すらアメリカ側に一切なかった事を強く批判する事態になっている(『朝日新聞』一九八〇年五月三一日)。つまり、アメリカ政府は言う事を聞かない韓国政府に更なる圧力をかける為に、韓国メディアを通じて直接自らの意を伝えようとした訳である。如何に当時のアメリカ政府が韓国政府の措置に苛立ちを募らせていたかがわかる。

アメリカ政府の苛立ちには理由があった。冷戦期のアメリカは、自らの陣営を有利に導く為に、時には自らの側に立つ発展途上国の権威主義政権を、その非民主主義的な性格を度外視してまで、支援して来た。その代表例がゴー・ディンジェム政権以後の南ベトナムの諸政権であり、李承晩、朴正熙と続いた韓国の権威主義政権もその例であった(以下の冷戦下の反共主義については、拙稿「アイデンティティとイデオロギーとしての反共主義——韓国の例を手掛かりとして」『国際協力論集』30、二〇二二年、をも参照の事)。

しかし、これらの権威主義政権はその非民主主義的性格により、やがて現地の人々の反感を買う事となり、結果、各地で活発な民主化運動が展開された。そして、これらの民主化運動の過程で、人々の批判の矛先は、現地の政府のみならず、これを支援するアメリカへも向けられる様になった。こうして世界各地で、民主化運動が反米運動と結びつく状況が生まれ、アメリカ政府はこれへの対処を余儀なくされた。

ベトナム戦争における敗北と、南ベトナム政府の瓦解は、このアメリカ政府の政策の失敗を象徴する事件であり、結果、アメリカ政府は自らの外交政策の全面的な転換へと乗り出す事となった。一九七六年の大統領選挙にて、現職のフォードを破って当選した民主党のカーターが「人権外交」の看板を掲げたのはその為であった。

とはいえ、カーター政権の外交政策転換は上手く機能しなかった。一九七九年一月、イスラエルと並ぶ中東におけるアメリカの友好国であったイランのパフラヴィー王朝が崩壊し、イスラーム政権が誕生した。朴正熙が暗殺される四日前の一〇月二二日には、前国王がアメリカに入国し、翌一一月には、この措置に激昂したデモ隊がアメリカ大使館に乱入し、大使館員等が四四四日に亘って軟禁状態に置かれる、在イランアメリカ大使館人質事件が起こっている。

そして、この様な外交政策の転換を進めるアメリカにとって、韓国は常に頭痛の種であった。維新体制の下、民主化を頑として拒否する朴正熙政権はアメリカと対立し、生前の朴正熙はその圧力に苛立ちを深める事となっていた（조갑제『有故！：부마사태에서10・26정변까지 유신정권을 붕괴시킨 함성과 총성의 현장』1［한길사、一九八七年］）。この様ななか発生した朴正熙暗殺とその後の「ソウルの春」と呼ばれた状況は、アメリカにとって、冷戦期における自らの政策が生み出した「鬼子」とも言える

韓国が、望ましい方向へと向かいつつある兆しとして大きく歓迎されていた。

そしてだからこそ、粛軍クーデタ以後、その存在感を増しつつあった全斗煥等新軍部の動きは、アメリカ政府にとっては容認しがたいものであり、彼等は繰り返し警告の意を発し続けた。加えて、アメリカには、一連の事態への自らの関与を否定しなければならない積極的な理由も存在した。朝鮮戦争と国連軍の参戦後、韓国軍の指揮権は、アメリカ軍が実質的にコントロールする国連軍に握られて来た。この制度は、一九七八年一一月に米韓連合司令部が発足すると改められる事となり、以後、韓国軍は戦時のみならず平時においても、国連軍ではなく、この米韓連合司令部の統制下に置かれるものと定められた。連合司令部の司令官はアメリカ軍から、副司令官は韓国軍から出す制度である。

そしてそこから一つの疑惑が発生する。韓国軍が米韓合同司令部の統制下に置かれているのだから、粛軍クーデタや光州事件における新軍部側の軍隊投入は、当然、アメリカ軍の承認の下、行われている筈だ、と。先の在韓国アメリカ大使館による、韓国政府からの事前通告の欠如に対する抗議の意味も、この点を理解するとよくわかる。つまり、アメリカ政府は、韓国政府が事前通告なしに軍隊を動かしたのだから、一連の事態にアメリカ政府の責任はない。全斗煥等新軍部が、この米韓同盟の基本的合意に反してまで、軍を動かしたものであり、故にアメリカは決して容認できない。仮に事前通告が行われていたなら、アメリカ軍はこれを阻止した筈だ、という訳である。

同盟国であるアメリカの懸念は、新たに権力を掌握しつつある全斗煥等新軍部にとって、大きな問題であり、だからこそ彼等は一連の事件の直後から、その説明を余儀なくされた。

それでは全斗煥は、事態の展開をどの様に説明して見せたのか。まず、五一七クーデタについて全斗煥は次の様に述懐する（전두환『전두환 회고록』1、一三四ページ）。

全斗煥による正当化

韓国への侵略という内容の極秘の情報を受け取った私は、学生達の抗議行動が流血事件を引き起こし、野党勢力が最後通牒を政権に突きつける状況に至り、この極端な社会不安が北朝鮮の誤った判断を引き起こす可能性があると考えた。また、中央情報部長署理と保安司令官を務める立場から、国家の危機を収拾する為、自ら積極的な役割を果たさなければならないという責任感を再確認せざるを得なかった。日本を通じて入手した極秘の情報は、韓国への侵略を決定した北朝鮮が、とりわけ大学での紛争を「導火線」として利用するという内容のものであり、北朝鮮による挑発と大学での紛争はもはや切り離せない関係になっていた。

全斗煥が五月一七日の一連の措置に至るまでの説明が、二つの要素から出来ている事がわかる。一つは大学生や労働組合によるデモの頻発であり、それによる「社会不安」である。つまり、「社会不安」が極限まで拡大し、警察が対応できる範囲を超えつつあったから、軍が直接治安維持の為に出動できる戒厳令を全国に広げなければならなかった、というのである。

とはいえ当然の事ながらそれだけでは、政治活動の禁止や令状なしの逮捕・拘禁・捜索等を正統化する事はできない。そしてこれらの措置の正統性を上書きするものとして、全斗煥は北朝鮮の脅威をである。

二つ目の要素として持ち出す事になる。つまり、現在の「社会不安」が単なる国内問題ではなく、それを利用して北朝鮮が韓国への侵略を目論む極めて危険なものとなっている、という説明である。だからこそ、通常の憲法秩序下の手続きでこれに対処する事は不適切であり、不可能である、とするのである。

全斗煥は加えてこれが恣意的な判断ではない事を示す為に、裏書きする情報として、先に紹介した「日本を通じて入手した極秘の情報」を持ち出している。つまり、アメリカからの懸念を打ち消す為に、自らの背後にあるもう一つの大国である日本を持ち出した事になる。

明らかな様に、ここまでは先の三月に行われたという新軍部関係者の集まりで議論された、軍が政権を取る為の「シナリオ」通りである。そして全斗煥はここにもう一つ重要な要素を付け加える。つまりは、崔圭夏大統領の支持である。

結局、全斗煥の主張は明白である。即ち彼は、自らは当時の憲法秩序に従って行動したのみであり、何ら違法な行為は行っていない、というのである。そしてこの主張の背後には、もう一つの彼等の正統化理由が隠されている。つまり事態の責任は、当時の憲法秩序において責任を負うべき崔圭夏大統領をはじめとする人々にあるのであり、自らにはないのだ、というである。

とはいえ、それだけなら彼等の主張には問題が残る。何故なら北朝鮮の関与による韓国への安全保障への重大な脅威、という彼等が軍の出動を正当化する為の大前提が、真偽不明の日本からの「諜報」以外によっては裏付けられていないからである。だからこそ、彼等にはその証拠が必要であり、また、その脅威の重大性を実際に示す事件が要求されていた。

結論から言えば、彼等が北朝鮮からの韓国への介入を示すものであり、またそれが如何に重大であったかを「証明」する為に利用した事件、それこそが光州事件に他ならなかった。つまり、彼等の論理にとって光州事件は、先に紹介した新軍部勢力による「軍が政権を掌握する条件」に関わるシナリオに必要な「ラストピース」だった事になる。

だからこそ、彼等は光州事件を積極的に「暴動」「反乱」として位置づけ、その鎮圧行為を当然に正統なものであった、と説明した。しかし、全斗煥等の主張において興味深いのは、この上に先にも登場した、もう一つの自らの行動に対する自己正統化理由を付け加える事である。全斗煥は言う（전두환『전두환 회고록』1、一八六ページ）。

軍においては、指揮権に対する権限と責任は極めて厳格に決められている。だから正式な指揮組織に所属しない者が作戦に干渉する事は考えられない。とりわけ訓練ではない、現実の作戦では、この点は更に厳格に守られる。武装した兵力の指揮は、人間の生命に直結する重要なものであり、時には敵を殺すか、或いは誤って自分が殺されるか、という状況で指揮をしなければならない。この様な状況で責任を持ち指揮を行う時において、指揮系統に属さない他者からの干渉を受け入れる事は決してない、何故なら軍における指揮権は、人間の生命そのものに等しいからである。

全斗煥は、当時の光州における事態の鎮圧の指揮系統は、戒厳司令官であり陸軍参謀総長である李

熺性をトップとして、第二軍司令官の陳鐘埰《チン・ジョンチェ》、更には戦闘兵科教育司令官（事件の発生場所である光州の近くには、「尚武台」とも通称される陸軍の教育施設が置かれており、その一つに戦闘兵科教育部があった。ソウルに置かれた戒厳令本部の地方支部である戒厳部もこの施設に置かれており、その長である戒厳部処長のポストを戦闘兵科教育司令部の司令官が兼任していた）でありこの地域の戒厳部処長である尹興禎《ユン・フンジョン》（事件中に蘇俊烈《ソ・ジョンヨル》に交代）から、現地部隊である第三一師団長の鄭雄《チョン・ウン》、そして、全国から事件鎮圧の為に光州現地に派遣され、現地部隊の指揮下に置かれていた各空挺特殊戦旅団（光州事件の鎮圧には主として、第三、第七、そして第一一の空挺特殊戦旅団が当たっている。第三空挺特殊戦旅団長の崔世昌《チェ・セチャン》、第七空挺特殊戦旅団長の申佑湜《シン・ウシク》、第一一空挺特殊戦旅団長の崔雄《チェ・ウン》は全て、全斗煥が組織した軍内私組織であるハナ会の会員であった。조갑제『제5공화국』）へと、降りるものであり、そこに軍内部における諜報機関の長である保安司令官に過ぎなかった全斗煥が介入する余地は、制度的になかったと主張する（対して、全斗煥の光州事件における責任を追及する人々は、韓国における空挺特殊戦部隊の創設当時からこれに関与し、自らもその旅団長を務めた経験のある全斗煥が、自らと「新軍部」の人脈を利用して、本来制度的に指揮権があった人々をバイパスして、現地空挺特殊戦部隊を直接指揮したのだ、と主張している。いわゆる、全斗煥による部隊の「二元的」統制、という議論であるこの点については、편집부『5・18수사기록：14만페이지의증언』［朝鮮日報社、一九九九年］、厳相益『被告人閣下』等）。つまりは、この事件において軍の側に何かしらの責任を負うべき事由が存在したとしても、その責任はこれら、現実に軍の指揮を行った人々が取るべきであり、全斗煥自身には何の責任もない、というのである。

こうして見ると、全斗煥による自らの政権獲得に至るまでの道筋と、その過程における自己正統化論理の全体像が次の様になっている事がわかる。基調となっているのは、三つの事である。第一に、光州事件は北朝鮮の工作により発生した重大な治安上の危機であり、これに対する軍隊を動員しての鎮圧はやむを得ない措置であった。第二はそれに関する措置は全て、当時の法秩序に則って行われたものであり、それ故、違法な点は存在しない。第三に、全てが法に則って処理されている以上、保安司令官に過ぎなかった自分には介入する余地はない。だから一連の行為はクーデタでもなければ、違法な民主化運動の弾圧でもなく、自分には一切の責任はない、というのが彼の基本的な主張である。

とはいえ、光州事件において実際に取られた措置は余りにも過酷なものであり、その措置が取られた理由についても説明する必要がある、として全斗煥等はもう一つ、つまり四つ目のの予防線を張る。過酷な措置が必要だったのは、状況が過酷であったからであり、何よりもそこに北朝鮮からの深刻な脅威があったからだ、というのがその説明である。つまり、過酷な措置もまた、北朝鮮の脅威で正統化しようとするのである。

その意味で光州事件を巡る事態の展開は、全斗煥にとっては、彼等が治安維持の為に軍隊を出動させ、また全国に戒厳令を拡大し、韓国全土を事実上の軍の直接管理下に置く為に、極めて「好都合」なものであり、それ故彼等はこの事件を積極的に利用した。つまりは、光州事件があったから正統性が傷ついたのではなく、光州事件があったからこそ、自らの一連の行動の正統性を得たのだ、と考え、主張したのである。

戒厳司令官の証言

そして、この様な全斗煥の主張との関係で、興味深い証言が存在する。即ち、五一七クーデタや光州事件当時、陸軍参謀総長兼戒厳司令官の立場にあった、

李熺性の証言である。先の全斗煥の証言にも見られた様に、当時の事態における本来の法的責任者は、第一に大統領である崔圭夏であり、第二に戒厳司令官として強大な権力を与えられた李熺性であった。このうち崔圭夏は、民主化後に幾度にも亘って国会や裁判所で行われてきた、粛軍クーデタから光州事件に至るまでの一連の事件に関わる調査に対して、一貫して沈黙を守り続ける事を選択した。対して李熺性は一連の事件に対して饒舌であり、多くの証言を残している。ここではその中から比較的近年のものを紹介してみよう。彼は光州事件について次の様に証言する（최보식「조선일보에 게재되지 못했던 이희성 전 계엄사령관 인터뷰」『최보식의 언론』、https://www.bosik.kr/news/articleView.html?idxno=1018［最終確認二〇二三年一〇月二八日］）。

質問者：道義的責任はともかく、実際的責任は誰にあるのでしょうか？　光州事件当時から大学生等の間では「光州虐殺事件の主犯」は全斗煥氏だと名指しされています。

李熺性：それは軍の作戦指揮系統を本当に知らないから、その様に言うのです。全斗煥保安司令官は光州事件とは無関係です。彼は粛軍クーデタとは関係があるが、光州事件とは何の関係もありません。

質問者：戒厳軍の出動と発砲命令を彼が背後で操縦したというのが通説ですが。

李熺性：法廷でも『指揮体系が二元化された』という言葉がありました。全斗煥保安司令官が私の知らない所で現地から報告を受け、指示を出していた、と言うのです。もしそうならそれは犯罪行為です。そんな事をこの私が見過ごすと思いますか。戒厳司令官の私がいるのにありえない事です。

質問者：戒厳司令官は軍の階級では上官ですが、当時は全ての権力が全斗煥に集中した状況にあったのではないでしょうか。

李熺性：全斗煥は私よりずっと後輩で、私の事を『兄貴』と呼んでいた人物です。そんな彼が私に隠れて越権行為をするでしょうか。私の性格や、二人の関係を知っていればそんな事は言えない筈です。全斗煥は明朗な性格で、陰湿な人間ではありません。つまり、陰でこそこそ行動するタイプの人間ではないのです。はっきりと言いましょう。光州に関する限り、全斗煥の責任はありません。

李熺性はこの様な説明の上で、光州における悲劇は、デモ隊との対峙下における極限状態で、現場の軍が自衛権の発動として発砲した結果発生したものである、という全斗煥と同じ主張を展開し、全斗煥のみならず、自らをも免責しようと試みる。

さて、我々はこの様な李熺性の証言をどう考えれば良いのだろうか。李熺性は自身、民主化以後の裁判において、光州事件に関して全斗煥等と共謀してこれを主導したとして、懲役七年の判決を受けている。その様な立場に置かれた彼にとって、光州事件の主犯を全斗煥とする主張は自らの責任を軽減する「都合のよい」ものの筈である。そして仮に実際に当時の軍の指揮権が二元化されており、全斗煥が全てを直接コントロールしていたとするならば、それは即ち戒厳令司令官であった李熺性に対する裏切りであり、彼にはこの越権行為に怒りこそすれ、敢えて否定する理由はないように思われる。

本書は光州事件の真相を明らかにする事を目的とするものではなく、筆者はその為の特別な資料を持ち合わせている訳でもない。しかし、ここで再度強調すべきは、五一七クーデタから光州事件に至る過程において、中央情報部署理と保安司令官を兼任する全斗煥が、軍と文民の双方において全ての情報を統制し得る状況にあり、大統領の崔圭夏や戒厳司令官の李熺性は、その「与えられた情報」を基礎にしてしか、判断し、行動できなかった事である。

そしてその事は言い換えるなら、全斗煥が光州事件において、李熺性の頭越しに現地部隊に詳細な支持を出す必要すらなかったかも知れない事を意味している。全ての情報を握っていた全斗煥は、その情報を操作する事により、大統領も戒厳司令官も自由に操縦出来たからである。つまり全斗煥が、自らの先輩であり戒厳司令官である李熺性の面子を潰さない為にも、李熺性の立場から李熺性が全てをコントロールしているかの様に見える情報操作を行ったとしても、不思議ではない状況だった。

実際それは他の人々についても同じであった。一連の経緯を見て明らかなのは、大統領の崔圭夏は勿論、光州事件の最中に責任を問われて事実上解任される事となった国務総理の申鉉碻、更には五一七クーデタ以前の状態において戒厳司令官を監督する立場にあった国防部長官の周永福もまた、全斗煥が伝える情勢分析を基に行動していた事である。つまり、事態は学生運動や労働争議を通じて生じた混乱状況を利用して、北朝鮮が今すぐにでも介入しかねない逼迫したものであり、その表れこそが光州の状況である、という前提で彼等もまた行動しているのである。

一言でいうなら、韓国政府は情報管理を通じて、既に全斗煥の統制下にあり、大統領も戒厳司令官も国務総理も国防部長官も、彼の手により踊らされるだけの存在になっていた。つまり、韓国政府は既に五一七クーデタの以前に、全斗煥の統制下に入りつつあった、と考えてよい。だからこそ、一連の問題において誰が直接、最終的な判断を下したかも議論する事は、その責任を理解する上では、大きな意味がないのかも知れない。

こうして事態を掌握した全斗煥は、いよいよ自らの公式な権力掌握の道に進む事となる。その過程について見てみよう。

3　維新憲法下での大統領就任

国家保衛非常対策委員会

戒厳軍により光州が制圧された五月二七日午後。ソウルでは閣議が開催された。申鉉碻率いる内閣は既に五月二一日、事態悪化の責任を問われる形で総辞職しており、朴忠勲《パク・チュンフン》が国務総理署理、つまりは、国務総理権限代行に任命されていた。正式な国務総理ではなく、国務総理署理の肩書になったのは、五一七クーデタにより国会が閉鎖されており、正式な任命手続きが不可能だったからである。商工部の官僚であった彼は朴正熙政権下において、商工部長官や副総理兼経済企画院長を歴任した人物であり、後に崔圭夏が大統領を辞任すると、今度は大統領権限代行に就任した。憲法に定められた手続きを経ない国務総理署理から更に進んで大統領権限代行までを務める事となったのは、現在に至るまで、韓国憲政史上、彼が唯一の例である。

とはいえ、この日の閣議の主人公は、その朴忠勲ではなかった。何故なら、この閣議の目的は先に全斗煥が崔圭夏に行った「建議」に沿って、「大統領諮問補佐機構」の設置を決めるものだったからである。

「大統領諮問補佐機構」の正式名称は「国家保衛非常対策委員会」。日本の朝日新聞はこの閣議が開催される日の朝刊で先立ってこの名称を使って「内閣より強力な機関」の設置に関する報道を行っているから、詳細が閣議開催の以前にどこかで既に決定されていた事がわかる（『朝日新聞』一九八〇年五月二七日）。他方、戒厳令が発布され厳しい言論統制下にあった韓国で、その設置が公式に伝えられたのは、日本での報道より四日も遅れた、最初の会議が行われた五月三一日の事である。

委員会を構成したのは、大統領の下、その公職の性格故に自動的に任じられた「当然職」の一六機関の長等と、議長である大統領に追加で任命された一〇名以内の「任命職」であり、当初の委員の合計は二四名であった（以下の国家保衛非常対策委員会に関わる記述は、主として次の資料に依拠している。國家保衛非常対策委員會編『國保委白書』［國家保衛非常対策委員會、一九八〇年］）。「足し算」が合わないのは、中央情報部長署理と保安司令官を兼ねる全斗煥と、陸軍参謀総長と戒厳司令官を兼ねる李熺性が、各々二つの公職故の「当然職」として二重に任命されているからである。

その顔ぶれは次の様になる。「新軍部」に分類される人物が全斗煥を筆頭に盧泰愚等、数多く任命されている事がわかる。軍人には氏名の後に「☆」をつけてある。

代表委員長：崔圭夏（大統領）

当然職委員：朴忠勲（国務総理）、金元基（副総理）、朴東鎮（外務部長官）、金鍾煥（内務部長官）、呉鐸根（法務部長官）、周永福（国防部長官）、李奎浩（文教部長官）、李光杓（文化公報部長官）、全斗煥☆（中央情報部長署理兼国軍保安司令官）、崔侊洙（大統領秘書室長）、李熺性☆（戒厳司令官兼陸軍参謀総長）、柳炳賢☆（三軍統合参謀長）、金鍾坤☆（海軍参謀総長）、尹子重☆（空軍参謀総長）

任命職委員：白石柱☆（陸軍）、金璟元（大統領特別補佐官）、陳鍾埰☆（陸軍）、兪学聖☆（陸軍）、尹誠敏☆（陸軍）、黄永時☆（陸軍）、車圭憲☆（陸軍）、金正浩☆（海兵隊）、盧泰愚☆（陸軍）、鄭鎬溶☆（陸軍）

とはいえ、この組織を実際に率いたのは、この「委員会」ではなかった。「委員会」の下には「委任された事項を審議調整する」（尹景徹『分断後の韓国政治』［木鐸社、一九八六年］四一一ページ）事を目的とした「常任委員会」が設けられ、実際の業務に主として当たったのはこの「常任委員会」だったからである。この常任委員会は任命職一六名と当然職一四名から構成された。その性格を理解する為には、その構成リストを見たほうがわかりやすいだろう。やはり軍人には氏名の後に「☆」をつけてある。

常任委員長：全斗煥☆

任命職委員：李喜根《イ・フィグン》☆（空軍）、申鉉銖《シン・ヒョンス》☆（陸軍）、車圭憲☆（陸軍）、姜永植《カン・ヨンシク》☆（陸軍）、朴魯栄《パク・ノヨン》☆

（陸軍）、金潤鎬☆（陸軍）、鄭元民☆（海軍）、権寧珏☆（陸軍）、金烘漢☆（陸軍）、盧泰愚☆（陸軍）、鄭鎬溶☆（陸軍）、金仁基☆（空軍）、安致淳（大統領政務秘書官）、閔海栄（大統領経済秘書官）、崔在豪（大統領民願秘書官）、申鉉守（大統領司正秘書官）

当然職委員：李基百《イ・ギペク》☆（運営委員長）、文相翼（法司委員長）、盧載源（外務委員長）、李光魯☆（内務委員長）、金在益（経科委員長）、沈裕善☆（財務委員長）、呉滋福☆（文教委員長）、金周浩（農水産委員長）、趙永吉☆（保社委員長）、李祐在☆（交逓委員長）、李圭孝（建設委員長）、琴震鎬（商工資源委員長）、金満基（浄化委員長）、鄭寛溶（事務処長）

一見してわかる事が幾つかある。一つは上部の「委員会」と比べて、「常任委員会」では、文官一二名に対して全斗煥を筆頭とする軍人一八名と軍人の比重が更に多くなっている事である。尚、上部の「委員会」と「常任委員会」で任命職委員と当然職委員の記載順序が逆転しているのは、『國保委白書』のそれをそのまま記載したものであり、筆者が故意に順番を変えたからではない。常任委員会の主導権を握っていたのは、常任委員長の全斗煥を筆頭とする任命職委員の側だったからである。故にその重要性に従って、記載順序を変えたのだろう。

更に当然職委員の顔ぶれを見ると彼等が、常任委員会の更に下部機構である分科会の委員長、或いは各種委員会の取りまとめを行う立場にあった事がわかる。常任委員会の下には、運営、法制司法、外務、内務、財務、経済科学、文教公報、農水産、商工資源、保健社会、交通逓信、建設、社会浄化の分科会が置かれており、各々六名から一〇名程度の委員と、一名から五名の専門委員、更には一名から三名の行政要員から構成されていた。

　こうして見ると、この「常任委員会」が、韓国の政府構造に酷似している事がわかる。つまり、常任委員長である全斗煥が大統領に当たる位置にあり、任命職の委員が「大統領官邸」のスタッフを構成している。当然職委員達の職責は、「閣僚」のそれに当たり、全斗煥の士官学校の同期生である李基百が「国務総理」に当たる運営委員長としてこれを統括している。「閣僚」に当たる位置に任命されているのは、必ずしも官僚ではなく、国防、内務、財務、といった主要ポストは須《すべか》らく軍人が占めている。そしてこの「閣僚」達が各分科会を通して、官僚組織を統制し、各官庁を支配する形になっている。

　この様な国家保衛非常対策委員会について、尹景徹はその著書にて次の様に述べている。ここで行政についてのみならず、司法に対しても言及が行われているのは、戒厳令下、裁判所の許可を経ないままでの逮捕権限等、広範な司法に関わる権限が同委員会に与えられていたからである（尹景徹『分断後の韓国政治』四一一ページ）。

綱紀粛正

　この委員会は表面上、非常戒厳下において国家を保衛するための国策事項を審議、議決し、また大統領の諮問に応じ、大統領を補佐する事を任務としていたが、実際には行政、司法全般に渡って主要業務を指揮、監督、調整する国政の最高機関であった。

　それではこの国家保衛非常対策委員会は具体的にはどの様な権限を持っていたのだろうか。『國保委白書』はその職責について次の様に記している（國家保衛非常対策委員會編『國保委白書』一六ページ）。職責が極めて広範囲に及んでいる事がわかる。

1　国内外の情勢に対処し、国家保安体制を強化する。
2　国内の経済難局を打開する為に合理的な経済施策を樹立する。
3　社会の安定を確保する事により、政治発展の為の内実を作り上げる。
4　腐敗不正、不条理、各種社会悪を一掃し、国家の紀綱を確立する。

では、国家保衛非常対策委員会はより具体的には何に対処しようとしていたのだろうか。同書はその「当面課題」として、次の九つを挙げている（國家保衛非常対策委員會編『國保委白書』一六ページ）。

1　各界の潜在する安保的不安要因であり、国民的団結を阻害する階級意識の扇動や、政府転覆計画等を根本的に除去する。
2　大学の自治を美名とする不法行為や騒擾行為等の社会混乱を通し、北朝鮮を利する行為を根絶する。
3　権力型不条理等の社会的不正義を摘発し、社会における不信風潮を無くす為に努力する人々が正当な対価を受ける社会的基盤を確立する。
4　紊乱した政治風土を刷新し、不正と不義に対する自由な批判が可能な道義政治を確立する。

5　言論において国家利益を優先し、倫理と道徳を尊重する健全風土を醸成する。
6　宗教と信仰の自由の保障を利用して、宗教を隠れ蓑にした政治活動を統制する。
7　健全な労使観を確立し、企業人の非倫理行為、労働組合の不法行為を糺す。
8　密輸、麻薬、暴力、不正食品、暴力犯等、各種の社会悪を根絶する。
9　教育機関の営利目的化と受験競争過熱等をもたらす教育風土を刷新し、道義社会を実現する。

明らかなのは、この国家保衛非常対策委員会が、本来の設置の目的であった筈の、学生デモの拡大や労働争議の激化等の社会情勢に対応する為に作られた、大統領に対する諮問機関との範囲を遙かに超えた機能を持っていた事だった。そしてそれは、内閣等の政府機関を代替する範囲をも更に超えて、社会全般の改革を目的とした一種の「革命委員会」としての性格を有していた。国家保衛非常対策委員会が目標としていたのは、事態への受動的な対応ではなく、政治、社会、経済の全ての分野における「綱紀粛正」であり、新たな「文化」の確立であったからである。

さて、それではこの国家保衛非常対策委員会は具体的には何を行ったのだろうか。『國保委白書』はその「主要国政改革」の成果として、安保体制強化と社会浄化、国民生活の安定化促進、政策・制度改善、対民行政の刷新、の四つを挙げている。とりわけその筆頭に挙げられているのは、政治風土の刷新であり、その中心的な施策は対象者の徹底した処罰であった。既に述べた様に、五一七クーデタの発生直後から、ソウルでは全斗煥率いる合同捜査本部が、「権力型不正蓄財」と「騒擾操縦」の嫌疑で、国会議員や社会運動家、更には財界人や元軍人等、二六名を連行している。

国家保衛非常対策委員会はこの「綱紀粛正」の措置を更に拡大し、その矛先は、一部政治家等のみならず、社会全般にまで広く向けられる事となった。まず政府関係機関においては、公職者等の処罰が行われた。再び『國保委白書』によれば、国家保衛非常対策委員会は六月四日から七月三一日までの僅か二か月足らずの間に、立法府一一名、司法部六一名、行政府五四一八名に加えて、国営企業や金融機関他の政府傘下にあった一二七団体に所属する三一一一名、合計八六〇一名を、公職或いは管理職から追放した。その数がどれ程大きなものであったかは、「理事級」に分類される二級以上の高級公務員の処罰者の割合が全定員の一二・一％、公営企業においては同じく二三％を占めるに至っている事からわかる（國家保衛非常対策委員會編『國保委白書』三六―四〇ページ）。

「綱紀粛正」の対象になったのは、公職者等だけではなかった。国家保衛非常対策委員会は八月一日を期して、軍と警察をして、合同での「不良輩」の摘発をも実施させた（國家保衛非常対策委員會編『國保委白書』四〇―四五ページ）。彼等は二度に亘って、「Dデイ」を設定し、「野外遊園地」をはじめとする各所での徹底摘発を行った。こうして摘発された者は、八月四日から一〇月一〇日までの間で、「暴力輩」四万五七〇名、「恐喝・詐欺輩」一五五〇名、常習賭博等「社会風土紊乱事犯」者三九九七名に及んでいる。彼等は国家保衛非常対策委員会が設置した「審査委員会」によって分類され、最上級のA級に分類された者は司法措置に、逆に最下級のD級に分類された者は警察での訓戒処分を科せられた。そしてその中間に属するB級とC級に分類された人々は、これまたやはり国家保衛非常対策委員会によって設置された「三清教育隊」と呼ばれた組織に送り込まれ、厳しい軍隊式再教育プログラムを課せられた。この「三清教育隊」には学生運動や民主化運動に従事した者も送り込まれ、最終

的に三万九七八六名が厳しい「訓練」を受ける事となった。五七名がここで命を落としたと言われている（삼청교육대인권운동연합編『삼청교육대백서』上・下〔삼청교육대인권운동연합、二〇〇一年〕）。

さてそれではこの様な強大な権力を持つ国家保衛非常対策委員会の設置はどの様にして正当化されたのだろうか（國家保衛非常対策委員會編『國保委白書』二八〇―二八二ページ）。当時の韓国政府はこの国家保衛非常対策委員会の存在を、三つの先行する法規によって根拠づけた。第一は戒厳令の内容を定める「戒厳法」であり、これにより韓国全土に戒厳令が宣布された事で、大統領の指揮監督を受ける戒厳司令官に「行政事務と司法業務を管掌する」権限が生まれた、とする。

そしてこの戒厳令の施行について定める「戒厳法施行令」は、大統領が戒厳司令官を指揮監督する際には、「国策に関係する事項」については、内閣や関係部署の長の意見を聞かなければならないと定めている。そして、最後に「政府組織法」の定めにより、大統領は大統領令により「付属機関」を設置する事ができるとされている、とする。つまりは、戒厳法により、「行政事務と司法業務を管掌する」事となった大統領が、「国策に関係する事項」を聞く為の、「付属機関」として設置したのが、国家保衛非常対策委員会だという訳である。これにより、国家保衛非常対策委員会は、大統領から与えられた巨大な権限に基づいて、「国策に関する事項」について、その他の政府各機関をバイパスして、大統領に直接提言し、意見する事が出来る、という建付けである。

では、国家保衛非常対策委員会は、どうしてこの様な韓国社会全般に及ぶ大規模な「綱紀粛正」に乗り出さなければならなかったのだろうか。その理由について、国家保衛非常対策委員会が発足してから二か月程経った八月一一日、全斗煥は韓国メディアに対して以下のように説明している（國家保

衛非常対策委員會編『國保委白書』一二三八ページ)。

朴正熙大統領暗殺事件により、国家権力の中枢が失われ、国家は未曾有の危機に直面しました。治安秩序は乱れ、経済は停滞状態に陥り、国家機能がマヒ状態に陥るなど、国家としての基盤が揺るがされる事態になりました。

そこで蔓延したのは扇動的な政治家のスローガンであり、それに付和雷同する学生達による混乱状態でした。

この様な状態において我が国家保衛非常対策委員会は救国の信念に基づき発足し、この二か月間この信念の下、自らの課業に邁進してきました。

失われた国家としての規律を立て直し、社会各所に染み付いた過ちと腐敗を糺し始めました。

国家保衛非常対策委員会が活動を開始した後、社会は急速に安定に向かい、長年の過ちは姿を消しつつあります。

結局、全斗煥が主張したのは次の事だった。朴正熙暗殺以後、韓国社会は羅針盤を失い、混乱した。その原因を作ったのは何よりも、悪しき旧来の政治家であり、またそれに先導された学生達であった。そして、この様な状況は社会内部に退廃的状況をもたらし、単に政治や社会に害悪となるだけでなく、経済機能さえ麻痺させる事となった。

だからこそ、この状況を打破する為には、旧来の政治家をはじめとする社会上層部の「綱紀粛正」

を行うのみならず、その悪影響を受けた結果として弛緩した、一般社会の立て直しが必要だった、というのである。

そして、この様な措置と正統化理由を基盤として、全斗煥はいよいよ正式に権力の頂点に立つ事になる。次にその最後の過程について見てみよう。

アメリカからの批判

一九八〇年八月五日、全斗煥は大将に昇進した。中将に昇進したのが、粛軍クーデタ後の一九八〇年三月の事だったから、僅か五か月での再度の昇進である。翌日には「国家のための朝食祈禱会」に出席し、困難な国運を切り開き、福祉国家を子孫に残すべきだ、とする演説を行った。意外な様であるが「福祉国家」はこの後も全斗煥が自らの政治の方向性を示す為の主要なキャッチフレーズの一つとしての地位を保ち続ける（國家保衛非常対策委員會編『國保委白書』二二八ページ）。

いずれにせよ既にこの段階では、韓国を動かしているのが全斗煥である事は誰の目にも明らかであった。『朝日新聞』は全斗煥の大将昇進について、次の様に報じている（『朝日新聞』一九八〇年八月六日）。

全斗煥国軍保安司令官は今年三月に中将になったばかり。しかも同期の陸士一一期生がほかにだれも中将にもなっていない中での異例のスピード昇進である。韓国軍は五一七クーデタのあと、陸軍の大将ポストを従来の参謀総長、合同参謀会議議長、米韓連合軍副司令官の三つから第一、第二、第三各軍司令官を加えた六つに倍増したが、全司令官の大将昇進で、現役大将は七人になった。

こうした全司令官の異例の昇進は、来年上半期に予定されている大統領選に自ら軍服を脱いで出馬するものではないかとの観測を生んでいる。六一年の「五一六クーデタ」で実権を握ったあと、少将から大将に昇進、予備役に編入されて六三年の大統領選に出馬、当選した朴正煕大統領のコースを想起させるからである。

『朝日新聞』が記した様に、全斗煥の急速な昇進とそれを可能にした巨大な権力は、嘗て一九六一年のクーデタにより権力を掌握した朴正煕の姿を想起させた。そしてだからこそ、多くの人は全斗煥もまた、朴正煕と同じく、まずは自らの支配の為に必要な新たな体制作りを行い、その後、然るべき時期が来た段階で正式に大統領に就任するだろう、と考えた。

だが、同時に多くの人はまた、この時点では全斗煥の公式な政権掌握は未だかなり先の事だと考えていた。理由はあった。例えば、六月一二日、大統領の崔圭夏は特別談話を発表し、同年一〇月末までに国民投票を行って憲法改正を実現し、新憲法下において翌一九八一年六月末までに新政府を樹立し、権力の移行を行う事を明らかにしている（『朝日新聞』一九八〇年六月一二日）。朴正煕暗殺直後から、自らの政権が飽くまで過渡的なものである旨繰り返してきた崔圭夏は、同時に行き詰まりを見せていた朴正煕の維新体制を改める事が自らの政治的使命である旨をも強調してきた。そしてこの特別談話は、その崔圭夏の意志がその時点では依然、変化していなかった事を意味していた。

そして、崔圭夏には全斗煥に容易に権力を譲れない事情もあった。アメリカ政府が依然として、全斗煥への権力移譲に否定的な姿勢を見せていたからである。例えば、『朝日新聞』は、五月一日にワシントンにて行われた日米首脳会談にて、カーター米大統領が、「一人の人間が軍、情報、保安各部門を一手に握っているのは『行き過ぎである』」と述べたと報じている（『朝日新聞』一九八〇年五月四日）。併せて同紙は、ニューヨーク・タイムズの記事を引用する形で、六月一三日、アメリカ政府が韓国の政治情勢に対する不快感を示す為に、以下の三つの措置を取った事を報じている。即ち、第一は予定されていた、経済使節団の派遣延期であり、この措置はアメリカ政府が韓国への新たな投資を奨励しない旨のメッセージを有していた。第二はアジア開発銀行による韓国への借款決定の延期であり、その中には仁川の港湾開発に対する五四〇〇万ドルもの巨大借款が含まれていた。第三はアメリカ国務省と韓国外交部の実務者レベルでの定期協議の延期であり、併せてアメリカ政府は政府高官の韓国訪問を政府内審査グループによる許可制とした（『朝日新聞』一九八〇年六月一四日）。

アメリカ政府の韓国情勢に対する懸念は、全斗煥による権力掌握の動きに対しても直接向けられていた。八月九日、ウィッカム在韓米軍司令官（これ以前の段階で、全斗煥とウィッカムの間の不和も報道されている『朝日新聞』一九八〇年六月九日）は、「全斗煥将軍が今年秋に崔圭夏大統領を辞任させる可能性が強い」と自らの見解を述べた後、その権力継承について、「合法的に権力を掌握する事」「国民の広範な支持が得られる事」そして「安全保障が確保される事」という三つの条件をつけた。とはいえ、この発言内容が、当時韓国政府の強力な統制下にあった韓国メディアにて、アメリカが全斗煥による政権継承を承認したものとして、その本来の意図を故意に曲げて大々的に報じられると、国務省は「アメリカ政府の見解を示したものではない」として即日この意図を否定した。国務省は併せて全斗煥が、政権継承の前提となる「国民の広範な支持」を未だ得ていない事を指摘する。

その事は言い換えるなら、当時のアメリカ政府が、まずは憲法を改正して、その下で民主主義的な選挙を実施し、新たな政権を誕生させる、とした崔圭夏が主張する手順を、依然として支持していた事を意味していた。

しかし、事態はこれらの人々の予測とは異なる速さで展開を見せた。全斗煥は八月九日、ニューヨーク・タイムズとの記者会見で、「韓国は新時代の指導者が必要である」として、自らの大統領就任への強い意欲を見せた（『朝日新聞』一九八〇年八月一〇日）。続く八月一一日には、政府系メディアとして知られていた『京郷新聞』との単独インタビューを行い、これから誕生する新共和国の国家目標が、(1)民主主義の土着、(2)福祉社会の実現、(3)正義社会の実現、である事を示している（『朝日新聞』一九八〇年八月一二日）。アメリカ政府は対して、重ねて韓国の民主化の必要性を強調し、併せて八月一四日から予定されていた軍法会議にて、「金大中氏を死刑にすれば、韓国と正常な関係を保つ事は不可能になる」として、韓国政府に警告した（『朝日新聞』一九八〇年八月一三日）。

維新憲法下での大統領就任

だが、事態はこの様なアメリカの警告をあざ笑うかの様に展開した。八月一六日、崔圭夏が、「この国における平和的な政権交代の模範を示す為、大統領を辞任する」旨の特別談話を発表し、即日、大統領職を辞任する事となったからである（『朝日新聞』一九八〇年八月一六日）。大統領権限代行には、先に述べたように国務総理署理であった朴忠勲が就任し、八月一八日には崔圭夏は物理的にも大統領官邸を離れる事となっている（『朝日新聞』一九八〇年八月一九日）。

重要なのは、全国に戒厳令が拡大される状況にあったとはいえ、この時点での韓国が依然として、朴正熙の作り上げた「維新体制」下にあり、それ故、崔圭夏の大統領辞任もまた「維新憲法」の下、行われた事である。そして、この憲法においては、空席となった大統領は国民からの直接選挙ではなく、「完全公営選挙」の美名の下、候補者個人の運動が禁止された選挙で選出される「統一主体国民会議」代議士による間接選挙で選ばれる事となっていた。しかも、この「統一主体国民会議」代議士の任期は六年、解散の規定はなかったから、大統領が事故や辞職等により欠けた場合には、新たに国民による選挙が行われるのではなく、既に存在する代議士達が新たな大統領を選出する定めだった。

崔圭夏が大統領官邸を離れた八月一八日、既にソウルと済州道ではこの統一主体国民会議の地域会合が行われ、全斗煥を大統領候補に推薦している（『朝日新聞』一九八〇年八月一九日）。八月二一日には前大統領の崔圭夏と「韓国軍首脳が一致して」全斗煥の推薦を表明し、彼の大統領就任を大きく後押しする（『朝日新聞』一九八〇年八月二二日）。

結局、七三七名の推薦を得て大統領に立候補した全斗煥（『朝日新聞』一九八〇年八月二六日）は、一九八〇年八月二七日、ソウル市内にある奨忠体育館で開催された統一主体国民会議の全体会合により、第一一代大統領に選出された（『朝日新聞』一九八〇年八月二七日）。この会議には在職中の二五四〇名の代議士のうち、疾病や海外在住等の理由で参加できなかった一五名を除く、二五二五名が出席した。全斗煥は唯一の大統領候補者であり、無効票一票を除く、二五二四票を獲得して、選出されている（中央選擧管理委員會編『大韓民國 選擧史』第４輯［中央選擧管理委員會、二〇〇九年］五五―五八ページ）。

こうして、慶尚南道の「鄙《ひな》びた田舎の村」に生まれた全斗煥は、遂に大統領の座に就く事となった。それでは、その彼が大統領として行った政治とは、いかなるものだったのだろうか。以下、この点について簡単に見てみたい。

第Ⅲ部　統治者としての全斗煥

第八章　政権の構造

1　第五共和国の成立

政権の特徴

全斗煥政権の特徴の一つは、それが複数の軍事クーデタを経て成立した政権であったにも拘わらず、先立つ朴正煕による維新体制の多くの要素を引き継いだ事である。例えば、一九六一年の軍事クーデタにて政権についた朴正煕は、従来の憲法体制を全面的に否定した上で新たな体制を構築し、その制度の下で大統領の座に就く事となっている。しかし、全斗煥の最初の大統領就任は、その朴正煕が作り上げた制度的遺産を利用したものであり、人材の面でも多くを前政権のそれに依存した。

そしてこの様な特異な状況には理由があった。一つはそもそも全斗煥等が実施した複数のクーデタが旧体制を打倒するものと言うよりは、寧ろ、旧体制内部での「内輪もめ」の性格を帯びたものであった事である。そしてその事は、粛軍クーデタの主たるターゲットが戒厳司令官兼陸軍参謀総長の鄭昇和であり、五一七クーデタにおいて金大中等と共に逮捕された人物に、与党党首の金鍾泌が含まれていた事に典型的に表れていた。そして何よりも全斗煥自身が朴正熙の庇護の下、台頭した人物であり、その朴正熙が樹立した体制の否定は、自らが成長して来た存在基盤の否定に等しかった。粛軍クーデタに関する全斗煥自身の弁明からも明らかな様に、複数回のクーデタは旧体制を破壊する為のものではなく、非業の死を遂げた朴正熙の意を継いで、その体制を守る傾きさえ有していた。

とはいえ、その事は全斗煥がただこれまでの体制に安住すれば良い事を意味しなかった。その理由の一つは前章でも取り上げたアメリカの強い要求である。崔圭夏の大統領辞任直後、「文民政府は安定に不可欠だ」として、全斗煥等、新軍部による政権獲得への動きを牽制したアメリカ政府は、その大統領就任直後には「過渡政権だと理解している」との声明を発表している。つまり、全斗煥の大統領就任そのものは暫定的に容認する一方で、早期の民主化と政権交代を求めた事になる。事態は八月二九日にはカーター大統領が全斗煥に対して、民主化を求める信書を送るものとなっている。

全斗煥が体制改革へと乗り出さなければならなかったもう一つの理由は、韓国国内の状況にあった。全斗煥自身が繰り返し述べた様に、彼の政権獲得への過程は、維新憲法により絶大な制度的権力を与えられた崔圭夏からの、暗黙且つ消極的な支持を根拠とするものだった。言い換えるなら、全斗煥政権は少なくともその成り立ちにおいては、「崔圭夏の後継政権」という性格を持っており、故に全斗煥は崔圭夏の敷いた政治的路線を、即座に変更する事が出来なかった。権力獲得に至るまでの全ての過程を、「大統領である崔圭夏が認めたものだ」として正統化してきた彼にとって、崔圭夏を否定する事は、自らを登用してきた朴正熙を否定する事以上に、困難な事だった。

そしてその崔圭夏は大統領就任直後から自らの政権を、朴正煕暗殺事件後の「過渡政権」であると明確に位置づけてきた。言うまでもなく、先のアメリカ政府の表現もこの崔圭夏の表現に倣ったものである。崔圭夏は、この「過渡政権」という表現により、自らの政権をその強い権威主義的性格により国内外から強い批判を浴びてきた朴正煕による「維新体制」から、より民主主義的な政治体制へと至るまでの過程――これを崔圭夏は「民主化」ではなく、「政治発展」と呼んだ（전두환『전두환 회고록』1、二三四ページ）――を橋渡しするものとして、位置づけた。

新憲法制定

重要なのは、それではこの過渡政権の具体的な役割が何か、である。統一主体国民会議による形骸化した「大統領選挙」に典型的に表れている様に、維新体制はその制度そのものが、強い非民主主義的性格を有しており、その「政治発展」の為には、その制度自体の改革が不可欠であった。言うまでもなく、その為には制度の骨格を決める憲法の改正が必要になる。

だからこそ、崔圭夏政権は自らの重要な使命の一つとして、憲法改正を置き、その作業を着々と進めてきた。この憲法改正には、大きく二つの機関が関与していた。即ち、一つは国会であり、もう一つは政府である。当時の崔圭夏政権と金鍾泌を中心とする与党民主共和党の間のぎくしゃくした関係もあり、この作業は別個に行われ、国会では与野党が同数を出す委員会で激しい議論が続けられてきた。

しかし、国会における議論は、五一七クーデタにより国会が閉鎖される事で中断され、政府による憲法改正作業だけが残されていた。そして、この政府による憲法改正作業は、韓国政府の権力が国家保衛非常対策委員会に移ると同時に、この国家保衛非常対策委員会によって担われる事となっていた。

既に述べた様に国家保衛非常対策委員会には、行政各部を担当する委員会が置かれており、その中の法制司法委員会がこれを担当する事になったのである。

この過程については、朴哲彦《パク・チョルオン》が回顧を残している（박철언『바른 역사를 위한 증언』［랜덤하우스중앙、二〇〇五年］。以下の記述は同書に拠っている）。盧泰愚の縁戚である朴哲彦は、その政権において「皇太子」という呼び名を持った事で知られる有力政治家であるが、一九八〇年当時はソウル地方検察庁の検事の職にあった。その彼は、六月一日の国家保衛非常対策委員会設立から四日後の六月五日に、法務長官から国家保衛非常対策委員会の法制司法委員会に勤務する様に命じられている。

朴哲彦によれば、当時の法制司法委員会の最大の職務は憲法改正であり、その指揮に当たったのは、初代の法制司法委員長であった文相翼《ムン・サンイク》から代わって、同委員長に就任した金永均《キム・ヨンギュン》であったという。金永均は全斗煥と同じく陸軍士官学校第一一期生であるが、その後ソウル大学法学部に編入学し、司法試験に合格した特異な経歴を持つ人物である。司法試験合格後も軍隊勤務を継続し、主として軍内の法務畑を歩んだ後に、一九七七年、准将で退役する事となっている。一九八〇年の段階では中央情報部の監理官として、全斗煥の手足となって活躍していた。

この憲法改正作業の様子について朴哲彦は次の様に回想する（박철언『바른 역사를 위한 증언』三六ページ）。

法制司法委員は極めて高度な保安体制の中で、憲法改正作業に着手した。就中、憲法改正作業の核心と言える権力構造部分は、私と禹炳奎《ウ・ビョンギュ》委員、孫晋坤《ソン・シンゴン》委員が担当した。私と禹炳奎委員は、他の法制司法委員とは別に、保安司令部一階に準備された事務室で、権正達《クウォン・ジョンダル》保安司令部諜報処長と共に憲法改正作業を行った。

既に幾度も登場した様に、この時期の全斗煥の「本拠地」ともいえる保安司令部は、軍内の諜報機関であって、憲法改正に関わる業務に相応しい場所ではない。加えて、この作業には、憲法改正に当たる国家保衛非常対策委員会委員の資格を持たなかった権正達も保安司令部から参加した。当時の権正達は保安司令部の諜報処長であり、国家保衛非常対策委員会設立に関わる崔圭夏への進言を準備した人間である。慶尚北道安東《アンドン》出身で、陸軍士官学校第一五期生の彼は、ハナ会の会員ではなかったが、全斗煥の忠実な手足として、その政権の制度的設計に重要な役割を果たしていた。

さて、朴哲彦の回顧によれば、国家保衛非常対策委員会が政府から憲法改正作業を引き継いだ段階では、その多くの部分は既に基本的作業が終わっており、残るは権力構造部分だけだったという。例えば国会については、「維新憲法」において存在した、国会全議席のうちの三分の一が国民による直接選挙ではなく、完全公営選挙で選ばれた代議士で構成される統一主体国民会議による間接選挙方式で選出されるという奇型的な制度が廃止され、全ての国会議員が国民によって直接選出されるシステムに変更された。

問題となったのは、大統領の選出方法であり、この部分が最後まで残っていたのには、理由があった。朴正熙暗殺事件後に始められた憲法改正では、国会、政府の双方において、大統領が国民により直接選挙される制度を念頭に置いて作業が進められてきた。言うまでもなく、維新体制下における統一主体国民会議による間接選挙――それは何千名にも及んだ代議員を集めるために、ソウル市内の奨忠館体育館を会場とした事もあり、「体育館選挙」と揶揄された――が、あまりにも露骨に民主主義的な手続きに反するものとして非難を浴びていたからである。

しかし、朴哲彦によれば、この様な韓国社会の雰囲気は、全斗煥等新軍部が実権を握ると一変し、憲法改正作業は再び大統領間接選挙制を念頭に置いて進められる事になっていたという。結果として、定められたのは、五〇〇〇名以上にも及ぶ大統領選挙人団を介した間接選挙である。維新体制下における統一主体国民会議は、大統領選出のみならず、憲法改正発議の権利をも持っていた。その構成員である「代議士」にも一定の任期が与えられており、一種の議決機関としての性格を有していた。しかし新たな憲法で設置された大統領選挙人団は、大統領を選挙する権限のみを持つものであり、その任期も新たなる大統領の任期が開始される日までに限られていた。

明らかなのは、全斗煥が国会議員選挙においては一定の民主的手続きの拡大を甘受する一方で、大統領選挙においてはこれを露骨に回避した事である。そして、この様な彼の選択は、同じ軍事クーデタを経て政権を獲得した朴正熙のそれとは異なっている。一九六一年に軍事クーデタを経て政権を掌握した朴正熙は、約二年間の直接軍政期を経た後、一九六三年に第三共和国を樹立した。そうして朴正熙はこの第三共和国体制下最初の直接選挙制で行われた大統領選挙に自ら立候補し、前大統領であった尹潽善《ユン・ボソン》を僅差で破って当選を果たしている。

しかし、全斗煥はこの選択を行わなかった。当時の政治状況は、与党民主共和党の総裁である金鍾泌が不正蓄財の嫌疑で逮捕されており、野党側の有力候補である金大中は光州事件への関与の疑いで獄中にあった。最大野党新民党の総裁である金泳三もまた自宅軟禁下にあり、主要な政治家の殆どが満足な政治活動が行えない状態に置かれていた。その状況は尹潽善や許政といった、クーデタ以前の韓国を支配した有力政治家達と自ら選挙にて戦う事を余儀なくされた朴正熙とは大きく異なっていた。

以上の様な状況を考えれば、度重なるクーデタと光州事件の血生臭い記憶が残る中、直接選挙で行われる大統領選挙を強行しても、全斗煥の有力な対抗馬となる候補者が現れる可能性は決して高くはなかった。当時の政治空間そのものが政府の統制下にあったからである。加えて言えば、アメリカは何度も韓国の「民主化」を求めて全斗煥に警告のメッセージを送っており、これに応える必要もあった筈である。

しかし、全斗煥は敢えてこの選択肢を取らなかった。背景には彼自身に政治経験が皆無であり、自らに対する国民からの支持に大きな自信を持ちえなかった事があったのかも知れない。だからこそ、更に事件がもう一つ起こる事になる。

朴哲彦が国家保衛非常対策委員会法制司法委員を任された当時、新憲法下の大統領の任期は六年を前提に議論が行われていた。先だつ「維新憲法」における大統領や国会議員の任期が六年であり、それをそのまま継承しようというのである。議論の中心は、任期よりも長期政権の成立を防ぐ為に再選を禁止するか否かに向けられていた。

ラッキーセブン

しかし、一九八〇年七月中旬、朴哲彦と禹炳奎は突如として全斗煥に呼びつけられた。場所は保安司令官室。そこで朴哲彦が禹炳奎に対して、大統領の任期は六年になる方針だ、と説明すると、突如として全斗煥が口を挟んだ。フランスの例に倣って大統領の任

期は七年でなければならない、というのである。「数字はラッキーセブンだ」、そう叫んだ全斗煥は、こっちの方が縁起が良いではないか、と付け加えた（박철언『바른 역사를 위한 증언』三八ページ）。朴哲彦は余りに突然の全斗煥の発言に大きく戸惑ったが、反論する事は出来なかった、と回顧する。朴哲彦は盧泰愚の縁戚であり、その盧泰愚の威信は粛軍クーデタ等での活躍で、新軍部勢力の中で急速に大きなものとなりつつあった。その様な盧泰愚に近い朴哲彦が、大統領の任期を伸ばそうとする全斗煥の提案を拒絶すれば、背後に全斗煥を早期に大統領の座から追い出し、代わって自らがその座に就こうとする、盧泰愚の思惑があるのではないか、と疑われる危険性があったからである。

こうして来るべき、「第五共和国」の骨格が確定する（当時の憲法の条文については、국가법령정보센터、https://www.law.go.kr/main.html［最終確認二〇二三年一〇月二八日］）。大統領の任期は韓国史上最長の七年、但し再選は禁止されている。既に述べた様に国民による直接選挙ではなく、五〇〇〇名以上にも及ぶ「大統領選挙人団」による間接選挙である。大統領選挙人団に立候補する為には一定以上の推薦人が必要であり、政党に加入する事も認められている。間接選挙ではあるが、「完全公営選挙」の美名の下、候補者自身による選挙活動が禁止されていた「維新体制」から比べれば、選挙活動に関する規制事態は少しは緩和されている、と言えなくもない。

大統領の再選禁止に関わる規定は厳格であり、仮に再選を可能とする憲法改正が行われても、既に任期が開始されている大統領には適用されない、との規定も付け加えられていた。つまり、その事はこの憲法の規定に従って全斗煥が大統領に就任した場合、その任期が終わる七年後には、必ず大統領の職を退かなければならない事を意味している。

大統領に「国家の安全をおびやかす交戦状態やそれに準ずる重大な非常事態に処し国家を保衛するために急速な措置をする必要があると判断する時」において、広範な非常措置権が与えられている点については、「維新体制」との間に大きな違いがない。故に、この非常措置権が実際に発動されるか否かが、この体制が民主主義的に運営されるか否かを決定する大きな分かれ目になるだろう。大統領には「国家の安定又は国民全体の利益のため必要であると判断する相当な理由」がある場合には、国会議長の諮問と国務会議の審議を経て国会を解散する権限も与えられている。三権分立の原則に立つ大統領制としては極めて異例である。大統領の下にある国務会議には、国会に対する法案や予算提出権も与えられ、実質的な大統領の権限は巨大なものとなっている。再選が禁止されている部分を除けば、少なくとも制度的には、大統領には「維新体制」下のそれに極めて近い権限が与えられている、と言える。

他方、大きく変わっているのは国会である。国会議員は全員が国民による直接選挙により選ばれる事となり、その選挙の方法としては、定数二名の中選挙区制で行われる地方区と比例代表制で行われる全国区の併用制が採用された。全国区の議席は、投票数によって比例配分されるのではなく、まず第一党に定数九二議席の三分の二に当たる六一議席が配分され、残り三分の一の議席を第二党以下が、定数一八四議席の地方区における獲得議席数に比例して獲得する変則的な制度である。第一党が極めて有利な選挙制度である事、そして、定数二名の中選挙区制であるが故に、第二党にも第三党以下に対して大きなアドバンテージが与えられる事が明白な制度である。

国民の権利については、「維新憲法」につけられていた各種留保が廃止され、「全ての権力は国民から発する」とする文章が憲法上に復活した。一般的な人権の制限についても、「制限する場合にも自由と権利の本質的な内容を侵害する事ができない」との文言が復活し、少なくとも制度的には、人権の範囲は大きく拡大された。「維新憲法」で廃止された逮捕拘禁に関する適否審査請求権や、自白が強制されない旨の規定等も復活し、無罪推定原則も明文で規定される事となった。一言で言えば、大統領による非常措置権が発動されなければ、国民に維新クーデタ以前、つまりは朴正熙政権前期である第三共和国と同様の法的権利——それでも多くの部分に制限が存在したが——が保障される状況になった。

この様な各種法律の策定作業の後、九月一日、維新憲法の規定に従って大統領に就任した全斗煥は、九月九日に政府改憲審議委員会を開催、ここで正式に憲法改正案を確定させた。憲法案は九月二九日に公開され、ここで朴哲彦等、国家保衛非常対策委員会法制司法委員の憲法改正作業は事実上終了する事となる。公開された憲法案は一〇月二二日、国民投票に付され、一〇月二七日に、公布・発効した。

旧政治家との決別

さて、しかし憲法体制の確定は、単に国家運営の「枠組み」を作っただけであり、これだけでは実際の政治を動かす事はできない。とりわけここにおいて重要なのは、全斗煥等、新軍部の人々の大半が軍での経歴はあっても、政治的経験を有していなかった事だった。それでも国家保衛非常対策委員会の構成員やその働きに見られた様に、制度を形成したり、政治的指導者が定めた方針に従って物事を動かしたりするだけなら、軍人達は官僚を手足として利用できた。

しかし、それは戒厳令下における様な非常体制下においてのみ可能な事であり、民政移管後において政策等を実行する為には、政策の実行に先立って、人々の合意を形成し、これを取り付ける作業が必要になる。簡単に言えば、それが「政治」であり、その「政治」を担う人物が必要である。

とはいえ、ここで全斗煥には大きなディレンマがあった。それは彼等が、自らの権力掌握の過程で、多くの政治的勢力と対立関係に入り、また時にこれを弾圧し、抑圧してきた事である。とりわけ重要だったのは、朴正煕政権下の与党である民主共和党との関係であった。五一七クーデタにおいて野党の金大中と同時に真っ先に逮捕されたのが、民主共和党総裁の金鍾泌であった事に典型的に表れている様に、全斗煥等は朴正煕政権下の与党主要政治家等ともまた鋭く対立する関係にあった。陸軍士官学校第八期生である金鍾泌に典型的に表れている様に、嘗て朴正煕政権において要職を占めた彼等は、未だ四〇歳台半ばにさしかかったばかりの新軍部の人々より、遙かに長い軍や政界での経歴を有しており、一〇歳以上も年長だった。全斗煥等、新軍部勢力が権力を握り、固める為には、野党勢力以上に、朴正煕政権下の有力者を排除する必要があった。

だからこそ、全斗煥等は、その本格的な「第五共和国体制」への移行に際して、朴正煕政権を支えた政治家達をそのまま用いる事ができなかった。つまり、彼等はここから自らの「与党」の為の人集めを一から行う事を余儀なくされたのである。

その過程は次の様なものだった。前提として重要なのは、第五共和国憲法の発効と同時に、国会が解散され、「旧時代の政党」である、民主共和党、新民党、統一民主党、統一社会党の四党が「自動的に」解散させられた事だった。これにより各党に所属していた政党政治家は、新たなる政党を結党し、これに所属して活動する選択を迫られた（聯合通信編『聯合年鑑』［聯合通信、一九八二年］、一二一―一二四ページ）。

他方、この時点では憲法こそ国民投票により成立していたものの、これを支える各種法律はまだ出来ていなかった。通常であれば、その為にこそ、憲法と同時に立法府である国会議員選挙に関わる法律を早期に制定して選挙を行い、国会を開催しなければならない筈である。しかし、全斗煥はこの道を選択しなかった。万が一、全斗煥等が中心となる新与党の整備が十分に進まないうちに、国会議員選挙が早期に行われれば、朴正熙政権下で大きな地位を占めてきた与野党政治家の多くが国会議員に当選し、全斗煥等が政治を主導するに当たって大きな障害となる可能性があったからである。

付則という名の憲法

そして全斗煥等は第五共和国憲法制定の段階で、その為の布石を打っていた。この憲法の「付則」の内容がそれである。その内容は以下の様なものであった。

第1条　この憲法は公布した日から施行する。
第2条　この憲法による最初の大統領と国会議員の選挙は一九八一年六月三〇日までに実施する。
第3条　この憲法施行当時の大統領の任期はこの憲法による最初の大統領が選出されると同時に終了する。
第4条　この憲法施行と同時にこの憲法施行当時の統一主体国民会議は廃止されその代議員の任期も終了する。
第5条　①この憲法施行当時の国会議員の任期はこの憲法施行と同時に終了する。
②この憲法により選挙された最初の国会議員の任期は国会の最初の集会日から開始される。
第6条　①国家保衛立法会議はこの憲法による国会の最初の集会日前日まで存続し、この憲法施行

日からこの憲法による国会の最初の集会日前日まで国会の権限を代行する。
②国家保衛立法会議は各界の代表者により構成し、その組織と運営その他必要な事項は法律で定める。
③国家保衛立法会議が制定する法律とこれに従い行われた裁判及び予算その他処分等はその効力を持続し、この憲法その他を理由に提訴し異議を申し立てる事ができない。
④国家保衛立法会議は政治風土の刷新と道義政治の具現のためこの憲法施行日以前の政治的又は社会的腐敗や混乱に顕著な責任がある者に対する政治活動を規制する法律を制定する事ができる。

第7条　新たな政治秩序の確立のためこの憲法施行と同時にこの憲法施行当時の政党は当然に解散される。但し、遅くともこの憲法による最初の大統領選挙日から数えて三か月以前までには新たな政党の設立が可能になる事を保障する。

第8条　①この憲法により選挙方法又は任命権者が変更された公務員と大法院長・大法官・監査院長・監査委員・憲法委員会委員はこの憲法により後任者が選任されるときまでその職務を行い、この場合、前任者である公務員の任期は後任者が選任される前日までとする。
②この憲法のうち公務員の任期又は重任制限に関する規定はこの憲法によりその公務員が最初に選出又は任命されたときから適用する。

第9条　この憲法施行当時の法令と国際条約はこの憲法に違背しない限りその効力を持続する。

第10条　この憲法による地方議会は地方自治団体の財政自立度を勘案し順次的に構成し、その構成時期は法律で定める。

一見して明らかなのは、この「付則」が、「憲法が本格的に施行されるまでの憲法」とでも言うべき、極めて重要な地位を与えられている事である。即ちそこで定められているのは、以下の内容である。憲法公布と同時に旧憲法で選ばれた国会が解散される一方で、同じ憲法で選ばれた大統領は新たなる大統領が選出されるまでその席に留まる。つまり、維新憲法下で作られた立法府がなくなる一方で、大統領を中心とする行政府は残る事になる。とはいえ、立法府が不在では、新憲法に合致した新たなる法秩序の構築は不可能であり、政治を開始する事が出来ない。だから、国会が不在の間に、これに代わる臨時の立法機関が必要であり、それが「国家保衛立法会議」という名で設置される（国家保衛立法会議については、國家保衛立法會議事務處編『國家保衛立法會議會議録』［國家保衛立法會議事務處、一九八一年］に拠った）。

更に言えば「国家保衛立法会議」には、臨時的機関であるにも拘わらず、通常の国会をも大きく凌ぐ権限が与えられていた。まずその構成はただ「各界の代表者」による、とされるだけでその選出の基準は何も決まっていない。国会が解散されている中、この選出に関わる事の出来る公的機関は事実上大統領と内閣だけであり、行政府がその構成員を自由に決定する事ができる。

更にこの「国家保衛立法会議」には、通常では考えられない権限が二つ与えられている。一つは、その制定する法律とこれに従い行われた裁判及び予算その他処分等は、国会の召集後もその効力を持続し、「この憲法その他を根拠にして、提訴し、異議を申し立てる事ができない」とされている事である。その事はこの「国家保衛立法会議」の決定が、当の憲法をも上回る法的効力を有している事を意味している。

加えて、「国家保衛立法会議」には、「政治風土の刷新と道義政治の具現のため、この憲法施行日以前の政治的又は社会的腐敗や混乱に顕著な責任がある者に対する政治活動を規制する法律を制定する」権限が与えられている。つまりは、新たなる憲法下において政治活動を許されるものと、許されないものの境界線をこの「国家保衛立法会議」が決めるのであり、その決定は「憲法その他の理由」により覆されないものとされている。

一言で言えば、「国家保衛立法会議」は国会召集前に過渡的に設置された弱体な立法機関ではなく、新しい憲法の下で樹立される第五共和国体制に、正式に参入が許される者とそれ以外の者を峻別し、新たな体制を全斗煥等新軍部が主導できるように、「地ならし」を行う組織だった。

政治活動の制限

さて、こうして設置された国家保衛立法会議は、八〇年一〇月二九日、開会式を行い、その機能を開始した。この会議の構成委員は八一名、全て前憲法の規定により選出された全斗煥大統領の任命である。政界二〇名、経済界三名、学界一三名、法曹界八名、宗教界八名、婦人代表四名、労働組合一名、文化社会人九名、言論界三名、在郷軍人会二名、国家保衛非常対策委員会から横滑りした軍人が一〇名の構成である。議長は法律家であり、内務部長官や法務部長官をも務めた李滈《イ・ホ》、副議長は丁来赫《チョン・レヒョク》と蔡汶植《チェ・ムンシク》であった。丁来赫は軍での経歴から朴正熙政権下の与党であった民主共和党の国会議員に転じた人物、逆に蔡汶植はジャーナリスト出身で、朴正熙政権期には野党新民党のスポークスマンを務めた事のある人物である。つまり、嘗ての与野党の重鎮の中から一人ずつ、副議長を選んだのである。

さて、この「国家保衛立法会議」は、開会から僅か四日後の一一月三日、「政治的社会的腐敗と混乱に顕著な責任を有すると判断される者」の政治活動を、一九八八年六月三〇日まで禁止する「政治風土刷新の為の特別措置法案」を通過させている。この会議の優先事項が何であったかがよくわかる事例である。

全斗煥はこの法を根拠として、八〇年一一月七日、政治活動規制対象者を審査する政治刷新委員会を構成し、この僅か九名の委員で構成される委員会は直ちに旧政党所属者を中心とする人々の審査を開始した。つまり、全斗煥自身の足元にある委員会が、この新たなる共和国において、政治に参加できるものとできないものを直接決めた事になる。驚くべき事にこの審査は僅か三日で完了し、この第一次審査の結果は、一一月一二日に八一一名の被規制者名簿の形で発表され、一五日にはこれに二四名が追加される事になっている。こうして、結局、八三五名の人々の政治活動が禁止される事になる(聯合通信編『聯合年鑑』一一九―一二二ページ)。

定められた追放の範囲は極めて広く、例えば、先立つ国会にて議員資格を有していた人物は、二一名以外が全て政治活動資格を剝奪されている。しかもその二一名の大半は、政界から「国家保衛立法会議」委員に選ばれた人々であったから、事実上、新政権によって「国家保衛立法会議」委員に選ばれなかった旧政治家は、ほぼ全員が政治活動を禁止された事になる。

当然の事ながらその中には、民主共和党の金鍾泌や李厚洛《イ・フラク》、元国務総理の丁一権《チョン・イルゴン》といった朴正熙政権時代の大物政治家や、一九七一年の大統領選挙で候補者の地位を争った金泳三、金大中、李哲承といった、野党側の主要な政治家の殆どが含まれていた。

この様な全斗煥政権の動きは、政党政治家達の間に大きな動揺をもたらした。結局、この中で五七〇余名が委員会に対して自らに対する再審査を請求し、一一月二五日、この中の二六八名が政治活動適格者としてリストから除外される事になった。つまり、当時の政治家達の大半はリストから除外してもらう為に一旦新政権に頭を下げて、自らの政治家としての資格を認めて貰うという、極めて屈辱的な儀式を経なければならなかった。

そして残る五六七名はそのまま政治活動禁止となった。そして、この五六七名の政治活動は大統領による解除措置がなされない限り、先の「政治風土刷新の為の特別措置法案」にて、一九八八年六月——つまりは間もなく行われる次期大統領選挙によって選ばれるだろう全斗煥の任期が終わるまで——凍結される事が決定される。

こうして、第五共和国における「政治的ゲーム」の骨格が固まる事となる。

2　政権の骨格

二回目の大統領就任

新たに定められた第五共和国憲法による最初で、そして最後になる大統領選挙が行われたのは、一九八一年二月二五日。既に紹介した様に、国民による直接選挙ではなく、国民により選ばれる総数五〇〇〇名以上の大統領選挙人団を通じた間接選挙である。結局、この時の大統領選挙に至るまでには、政党要件が緩和された事もあり九つの政党が結党され、各党はこの最初の重要国政選挙に向けて、走り出す事になる。

そのうち与党たる事を期待されて準備が進められていた民主正義党は、一九八一年一月一五日、結党大会を開催し、予定通り全斗煥を大統領候補者に指名した。とはいえ、選挙の動向においてより重要だったのは、対抗する野党の側であったかも知れない。多くの同僚が政治活動を禁止される中で、旧野党新民党の流れを汲む人々が結党したのは、柳致松《ユ・チソン》が率いる民主韓国党であった。柳致松は李承晩政権期の国会議長であった申翼熙《シン・イッキ》の秘書として政界入りし、朴正熙政権期には新民党の事務総長をも務めた人物である。同党は大統領候補にこの柳致松を指名する。

野党においてもう一つ重要だったのは、旧与党の流れを引く韓国国民党であった。この政党は朴正熙政権期の与党であった民主共和党と維新政友会に所属しながらも、新たなる与党である民主正義党には包含されなかった政治家等が結党したものであり、党首には自由党や民主共和党で国会議員を務めた金鍾哲《キム・ジョンチョル》が就任した。一九八一年一月二四日に結党大会を行い、金鍾哲を大統領候補に選出した。

この二つの政党をはじめとする全斗煥政権前期の野党は時に「制度内野党」と言われる事がある。多数の旧政治人が政治活動を禁止される厳しい政治空間で、公式の「制度内」に存在を許された「野党」という意味である。

しかし、野党がこの大統領選挙で出来る事は限られていた。各大統領選挙人候補者に許されたのは僅か三つの事、即ち、選挙区の人口と面積によって割り出された数の選挙ポスターを貼る事、選挙公報に自らの主張を載せる事、そして合同演説会で演説する事だけだった。加えて各政党には、候補者とは別に、政党として選挙公報に主張を載せる事、新聞広告を行う事、そして合同演説会で演説する事のみが許された。当時の韓国では政府によるメディアの上からの統廃合もまた、強力に推し進められており、野党がメディアを通じて自らの主張を人々に伝える事は決して、容易ではなかった。

結果、選挙は全五二七八名の選挙人団の中で、民主正義党が三六六七名、民主韓国党が四一一名、韓国国民党が四九名、そして民主韓国党と同じく朴正熙政権期の野党の流れを引く民権党が一九名、無所属が一一三二名という、民主正義党の圧勝に終わる。大統領選挙人団選挙の結果を受けて大統領選挙が行われたのは二月二五日。無所属の大半をも含む全四七五五票を獲得した全斗煥は二位の柳致松の四〇四票に一〇倍以上の差をつけて、当然の様に圧勝する。こうして全斗煥は、第五共和国の初代大統領として選出され、新たなる体制が本格的にスタートする。

国会議員選挙

とはいえ各政党にとって、大統領選挙は「前哨戦」に過ぎなかった。選挙運動が大きく限定されると共にメディアが統制され、しかも間接選挙で選出される大統領選挙において、現職の大統領である全斗煥が勝利するであろう事は、当初から当然視されていたからである。

だからこそ、この年の各政党にとって重要なのは、大統領選挙よりも寧ろ、続く国会議員選挙だった。与党である民主正義党にとっての課題は、国会における主導権確保であった。先立つ一九七八年の国会議員選挙においては、朴正熙政権の与党民主共和党が、最大野党新民党に得票率で後塵を拝する事実上の敗北を喫していた。同様の事態が起これば、未だ基盤の弱い全斗煥政権への大きなダメージとなる可能性があったからである。

野党にとっても国会議員選挙は重要だった。金泳三や金大中等、有力政治家が政界から追放され、残った野党政治家で形成された韓国民主党は、ともすれば「政府に膝を屈し、政治活動を許してもらった転向派の野党政治家の集団」として看做される傾向があった。だからこそ選挙において、大きな議席数と得票率を獲得する事は、彼等が朴正煕政権期の野党の真の後継者である事を示す為に必須であった。

苦しい状況に置かれていたのは、韓国国民党も同じだった。旧政権の関係者で形成された彼等は、大統領選挙において僅か〇・九％の得票率しか得る事の出来ない大惨敗を喫しており、党自体の存続可能性が問われる危機に瀕していたからである。

結果、行われた一九八一年の国会議員選挙における民主正義党の勝利は圧倒的であった。民主正義党は、その得票率こそ三五・六％に過ぎなかったにも拘わらず、一選挙区における当選者が二名という特異な「中選挙区制度」に助けられ、地域区において九〇議席を獲得し、第一党の座を確保した。加えて第一党を優遇する法律の規定により、全国区においては、定員の三分の二に当たる六一議席を与えられた同党は、地域区と併せて合計一五一議席となり、過半数を大きく超える事に成功する。

他方、民主韓国党と韓国国民党は、それぞれ二一・六％と、一三・三％の得票率を獲得したものの、地域区と全国区併せて、各々八一名と二五名の議席を確保したに過ぎなかった（中央選擧管理委員會編『大韓民國 選擧史』第4輯）。結果、民主韓国党がそれでも国会全議席の二九・四％を占める比較的大きな勢力を持つ野党第一党として生き残った（因みにこの数字は、第三共和国期の第一野党であった民政党や新民党がそれぞれ一九六三年と一九六七年の国会議員選挙で獲得した議席占有率を上回っている。時として

「官製野党」として軽視されがちな同党の役割については、見直される必要があるかもしれない）のに対し、旧与党系の韓国国民党は、僅か九・一％の議席占有率しか持たない小政党に転落した。

それでは、この様にして形成された新たなる政権は、どの様な人々によって支えられていたのだろうか。

全斗煥政権初期の要人達

さて、こうしていよいよ本格的に第五共和国体制が発足する。当然の事ながら、全斗煥が果たすべき役割も大きく変わってくる。大統領就任以前の全斗煥は基本的に一介の軍人に過ぎず、従ってその為すべき事は自らの権限内で何事かを為す事に過ぎなかった。人脈も限られており、全斗煥が信用して仕事を任せられるのは、ハナ会の会員を中心とする、自らと親しい陸軍士官学校出身者か、偶然、彼の下に配された部下達だけに限られていた。

しかし二度の大統領当選を果たした後の全斗煥の立場は、大きく異なるものとなっていた。巨大な国家機構を動かす為には、その任を担うに足る専門家が必要であり、全斗煥は自らその人材を探し、任用しなければならなかった。

それでは、彼は実際にどの様な形で人事を行っていったのだろうか。まず人事の結果としての、政権初期の陣容を見ていく事にしよう。

最初に、全斗煥政権の基盤は何といっても軍である。第五共和国憲法の規定によって、全斗煥が再度大統領に選出された段階での、陸軍参謀総長は依然、李熺性。しかし、尹必鏞《ユン・ピルヨン》や金鍾泌と同じ陸軍士官学校第八期生の彼は早くも一九八一年一二月に軍を退役する。陸軍士官学校第一一期生の全斗煥が大統領に就任した事で、彼より早い時期に陸軍士官学校、或いはその競争相手である陸軍歩兵学校や陸軍綜合学校を卒業した将校は、軍に留まりづらい状況が生まれていた。

この様な状況下、陸軍参謀総長に就任したのは黄永時。言うまでもなく、粛軍クーデタにおいて全斗煥を支えた数少ない「先輩将校」の一人である。陸軍士官学校第一〇期生の彼は、この時期、全斗煥の大きな信頼を得て陸軍のとりまとめに当たった。他方、陸軍参謀総長と並ぶ軍の要職である合同参謀議長には一九八一年五月から尹誠敏が就任した。こちらは逆に、粛軍クーデタにおいて、鄭昇和のもとにあった陸軍参謀次長として全斗煥等に対して抵抗を試みたものの敗北し、その軍門に下った人物である。

対照的な両者の組み合わせに典型的に表れている様に、この時期全斗煥に登用され、彼を支えていく事となった人物は、一般に考えられているよりも、実は多様な経歴を有していた。確かに、全斗煥はその政権掌握までの過程においては、陸軍士官学校第一一期生以下の出身者からなるハナ会の人脈を活用し、その結束力を以て粛軍クーデタや五一七クーデタ等を乗り切った。しかし、これらの事件後の彼は、政権運営の為に新たな人材を積極的に登用した。その理由は恐らく単純である。ハナ会の人材だけでは政権を運営するには明らかに不足だったからである。

行政府の中核である国務総理に起用されたのは南悳祐《ナム・ドクウ》。一九六九年から七四年まで財務部長官を務め、更には一九七四年から七八年まで副総理兼経済企画院長官の任にあった彼は、朴正煕政権下の経済成長を支えた有能な経済官僚の一人として知られていた。とはいえ、その事は、発足当初の全斗煥政権の経済政策が、南悳祐のリーダーシップのみによって動かされた事を意味しない。何故なら、この時期の韓国政府においては、国務会議の存在感は薄く、故に閣僚の選抜方法も極めて淡白なものだったからである。

例えば、この時、外交部長官に任命された盧信永《ノ・シンヨン》は、任命状を授与される正にその瞬間まで、全斗煥との間の面識を全く有していなかった。全斗煥は任命の場で、「あなたが盧信永ですね。報告書を見て良いと思ったのであなたに決めました」と彼に話しかけているから、直接の面識のないまま、側近からのアドバイスだけで、外交部長官を決めた事になる。国務会議が重要視されていなかった事は、新政権の発足にも拘わらず、財務、国防をはじめとした、多くの主要長官が崔圭夏政権時代の職責のまま留任した事にも典型的に表れている。

さて、影の薄い国務会議に代わってこの政権の運営に主要な役割を果たしたのは、大統領官邸にある秘書室である。大統領秘書室長を務めたのは国家保衛非常対策委員会においても、大統領特別補佐官として委員に名を連ねた金瓊元《キム・ギョンウォン》。国家保衛非常対策委員会の設立時点における大統領は崔圭夏であるから、彼もまた崔圭夏政権からの「留任組」だと言える。とはいえ、国務会議において崔圭夏政権から留任した人々の多くに強い権力がなかった様に、大統領秘書室においても秘書室長の金瓊元に大きな権限はなかった様である。代わって初期の全斗煥政権において権力を振るったのは、保安司令部時代からの全斗煥の部下である軍人達であった。とりわけ中心的な役割を担ったのは、「大統領秘書室補佐官」なる特異な職名を与えられた許和平《ホ・ファピョン》であった。保安司令官時代の全斗煥を秘書室長として支えた彼は、大統領官邸でも事実上の「秘書室長」としての役割を果たし、初期の政権「ナンバーツー」として権勢を振るう事になる。

大統領秘書室においては、許和平以外にも、司正首席秘書官の許三守、民情主席秘書官の李鶴捧といった、粛軍クーデタにおいて実戦部隊として活躍した人物が名を連ねた。秘書室の中で異彩を放ったのは、許文道《ホ・ムンド》の存在であった。朝鮮日報記者として、東京特派員をも経験した彼は、粛軍クーデタ後に全斗煥に見出された人物である。一九八〇年四月、全斗煥が中央情報部長署理に任命されるとその秘書室長に抜擢され、保安司令部を管轄する許和平と共に、全斗煥を支える事となる。国家保衛非常対策委員会においては文化広報委員を務めた彼は、正式な政権発足と共に、大統領秘書室広報秘書官に任命され、この政権の文化・広報政策全般を担当する。

こうして見ると改めて、この時の大統領府が、予てより全斗煥と関係があった「新軍部」出身の人物を中心としつつも、その具体的な実務については、外部から新たに任用した人材に頼らなければならなかった事がわかる。つまり、どんなに権力や大統領からの信任があっても、許和平や許三守、李鶴捧といった全斗煥の予てからの部下達は、文化・広報の知識や経験を有しておらず、故にマスメディア出身の許文道を「外から」起用せざるを得なかった訳である。

全斗煥のリーダーシップ

この様な初期の全斗煥政権における「外からの」人事の典型が、この時期の経済政策を支えた金在益《キム・ジェイク》を巡る逸話である。話は、朴正煕暗殺事件以前、一九七九年の夏にまで戻る。当時の全斗煥は保安司令官に就任したばかり。当然、この時点では僅か数か月後に朴正煕が暗殺され、その後に彼が大統領に就任する事など、誰も予想できない段階である。にも拘わらず、このタイミングで全斗煥は「家庭教師」を選んで経済学の勉強を始める事を選択する。最初の家庭教師は、経済科学議会常任委員の朴鳳煥《パク・ボンファン》。朴鳳煥は徹底的な物価安定論者であり、全斗煥は彼の下でこの主張に沿った形での経済理論の基礎を学ぶ事になる。

この全斗煥の「家庭教師」の役割は、朴鳳煥が紹介した金在益に引き継がれた。金在益は朴正熙政権期に経済企画院企画局長等を務めた人物であるが、旧政権下ではその経済政策が認められる事なく、失意の日々を送っていた。しかし、こうして全斗煥の面識を得た彼は、国家保衛非常対策委員会が設置されると、その経済科学委員会の委員長に抜擢される。因みにこの抜擢に対して金在益の家族は、軍事政権への協力を忌避して、海外亡命を主張して反対した、という逸話も残されている。

全斗煥は金在益と気が合った様であり、彼を毎日自宅に招き二時間程度の経済学講義を受けたという。こうして全斗煥の全面的な信頼を得た金在益はその後、大統領秘書室の経済首席に任命される。この時の有名な会話が残されている（고승철『김재익 평전』［미래를소유한사람들、二〇一三年］六四ページ。また、이장규『경제는 당신이 대통령이야』［올림、二〇〇八年］）。

金在益：私の経済政策は人気がありません。既得権勢力も決してその政策を歓迎しないでしょうから、当然その抵抗は侮れないものになります。しかし、必ず誰かがやらなければならない事です。どんな抵抗があっても私の言う事を信じて、私の政策を実施していただけますか。

全斗煥：勿論だ。経済はあなたが大統領だよ。

この言葉には全斗煥の政権運営の特徴が典型的に表れている。同じく軍事クーデタにより政権を獲得した人物であっても、例えば朴正熙は、政治、軍事、経済、社会のあらゆる問題について、閣僚等から詳細な報告を求め、自らが気になる部分については、一つ一つ具体的に指示を下した。「朴正煕大統領は本当に怖かった」。暗殺後、多くの側近が朴正煕についてそう振り返るのは、この朴正煕の政治スタイルの為だった。人々は自らの一言一句がいつ大統領の怒りを呼ぶのか怯えながら、その指示に従っていた訳である。

対して、全斗煥の政治スタイルは全く異なっていた。士官学校当時から決して学業成績の優秀な学生とは言えず、大統領就任後も自らの士官学校時代の成績の悪さを隠す事がなかった全斗煥は、その自らの欠点を理解していた。だからこそ、彼は例えば情報収集にせよ、広報活動にせよ、そして経済政策にせよ、自らがその能力があると見込んだ人物を進んで抜擢し、特定の職務を特定の人物に長く任せるスタイルを好んだ。金在益のケースはその典型であり、だからこそ粛軍クーデタ以後に全斗煥に新たに登用されていく人物の多くは、この金在益と同じルートを歩む事になる。

朴正煕と全斗煥の政治スタイルの違いの背景には、韓国社会の変化も作用していた。朴正煕が政権を獲得した一九六〇年代初頭の韓国の政治、経済、社会をリードした人々は、日本統治期の数少ない高等教育機関によって育成された極めて少数の人々であり、だからこそ彼等は一人で多くの分野をカバーしなければならなかった。しかし、朝鮮戦争休戦から四半世紀以上が経過した一九八〇年代初頭、韓国には既に新たな人材が育っていた。四年制の陸軍士官学校最初の卒業生であり、二回のアメリカ留学を経験した全斗煥自身が正にその一人であり、他の人材についても同じ事が言えた。例えば、許文道は一九六五年の日韓国交正常化後、最初に選ばれて国費留学生として日本に渡り、東京大学で学んだ人物であり、金在益もまた一九六八年からアメリカに留学し、スタンフォード大学で経済学博士号を取得している。

だからこそ、自らの政権獲得以後、全斗煥はこれまで自らと親しかった人々に加えて、新たな環境で育成されて来た若い人々を次々と抜擢し、この新旧の人材を組み合わせて政府各所に配置した。そしてそれは与党においても同じであった。保安司令部時代からの部下であり、ハナ会のメンバーでもある権正達と、元来はハナ会とは異なる人脈に属する軍人であったにも拘わらず、全斗煥の中央情報部長署理時代に見出され、秀れた組織管理能力を買われて抜擢された李《イ》鍾賛《ジョンチャン》の組み合わせは、大統領官邸における許和平等と許文道等の関係に類似している。民主正義党については、陸軍退役後の盧泰愚が党務委員として入党しているが、権正達や李鍾賛のような、比較的若手の軍人には、この大物の盧泰愚を牽制する役割も与えられていた。こうして同じ新軍部出身の人物でも、立場が全く異なる将軍級の大物と、佐官級以下の中堅将校を、互いに牽制させつつ用いたのも全斗煥の典型的な人的操縦術である。

人脈の拡大

新たな人材の登用の例としては、国家保衛非常対策委員会において、常任委員会の「国務総理」役を務めた李基白の例も挙げる事ができる。全斗煥と同じく陸軍士官学校第一一期生の彼は、ハナ会の人脈とは異なる系列に属していた。しかし、国家保衛非常対策委員会の設置時に要職に抜擢された彼は、その後も全斗煥政権において、合同参謀議長から国防部長官という枢要のポストを歴任する。つまり、全斗煥は軍関係の人脈においても、新たな人材を積極的に採用し、登用する様になっていたのである。

とはいえ、その事は全斗煥がハナ会の人脈から距離を置いた事を意味しなかった。例えば、大統領を直接警護する役割を担う大統領警護室長の座に着いたのは、張世東。全斗煥の信頼が厚かった彼は全斗煥とその政権を最後まで、否、全斗煥が政権の座を降りた後にも支え続ける事になる。

ともあれこうして各所から人材が揃えられ、新たな体制が船出する。それでは、その政治はどの様なものだったのだろうか。以下、幾つかの重要なポイントに絞って、全斗煥の政権運営を見ていく事にしよう。

第九章　政策的特徴

1　経済と外交

経済政策の転換

全斗煥が権力の座の確保に突き進んでいた頃、韓国にとって最大の問題の一つは経済であった。重要だったのは、二度に亘って発生した石油危機の影響であり、その結果としての物価上昇だった。背景に存在したのは、朴正煕政権による拙速とも言える急速な「上からの重化学工業化」政策であり、またそれを支える為の通貨供給量の増加であった。

海外市場への依存度を大きく高めていた韓国経済を支える輸出は、世界経済の低迷により大きく減少し、貿易収支は急速に悪化した。不況は国債金利の上昇をもたらす事になり、投資資金の多くを外資に依存していた当時の韓国を忽ちのうちに通貨危機の寸前にまで追い込んだ。ＧＤＰに対する債務残高は一九七四年の三二・八％から一九八一年には五一・三％にまで上昇し、韓国はデフォルト寸前の状況に直面する。経済成長率も大きく低下し、全斗煥が政権を掌握した一九八〇年には、マイナス一・六%も記録している。

さて、それではこの様な状況で全斗煥政権、より正確にはその経済司令塔である金在益が取った政策は何か（本章における全斗煥政権期の経済政策の特徴の理解は、以下の著作に依拠している。이장규『대통령의 경제학：대통령 리더십으로 본 한국경제통사』〔기파랑、二〇一四年〕二〇五ページ）。それは、朴正熙政権期の高インフレ政策を転換し、物価を安定させる事であった。

しかし金在益が「大きな反対に直面するかもしれません」と述べた様に、この政策は些か荒療治であった。何故なら、通貨供給量の低下により国内金利が上昇した結果、多くの企業が経営危機に陥ったからである。とはいえそれこそが、金在益の望んだ結果でもあった。彼は通貨供給量を減らす事により、朴正熙政権後期に行われた放漫な金融政策により生み出された過剰投資を抑制し、また、その投資により生まれた余剰生産能力を整理しようとしたのである。

金在益にとって、物価はその為のわかり易い指標であり、全斗煥と金在益は一九八〇年には、卸売物価にして四二・三%に達した物価上昇率を一九八一年内に一桁台まで抑え込む事を目標にした。政府はこの為に国民に対しても広く「経済教育」を行い、物価安定の重要性を強調した。全斗煥が記者を集めて、「PT=MV」という公式の紹介を通じて、フィッシャーの貨幣数量説を説明して見せた、という逸話もこの頃の事である。

政府が総力を挙げた金融政策の結果、一九八一年の物価上昇率は、目標の一桁にこそ届かなかったものの、卸売物価にして一一・三%、消費者物価で一三・八%にまで低下した。そして、この緊縮財政政策にも拘わらず、経済成長率は七・二%にまで回復する。インフレ政策により投資を増やす事よりも、緊縮財政により構造調整を行った方が経済は回復する、という金在益の主張が正しかった事が証明された形である。以後、韓国政府が設定した物価上昇率一桁という目標は、一九八二年に達成され（八・七％）、韓国の消費者物価上昇率はその後も一九八三年は四・一％、一九八四年は二・一％、一九八五年は二・二％と安定して推移した。

歩調を合わせる様に経済そのものも上向いた。経済成長率は、一九八二年には八・三％、そして一九八三年には一三・四％に到達し、一九八四年にも一〇・六％の高い水準を維持する事に成功した。産業の構造調整の結果、過剰な設備投資が抑制された事で、貿易収支赤字も急速に縮小した。全斗煥政権末期の一九八六年には、一九四八年の大韓民国建国後、はじめての経常収支黒字が記録されている。

こうした現実の経済状況の改善は、全斗煥政権の関係者に大きな自信を与える事になる。日本の「神武景気」等の名称をヒントにして、朝鮮半島の建国神話に登場する「檀君以来の好景気」と言われた経済状態（『朝鮮日報』一九八六年二月一二日）は、クーデタにより樹立された全斗煥政権に一定の正統性を与え、政権の安定に寄与するかに見えた。

こうして全斗煥政権は、最初の大きな課題を乗り切る事となった。そしてその事はもう一つの課題である外交政策についても同様であった。

レーガン政権誕生という僥倖

全斗煥が政権掌握に至るまでの過程において、大きな障害の一つはアメリカとの関係であった。一九七五年のベトナム戦争終結後に成立したカーター政権は、これまでの反共主義的なアメリカの対発展途上国外交を転換し、新たな「人権外交」を打ち出す事となっていた。カーターは熱心なプロテスタント教徒として知られており、彼個人の信条もまた、その「人権外交」を支える重要な要素となっていた。

しかし、カーターの熱意とは対照的に、その外交は上手く機能しなかった。とりわけその破綻が典型的に表れたのが、当時のアメリカの中東外交における「要石」の位置を占めたイランの状況であった。一九七九年二月パフレヴィー朝が倒れ、ホメイニーが指導するイスラーム政権が成立したイランでは、その後、アメリカ政府がパフレヴィー二世の亡命を受け入れた事で反米運動が加速し、同年一一月にはテヘランのアメリカ大使館が革命派の学生に占拠され、大使館員等が人質になる、「アメリカ大使館人質事件」が発生した。アメリカは、パフレヴィー二世をパナマに放逐する事で事態の改善を図るものの、事態は好転せず、一九八〇年四月、軍事力による人質奪回作戦を試みた。しかしこの作戦は、軍用ヘリコプターと輸送機が接触事故を起こし炎上するなどして失敗、カーター政権の威信は地に落ちた。

一九八〇年はアメリカにおいては大統領選挙の年であり、イランにおける一連の失敗は、カーターの支持率を大きく低下させる一因となった。経済的には依然、第二次石油危機の余波が続いており、同年の経済成長率はマイナス〇・三％にまで低下した。結果、カーターは、一一月に行われた大統領選挙にて共和党のロナルド・レーガンに大敗する。カーターを敵視していたイランは、これにより事件の解決に動き出し、結果、レーガンが大統領に就任した一九八一年一月二〇日、人質は四四四日ぶりに解放される事になった。

そして、この時期は、韓国にとってはちょうど、朴正熙暗殺事件から二度のクーデタを経て全斗煥政権の成立へと続く時期に当たっていた。結果、末期のカーター政権は、イラン情勢に翻弄される中、韓国に干渉する余裕を次第に失い、その事が一九八〇年五月以降、全斗煥が自らの政権掌握を推し進める事が出来た一つの背景になっていた。

だからこそ、保守派レーガンの当選は、全斗煥政権にとって大きな追い風となった。全斗煥政権とその関係者は、レーガンの当選直後からこれに接近、全斗煥の早期訪米実現を見据えて動き出した。その名も「ケネディ作戦」（『朝日新聞』一九八一年一月二四日）。この名称が、嘗て軍事クーデタ後の朴正熙が、早期にケネディ大統領との首脳会談を実現し、自らの政権への承認を取り付けた事に由来している事は明らかである。

ケネディ作戦

「作戦」の具体的な内容は、韓国側政権要人を実質的な「特使」としてワシントンへと頻繁に飛ばし、新政権と良好な関係を形作る事。「特使」の役割を果たしたのは、大統領秘書室長金瓊元《キム・ギョンウォン》や、朴世直《パク・セジク》首都警備司令官、更には柳炳賢《ユン・ビョンヒョン》合同参謀部議長等の人々であった。いずれも長いアメリカ滞在経験があり流暢な英語を話す人々である。その事は韓国で新しい「英語を話すエリート」が台頭しつつあった事の表れだった。

そして、この韓国政府の努力は早々に実を結ぶ。レーガンが大統領に就任したのは一九八一年一月二〇日。その翌日の二一日に米韓両国政府は、全斗煥が二月一日から三日にかけてアメリカを公式訪問する事を明らかにする（『朝日新聞』一九八一年一月二二日）。レーガン大統領就任から僅か二週間以内での首脳会談開催であり、全斗煥は、大統領就任後のレーガンがはじめて首脳会談を行う外国首脳になった。日本政府は米韓両国の公式発表まで、この動きを十分に把握しておらず、ある政府首脳は

レーガン大統領との首脳会談

「韓国もなかなかやるなあ」と憮然とした表情でこのニュースを迎えたという（『読売新聞』一九八一年一月二三日）。

韓国政府はこのタイミングに合わせて、大規模なアメリカ世論工作も行った。例えば、全斗煥の訪米が決まると、アメリカの有力紙であるニューヨーク・タイムズとワシントン・ポストには、これを歓迎する各七ページにも及ぶ巨大な「公告」が掲載された。併せて韓国からの芸能団も派遣され、アメリカ各地で公演を行った。全斗煥が訪問した都市では、彼の訪米を「歓迎」する人々が動員され、韓国の人権状況を批判して抗議する人々の数を凌駕した（『朝日新聞』一九八一年一月二九日、二月二五日）。

加えて、全斗煥はこの訪米に先立ち、重要な手を二つ打っていた。一つは、金大中の処遇を巡る問題である。全斗煥の訪米が発表された翌々日の一月二三日は、金大中等に対する上告審の判決の日に当たっており、大法院は軍事法廷の判決を支持して、死刑判決を下した。しかしその直後に韓国政府は臨時閣議を開催し、金大中を無期懲役に減刑する恩赦を行う事を決定する。そして、韓国政府はこの恩赦が大統領である全斗煥自身が、「友好国などから人道的見地による寛容を訴える意見があった」事を考慮した措置である、と説明した（『朝日新聞』一九八一年一月二四日）。つまり、金大中を死刑から救ったのは全斗煥だ、という演出である。

二つ目は長らく続いた戒厳令の解除である。韓国政府は同じ日、一月二五日〇時を期して戒厳令を解除する事を発表する（『朝日新聞』一九八一年一月二四日）。アメリカは従来から、韓国の政治が通常の民主主義的体制に戻る事を求めており、その為の必要条件をここで満たして見せた事になる。

さて、こうしたおぜん立ての上に、一九八一年二月二日、全斗煥はレーガンとの首脳会談に臨む事となる。会談の準備は周到に行われており、全ては全斗煥政権の求めた通りに進んでいった。会談でアメリカ側は、韓国側の人権状況については一切触れず、軍事、経済を含む両国協力関係を「全面再開」する事に合意した。

とはいえ全斗煥政権にとってより重要だったのは、この会談でアメリカが在韓米軍の維持を確約した事であったろう。振り返れば、ベトナム戦争が敗北に向かう中、アメリカは冷戦の最前線に配備されているもう一つの自国軍、つまりは在韓米軍の削減、或いは撤収を繰り返し議論しており、これに直面した朴正煕政権は不安とアメリカに対する不信感を高めていった。

しかし、ここにおいてレーガンが在韓米軍の維持を確約した事で、全斗煥政権は安全保障問題における最大の懸念を払拭する事に成功する。首脳会談後、レーガンは次の様に述べ、韓国に対する支援を約束した（『読売新聞』一九八一年二月三日）。

韓国、日本、オーストラリア、ニュージーランド、東南アジア諸国連合加盟国などアジアの諸国は、米国が、ヨーロッパに対すると同様の最大の確固とした支援を与える事を理解して欲しい。

会談後の両国首脳は共同声明を発表し、(1)アメリカが在韓米軍を撤退させず、北東アジアと韓国防衛の約束を守る事、(2)米韓安保協議をできるだけ早く再開し、韓国軍近代化を援助する事、(3)韓国の頭ごなしに共産側との取引をしない事、を確約した（『読売新聞』一九八一年二月三日）。韓国政府関係者はこの会談の直後、「予想以上の内容だ」として手放しで歓迎した。

米韓関係の急速な好転は、日本と韓国の関係にも、大きな影響を与える事となる。米韓首脳会談が行われた一九八一年二月は、先に紹介した第五共和国憲法下での最初の大統領選挙が行われた月であり、三月三日には全斗煥の大統領としての就任式が予定されていた。韓国政府はこの大統領就任式に、日本政府からの代表派遣を要請した（『朝日新聞』一九八一年一月二八日）。日本政府は対して、二月一八日、伊東正義外相の派遣を決定する。日本政府による韓国への外務大臣派遣は、一九七八年九月以来、実に二年五か月ぶりの事であった。

しかし、米韓関係とは異なり、日韓関係は直ちに改善しなかった。確かに訪韓した伊東外相は全斗煥と会談し、日本側が早期に首脳会談を開く意向を有している事を明らかにした。とはいえ、事態はすぐには動かなかった。背景にあったのは、この時点において日韓両国が、一度も公式の首脳会談を行った事がなかった事だった。韓国にとって、嘗て植民地支配を受けた日本との首脳会談は、大きな歴史的意義を持つものであり、だからこそ彼等は慎重にならざるを得なかった。

全斗煥はこの間、六月に東南アジア諸国を歴訪し、韓国製兵器の輸出等、安全保障上の協力強化で各国と合意した。相次ぐ対米、対東南アジア外交の成功は、全斗煥政権に大きな自信を与え、韓国政府はこれを基盤に日本政府との本格的な協議に乗り出す事となる。そして、ここで登場したのが、韓国側による日本からの「経済協力」の拡大要請である。韓国側の要請金額は一〇〇億ドルにも及び、日本政府はその強硬な姿勢に驚愕する。

2　対日関係

巨額借款問題

「ちょうど飛行機の窓の外を見ると日本列島が視野に入った。その瞬間、私は怒りが込み上げてきた。我々は唯でさえ難しい状況の中、GDPの六％にも達する軍事費を支出し、共産主義者の脅威に向かい合っている。他方、豊かな日本は我々のお陰で防衛費を一％以下に抑えている。彼等は安全保障のただ乗りをしているのではないか、という考えが浮かんで来たからだ。同乗していた周永福《チュ・ヨンボク》国防部長官を呼び、在韓米軍の経費がどの程度かを聞いた。我々が日本の安全保障に貢献している事は疑いの余地がないのだから、日本もまた、米軍の様に自国の軍隊を駐屯させる事ができないなら、経済協力の形で誠意を見せなければならないのではないか、と考えたのだ」（이장규『경제는 당신이 대통령이야』三八三ページ）。

全斗煥の回想である。つまり、この証言によれば、この後に始まる韓国政府の日本への巨大借款要求は、訪米途上の全斗煥自身の発案である事になる。しかし実際には、韓国が安全保障上の大きな負担を負っているお陰で日本は得をしている、という議論は朴正煕政権以前の韓国の各所においても見られたから、この考え方が全斗煥によって新たに生み出された、というならそれは恐らく言い過ぎであろう（『朝日新聞』一九七七年九月七日）。

重要なのは寧ろ、これまでも存在した韓国国内の日本に対する不満を、全斗煥政権が重要な外交課題の一つとして、外交のアジェンダに乗せた事であった。アメリカに到着した全斗煥は早速、この考えを米韓首脳会談にてレーガンに直接ぶつけている。当時大統領府の補佐官を務めていた許和平は次の様に回想している（이장규『경제는 당신이 대통령이야』三八三―三八四ページ）。

レーガンとの会談の場で全大統領は次の様に言った。「韓国経済はアメリカのロサンゼルスのそれ程度の規模しかありません。にも拘わらず、朝鮮半島分断の現実にある韓国は巨額の国防費を支出し、その為に生まれた外債も多く抱えています。アメリカの助けが必要な状況です。しかし、それはアメリカに金を寄越せ、というのではありません。日本に圧力をかけて、韓国を支援する様に仕向けて下さい。日本から資金を借りて、アメリカの機械を買えば、結果的にアメリカの企業にも利益になるでしょうし。」

こうして全斗煥政権による日本への巨額借款を求める動きは、日本そのものへ伝達される以前に、韓国がアメリカにその背後支援を求める形で開始された。

とはいえ、日本政府はこの様な韓国の動きを十分に把握する事が出来ずにいた。安全保障上の負担を理由に、日本から巨額の経済援助を獲得する。この全斗煥主導の構想の一部が日本側に公式に伝えられたのは三月三日、全斗煥の大統領就任式に参席した伊東正義外務大臣が国務総理の南悳祐と会談した時だった。南悳祐は伊東に次の様に述べている（小倉和夫『秘録・日韓1兆円資金』〔講談社、二〇一三年〕、二二ページ。以下の記述はその多くを同書に拠っている）。

韓国と日本との経済関係はよく「癒着」といわれるが、韓国の対日貿易赤字は大きく、日本の対韓国投資は然程ではない。いずれにしても（この点につき）日韓間で共通の認識を持つ事が重要である。

とはいえ、この時点では韓国政府がどんな日本との「経済関係」を、どの程度の規模で求めているのか、は明確ではなかった。当時、日本からの韓国に対する援助は、金大中に関する問題等を巡って日韓関係が紛糾した結果、事実上「凍結」されていた。しかし、この状況は一九八一年二月、韓国政府が裁判結果確定と同時に金大中を死刑から無期懲役に減刑した事、そしてこれを一つの理由として米韓首脳会談が開催された事により、変化しつつあった。この様な状況に併せて日本政府は、「凍結」されていた一九八〇年分の円借款を再開し、両国は更に一九八一年以降の借款についても議論を開始しようとしていた。

だからこそ日本側は、韓国政府が求める「経済協力」もまた、この従前の援助を再開するものの延長線上にあるに過ぎないだろう、と考えていた。そうした日本側の思い込みが打ち壊されたのは、一九八一年四月二三日の事だった。盧信永外交部長官が、須之部量三大使を突如呼び出し、以下の様な要求を突き付けたのである（小倉和夫『秘録・日韓1兆円資金』一七ページ）。

韓国は自由陣営の要として、実に国家予算の35％を国防予算に費やしている。これは韓国のためばかりではなく、自由陣営の国々、なかんずく日本のためになっている。〔中略〕ついては、この際、豊かな隣国であり、歴史的にも深いつながりのある日本から、思い切った、防衛、経済協力をお願いしたい。具体的には現行の日本の対韓国経済協力の額を10倍に増やし、年間約20億ドル、それを向こう5年間、合計100億ドルの資金を韓国へ提供願いたい。

盧信永自身が述べた様に、合計一〇〇億ドルという規模の経済協力は、これまでの日本から韓国への経済援助額を大きく超えるものであり、須之部からの報告を受けた外務省は蜂の巣を叩いた様な騒ぎになった。しかし、問題は単に金額のみに留まらなかった。何故なら、この時の韓国政府の要求は、多大な軍事負担を負わされる韓国に、「軍事協力の代わりとしての経済協力」を求めるものだったからである。この様な韓国政府の要求は、経済援助は飽くまで他国の経済発展の為のものであり、軍事援助の代わりではない、とする「平和国家」日本の対アジア諸国援助の論理と真正面から衝突するものだった。

だから、この様な韓国側の露骨な「政治借款」の要求を、日本は直ちに受け入れる事ができなかった。日本側は従来通り、経済援助であればその根拠となるプロジェクトを示せ、という要求を繰り返した。しかし、そもそもが「金額先にありき」で作られたこの要求にその様な根拠がある筈もなく、交渉に当たった韓国外交官は場当たり的にプロジェクト名を挙げ、これを糊塗する事を余儀なくされた。

本書は全斗煥の伝記であるから、この経済借款を巡る外交交渉の顚末を殊更に細かく記すのは適切ではなかろう。結局、両者の交渉は、一九八二年夏に所謂「第一次歴史教科書問題」（第一次歴史教科書問題については、拙稿「第一次歴史教科書紛争から『克日』運動へ——全斗煥政権期の対日観の変化についての一考察」『国際協力論集』22（1）、二〇一四年、をも参照の事）が発生する事により、中断される。交渉が妥結を見るのは、一九八三年一月、鈴木善幸から代わった中曽根康弘が、日本の総理大臣として初の韓国訪問を実現するまで待たなければならなかった。

世代交代

この様な全斗煥政権下の対日関係を考える上で指摘すべきは、再び、この政権を支えた人々の世代を巡る問題である。

日本統治時代に成長し、満州軍官学校から日本の陸軍士官学校で学んだ朴正熙とは異なり、貧しい家に生まれ未だ小学校五年生でしかなかった時期に植民地支配からの解放を迎えた全斗煥は、日本の支配に対する関心も独自の見解も有していなかった。他方で、全斗煥は、若い頃に二度のアメリカ留学を経験し、その後も軍人としてベトナム戦争をはじめとした場で、繰り返し、アメリカ軍との関係を持ちつつ、軍人としての経歴を積んできた。

だからこそ、朴正熙と異なり全斗煥は、「親米派」ではあっても、「親日派」でも「知日派」でもなかった。大統領就任以前に日本と具体的な関係を持たなかった彼にとって、自らの外交政策における日本の優先順位は朴正熙における程高いものではなかったのである。

同じ事はこの政権を支えた人々についても言えた。例えば、この当時、外務省北東アジア課長として韓国政府との交渉に当たった小倉和夫は、盧信永をはじめとする韓国の外交担当者が、朴正熙政権時代の外交官等とは異なり、「情に訴える」事なく、自らの主張を直截且つ論理的に語る事を、驚きの念と共に記している。韓国の新しい外交官等は、日本の交渉役に対等な関係で接触する事を欲するようになっていた。

重要なのは、大統領が一九一〇年代生まれの朴正熙や崔圭夏から、一九三〇年代生まれの全斗煥に代わった事により、韓国政府内で大規模な世代交代が起こった事だった。そして、その事は外交官をはじめとする韓国の対日外交の責任者においても同様だった。

例えば、全斗煥政権において、随一の知日派として起用され、対日政策において大きな影響力を誇った人物に既に紹介した許文道《ホ・ムンド》がいる。一九四〇年生まれの許文道は、一九八一年の段階で四一歳。ソウル大学の農学部を卒業して、一九六四年、朝鮮日報に入社した彼は、日韓基本条約締結直後の一九六五年に東京大学に留学した。因みに日韓基本条約の締結以前には、韓国本国から日本国内の大学に留学するには極めて大きな制約が存在したから、第二次世界大戦後の韓国における最初期の日本留学生の一人であった事になる。同時期に東京大学に留学した人物としては後に国民大学教授としてやはり全斗煥・盧泰愚政権期において政権ブレインの役割を果たした金栄作がいる。彼等、日韓基本条約締結直後の日本留学生は、日本統治下において教育を受けた世代が社会の第一線を退いたこの時期、日韓関係において中核的な役割を果たす事になる。

その後、許文道は一九七四年に朝鮮日報東京特派員となり、再び日本に滞在した。当時の日韓両国関係は金大中拉致事件や在日朝鮮人文世光《ムン・セグァン》による朴正熙大統領暗殺未遂事件で極度に悪化した状況にあり、この中で許文道は東京生活を送る事になった。そして、その経験の中で許文道は二つの大きな教訓を得る。一つは日本の強大な経済力と民主主義的な発展であり、もう一つは日本人の韓国に対する悪感情である。

重要なのは、朴正熙とは異なり、植民地支配下に教育を受けなかった許文道の世代にとって、日本とは飽くまで「外国」であり、またそれ故に韓国の競争相手であり、乗り越えるべき対象であると認識されていた事である。だからこそ、彼等にとって重要であったのは、「日本とどういう関係を取り結ぶか」ではなく、「日本の発展から何を学び」また「韓国の発展の為にどう利用するか」であった。

この様な韓国における新しい世代の「知日派」の登場は、経済援助と歴史教科書問題を巡る対立の中、韓国において「克日運動」を作り上げていく事になる。「日本に克つ為には、日本を知らなければならない」というキャッチフレーズで知られたこの運動は、許文道が、自らの嘗て勤務した朝鮮日報に依頼して展開したものであり、当時の韓国の人々の複雑な対日感情を如実に表していた。

全斗煥もまた一九八一年の段階でようやく五〇歳になったばかり。日本式に言えば、「戦前派」というよりは「戦中派」、韓国の文脈に直せば朴正熙のような「日本統治下に高等教育を受けた世代」が大統領を勤めた時代から、「大韓民国建国後に高等教育を受けた世代」に属する大統領の登場した時代への転換は、当然の事ながら、日本をはじめとする各国との外交関係にも大きな影響を与えざるを得なかった。

中曽根訪韓

そしてその様な新しい世代による、対日外交がもう一つの形となったのが、この時期における日韓両国の「初の公式」首脳会談と相互訪問だった。この点については若干の説明が必要かも知れない。日韓両国の首脳会談そのものは、非公式のものも含めれば全斗煥政権以前にも皆無ではなかった。韓国大統領の訪日の最初の例は李承晩であり、一九四八年、五〇年、五三年の三回に渡って訪日を実現している。

とはいえ、一九四八年や五〇年の訪日の時点では日本は依然として講和条約締結前であり、未だ外交的主権を回復していなかった。だから李承晩の訪日も、「日本自身」というよりは、日本に本拠を置くアメリカ軍等との交渉を主たる目的とするものであった。

この意味において日韓両国の間で首脳会談らしい首脳会談がはじめて行われたのは一九五三年一月、李承晩と吉田茂との間での事である。この時の李承晩の訪日は、朝鮮戦争における国連軍司令官マーク・W・クラークの招待によるものであったが、この招待自身が既に非公式のものであり、当然、その招きにより行われた日本側との会談が公式のものである筈はなかった。会談は、クラーク主催の「ティーパーティー」として行われたが、クラーク自身は終始聞き役に回ったとされ、李承晩と吉田は一時間程の間、言葉を交わしている。会談では、日韓間の国交正常化交渉の再開が合意されたと言われているから、国交正常化を促す為にアメリカ政府が準備した場だったと言えよう。

他方、先に述べた朴正熙の訪日は、一九六一年一一月、軍事クーデタから約半年後の事である。朴正熙は、当時の池田勇人首相に「准賓客」として招かれたが、この時点での朴正熙は「国家再建会議議長」であり、元首である大統領の座には、クーデタ以前に就任した尹潽善が未だ座っていた。

対して、日本の現職首相の韓国訪問は先に述べた一九八三年一月の中曽根康弘による訪問がはじめてであった。先に述べた様に、この中曽根の訪韓は、当時日韓両国間で懸案となっていた「経済援助」を巡る問題を解決する目的もあって行われたものであり、この借款問題は総額四〇億ドルを日本側が貸与する事で解決する事となっている。
そして、ここで今日の日韓関係にまで繋がる大きな出来事が一つあった。それは韓国側が首脳会談において、中曽根からの「過去の反省」の言葉を求めた事である。結果、中曽根は晩餐会の場で次の様に述べている（『毎日新聞』一九八三年一月一二日）。

他方、日韓両国の間には、遺憾ながら過去において不幸な歴史があった事は事実であり、我々はこれを厳粛に受け止めなければなりません。過去の反省の上にあって、わが国の先達はその英知と努力とによって一つ一つ新しい日韓関係のいしずえを築いてこられました。

会談終了後、全斗煥は韓国国会にてこの首脳会談を次の様に評価している（『読売新聞』一九八三年一月一九日）。

日本首相の我が国への初の公式訪問を通じて両国政府は、昨日を反省し、今日を直視し、明日を設計するについて志を同じくした。両国が韓半島における平和と安定の維持が緊要だという認識のもとに、この地域の平和と安定と繁栄のため、今後も互いに努力していくとした事実は、非常に意義深い事だ。

今日において重要なのは、ここにおいて韓国側がこの首脳会談を本来の目的であった「経済協力」

問題や朝鮮半島の平和と安定について議論する事に加えて、「過去の不幸な歴史」を巡る問題を解決する為のものとして明確に位置づけ、また日本側の「反省」を求めた事である。李承晩や朴正熙が訪日した際に行われた首脳会談では、韓国側は同様の「反省」を前提として求めてはいないから、ここに大きな変化が存在する事がわかる。

「植民地朝鮮の少年が現人神に会った」

そして、この様な全斗煥政権の姿勢が更に明確になるのが、この中曽根訪韓の返礼の意味をも込めた訪日においてであった。当時の日韓両国の間には、在日韓国人の法的地位や、韓国側の巨大な対日赤字を巡る貿易不均衡問題、更には産業技術協力やサハリン在住韓国人の帰国問題といった、様々な問題が山積していた。しかし、この時の会談において全斗煥政権が最も力を入れたのは、再び、両国の過去を巡る問題だった。

そして全斗煥が重要視し、また韓国の世論も注目したのが、戦前に大日本帝国の元首として朝鮮にも君臨した、昭和天皇自身からの謝罪の意志の表明であった。全斗煥の訪日は、韓国の国家元首として初の公式な国賓訪問であり、当然それを迎える歓迎晩餐会は、国際慣例上は元首格として扱われる天皇の主催によって行われる事となっていた。当然の事ながら、そこでは天皇による歓迎スピーチが予定されており、韓国側はここに植民地支配に関わる文言が入る事を強く期待した。

しかし、日本側は抵抗した。宮内庁が、国賓訪問時に天皇が過去の問題について自らの意見を述べるのは「天皇の政治的利用の禁止」を定める憲法の規定に反する、と主張したからである。しかし韓国側は天皇による植民地支配に関わる発言を執拗に要求し、結果、一九八四年九月六日に行われた晩餐会で昭和天皇は、「今世紀の一時期において両国の間に不幸な過去が存在した事は誠に遺憾であり、再び繰り返されてはならないと思います」と述べる事になる。

この昭和天皇の発言の意義について全斗煥は次の様に述べている（전두환『전두환 회고록』2、三六六ページ）。

全斗煥と昭和天皇

> 第一に、日本国の象徴であり、日本国民統合の象徴（日本国憲法第一章第一条）である日本の天皇が、直接韓国の国家元首を迎え、史上初めて過去に対する反省をした事だ。日本側は天皇の謝罪に先立ち、首相、外務大臣等、高位レベルでの対韓謝罪を何度も行っていた。この様な日本の首脳部の相次ぐ謝罪があったにもかかわらず、日本の天皇の直接謝罪を必要とし、またその謝罪に大きくハイレベルの意義を見いだそうとしたのは、日本の天皇が持つ地位と重みがあるだけでなく、天皇が植民統治をした張本人である事にあった。韓国国民として、日本には、当時八三歳の裕仁天皇以上の適格者はいないと考えた。

韓国メディアの多くは昭和天皇が用いた「遺憾」という言葉は謝罪を意味しておらず、韓国側が要求した条件を満たしていない、と批判したが、全斗煥はそうは考えなかった。彼は言う（전두환『전두환 회고록』2、三六六ページ）。

外交慣例上、一国の国家元首が相手国に対して「遺憾」という用語を使う事は公式謝罪の表現としては最も高い水準だと認識されている。裕仁天皇が過去の日本の行いと関連して他国に対して謝罪した表現を見ると、一九七四年の米国のフォード大統領訪日の際、「一時的に本当に不幸な時代を過ごしたのは残念な事」と表明している。一九七五年のエリザベス英女王の訪日の際は、「貴国との友好親善関係は大きな試練を経験した」と述べ、一九七八年の中国の鄧小平の時は、「両国の長い歴史の中で一時不幸な事件もあった」とだけ述べている。「遺憾」「試練」「不幸」などの表現で日本の過去の行為を謝罪したのだ。しかし、天皇の今回の謝罪は「遺憾」という言葉の前に「心から」という表現を使ったのに続き、再発防止をも誓っており、これまで他国に対して表明した謝罪と反省の表現に比べて一層レベルが高いものと評価される。

さて、この時の昭和天皇との会合は、全斗煥自身にとっても、極めて感慨深いものだった。何故なら、昭和天皇こそが全斗煥が幼かった日の朝鮮半島を「元首」として支配していた人物だったからである。全斗煥は当時の感情について、次の様に述べている（전두환『전두환 회고록』2、三六七ページ）。

裕仁天皇に会いに皇居に向かう車の中で、私は様々な思いが交錯するのを感じた。私にとって、裕仁天皇はただの外国君主ではなかったからだ。裕仁天皇は一九二六年、父親だった大正天皇が死去し、二五歳の若さで即位した後、現人神として日本を治め、当時日本の植民地だった朝鮮でもやはり神的存在として君臨した。〔中略〕その現人神である裕仁天皇が私の前に立ち私を待っていた。

すでに八〇歳を過ぎ、髪は白くなり、腰は少し曲がっていた…彼は本来平和主義者だったが、軍国主義者に振り回され利用された時代の犠牲者だったのか、それともそうでないのか、私には見当がつかなかった。しかし、大韓民国の大統領として解放後三九年ぶりにその場に立って、裕仁天皇の手を握った瞬間、私は過去数年間、心の深い所に積もっていた数多くの餡がようやく溶け始めるのを感じた。

全斗煥の『回顧録』は、この文章が入った章の表題を「植民地朝鮮の少年が現人神にあった」とつけている。そのまま全斗煥のこの時の思いを示したものだったろう。

興味深いのは、全斗煥が「韓国の元首」として「日本の元首格」であり、また嘗て「大日本帝国の元首」として朝鮮半島をも統治した昭和天皇に、植民地支配に関わる謝罪を求めた一方で、昭和天皇そのものには決して否定的な目を向けていない事である。

それが少年の頃からの素朴な思いの産物だったのか、それとも単なる日本の植民地支配に対する思い入れの不足の結果だったのかはわからない。

ともあれ重要なのは、こうして日韓両国が二回の公式首脳会談を通じて、外交関係における歴史認識問題の重要性を再発見し、会談毎に日本側が謝罪の意思を示す、という一つのパターンが出来上がった事である。他方、二回の首脳会談を成功裏に実現した、全斗煥と中曽根の間には一定の「新しい世代」が故の「友情」も生まれ、それが、両者が大統領や首相を退任した後も交流する基盤となった。全斗煥は後にその事を懐かし気に回想している。

第十章　民主化への道

1　スポーツと文化政策

カラーテレビ解禁

「朴正煕元大統領はカラーテレビが普及し、西欧や日本など外国の文物が華やかな総天然色で紹介される事を望まなかった。検閲で文化的自由を抑圧している独裁政権に対する国民の不満を憂慮したためだ。華やかなカラーテレビの中の世界よりは、暗い白黒テレビの中の世界を見ながら生きる国民を統制する方が遥かに容易だったからかもしれない。その為に韓国はカラーテレビを生産し輸出しつつも、自国民は白黒テレビを視聴せざるを得ない国になった」（『한겨레』二〇一八年一月二二日）。

朴正煕から全斗煥への政権交代は、韓国の文化政策にも大きな転換をもたらした。その極めて早い段階のものとして知られる政策が、一九八〇年一二月のカラーテレビ放送の開始である。アメリカにおいて一九五四年に最初に開始されたカラーテレビ放送は、その後急速に多くの国に広まる事となり、日本でも一九六〇年にアジア最初の例として開始されている。韓国でも一九七五年に国営放送であるKBSが試験放送を開始するなど、準備は着実に進んでいた。

しかし、これにストップをかけたのが朴正煕であった。彼がカラーテレビ放送開始をストップする為に挙げた理由は幾つかあるが、その最大の理由はそもそも朴正煕自身がこの華やかな「贅沢品」の普及を好まなかった事にあろう（『전자신문』二〇〇八年八月二二日）。結果、韓国では既に一九七七年から輸出用にカラーテレビの生産が始まっていたにも拘わらず、自国では白黒の放送しか見る事ができない、という倒錯した状況が生まれていた。

とはいえ、この状況は全斗煥が政権を取ると一変した。彼は「贅沢品」を忌避し、「過消費」を排斥した朴正煕とは全く異なる考えを有していたからである。彼は言う（전두환『전두환 회고록』2、五一ページ）。

私はカラーテレビ放送の問題を単純に経済的な側面だけで判断した訳ではない。国民の日常生活と社会活動に活力と多様性を付与するという社会政策的考慮もあった。韓国社会が黒と白という二分法的論理から抜け出し、世の中のすべての色を見せ、受け入れ、楽しむ社会にならなければならないという信念だった。しかし、カラー放送の可否は単純に色の問題ではなかった。私が様々な反対意見と憂慮にも拘わらず、カラーテレビ放送問題に決断を下し、一挙に解決したのは、韓国社会の行動原理が自律と開放でなければならないという信念の為だった。

尤もこの事は、朴正熙とは異なり、全斗煥が真に国民の「自律と開放」を支持し、十分な自由を与えた事を意味しない。全斗煥政権は成立と同時に、メディアに対する統制を強め、その統廃合を進めていたからである。即ち、全斗煥は五一七クーデタの直後から、検閲撤廃等を求める記者協会幹部を大量に検挙し、七一一名を強制的に解職した。併せて、定期刊行物一七二誌の登録を取り消し、政府に批判的な雑誌を強制廃刊に追い込んでいる。

進んで同じ一九八〇年一一月一二日には「言論統合措置」が発表され、一二月一日には「言論基本法」が制定され、この政権によるメディア統制の法的枠組みが完成する。新聞一一社、放送二七社、通信六社が解体され、他の新聞・放送・通信社と統合された。

他方で、全斗煥政権はその後も「国民の日常生活と社会活動に活力と多様性を付与するという社会政策」を展開した。一九八二年一月六日には、三〇年以上に亘って続いていた夜間通行禁止を解除し、韓国の「夜の街」を自由化した。一九八一年には海外留学に対する規制が大幅に緩和され、一九八三年には条件付きながら韓国人の海外旅行が許可される事になる。一九八二年からは試験的に中高生の制服及び頭髪が自由化され、この自由化措置は一九八三年からは公式のものとなる。

スポーツと政治

全斗煥政権による文化開放政策で目立ったものの一つが、スポーツに関わるものだった。一九八二年には、韓国初のプロリーグとして、プロ野球リーグが発足し、翌年にはプロサッカーリーグが出発する。その出発点はやはり全斗煥の指示だった。その経緯は次の様なものだった、という（『프레시안』二〇〇七年五月二二日）。

> 一九八一年、全斗煥は首席秘書官会議で「プロスポーツを一度やってみろ」と指示し、当時の李《イ・》相周《サンチュ》教育文化首席秘書官が大韓野球協会と大韓サッカー協会にプロ化の意思を打診した。実は、最初はサッカー協会の崔淳永《チェ・スンヨン》会長がより積極的だった。また、サッカー側には一九八〇年一二月に創立した最初のプロチームであり、当時盛んに人気を集めていた「ハレルヤ」が既にあった。しかし、サッカー協会が要求した夜間照明施設等、施設改善の為の一四〇億ウォン余りの経費は当時としては処理に困る金額だった。
>
> 突破口は野球だった。一九八一年、李相周秘書官は大韓野球協会事務局長を辞めたばかりの李《イ・》虎《ホ》憲《ホン》氏に作業を依頼し、彼が後日に韓国野球委員会事務総長になる李容一《イ・ヨンイル》氏と一〇日余りで一八ページのプロリーグ創立計画書を作った。［中略］競技場施設改善問題もリーグに参加する財閥企業に任せる事にし、彼等には税金減免と政府保証の低利長期融資等を与えて解決する低コスト計画だったので、大統領府も満足した。

しかし、全斗煥政権にとって最も大きなスポーツに関わる政策は、五輪誘致を巡るものだった。ソウルへの五輪誘致計画は、元々は朴正熙政権末期に開始されたものだった。一九七九年一〇月八日にはソウル市長が記者会見を開き、一九八八年夏季五輪誘致の意を既に公のものにしている。

全斗煥政権は、この朴正熙政権の計画をそのまま引き継いだ。とはいえ、既に幾度も述べた様に当時の韓国の経済は困難な状況にあり、政府内では五輪誘致への反対論が強かった。とりわけ強硬だったのは国務総理の南悳祐であり、彼は財政的制約を理由に最後まで五輪誘致に反対した。

結局、この五輪誘致に対して最終的な決断を下したのも、全斗煥だった。しかしその理由は、「先の大統領が作った計画をやってみる事もなく諦めるのは敗北主義者の考え」（정희준『스포츠 코리아 판타지：스포츠로 읽는 한국 사회문화사』〔개마고원、二〇〇九年〕）というものだったというから、五輪誘致そのものに彼が極めて積極的だった、と言えるかは少し疑問である。ソウル市もまた当初は誘致に自信がなかったと言われている。

ソウルには、一九七〇年に誘致したアジア大会を前年に勃発した、北朝鮮ゲリラの浸透事件を理由とする政情不安から返上した過去もあり、韓国政府に明るい展望があった訳ではない。同じ一九八八年の五輪に立候補していたのは、隣国日本の名古屋。当時の日韓両国の間には圧倒的な経済力の格差があり、冷戦の最前線に置かれた韓国は、ソ連や中国をはじめとする東側諸国との国交すら有していなかった。加えて政治的混乱と経済的苦境の中にある韓国が、光州事件から僅か一年余り後に予定されていたＩＯＣ総会で名古屋を破って五輪誘致に成功する、と信じる人は、韓国政府の中にも決して多くはなかった、という。

しかし、一九八一年九月三〇日、西ドイツのバーデンバーデンで開かれたＩＯＣ総会の場で、ソウルは五二対二七の大差で名古屋を破って五輪誘致に成功する。ある論者はその勝因について五輪誘致の実現で名を挙げたい政治家と、同じく誘致によるインフラ整備で利益を得たい建設業者の努力の賜物であった、として次の様に述べている（정희준『스포츠 코리아 판타지』）。

権力掌握の為には「下克上」も辞さない政治軍人と、「なせばなる」「不可能なら可能にせよ」精神を軍人以上に奉じる建設会社は、正に理想の組み合わせだった。［不可能に見える出来事を］推し進める上で「軍人精神プラス開発主義」より優れた組み合わせがあっただろうか。

韓国は続く一九八一年一一月二六日、同時に立候補を表明していた一九八六年アジア大会の誘致にも成功する。こちらは事前にイラクのバクダッドと北朝鮮の平壌が立候補していたが、この日デリーで行われたアジア競技連盟の会合以前に候補を辞退しており、単独候補となったソウルがそのまま選定されている。

国風八一

出帆当初の全斗煥政権が積極的な政策を展開したのは、文化政策においてもであった。この点において、この時期の最も大きな出来事は一九八一年五月にソウル市内を流れる漢江の中州である汝矣島に位置する元飛行場「汝矣島広場」で開催された「国風八一」と呼ばれたイベントである。このイベントについて、『朝鮮日報』は次の様に報じている（『朝鮮日報』一九八一年五月二八日）。

［韓国には］嘗ては村毎、或いは部落毎に郷土色の強い祭りが開かれ、民族芸能が展開され、愉快な祝祭が展開されていた。しかし、解放以後三〇余年、我々は祭りらしい祭りを開く機会を持つ事ができなかった。地方に郷土文化があるにはあったにせよ、心から楽しめる場にはなっていなかった。

この「国風八一」を企画したのは、やはり、当時の文化・広報政策に権力を振っていた許文道。「克日運動」と同じく、主催者に新聞協会と並んで『朝鮮日報』が名を連ねたのは、やはり彼の人脈故であろう。彼はこの大規模イベントについて日本の「祭り」から着想を得た、と述べている（筆者による生前のインタビュー。「許文道氏へのインタビュー」二〇一二年一二月八日、場所・水原）が、その実態は大きく異なるものだった。イベントの主役となったのは、全国の大学生達であり、実に全国一九四の大学から二四四のサークルが参加し、八八の一般の団体と共に、一万五〇〇〇名もの人々が、六九五回もの公演を行った。主催者発表によれば、イベントが開催された一九八一年五月二八日から六月一日までの僅か四日間に、観衆を含めて実に一〇〇〇万名を超える「演芸人」が集った巨大イベントであった。

この様な一連の全斗煥政権初期の極めて活発な文化政策は、時にScreen、Sex、Sportの三つの単語の頭文字を取って「3S政策」と呼ばれている（この点については、拙稿「第5共和国の対民主化運動戦略——全斗煥政権は何故敗れたか」『国際協力論集』20（1）、二〇一二年をも参照の事）。Screenはカラーテレビ放送の開始をはじめとする映画・テレビ政策、Sexは夜間通行禁止令の解除等が夜の街を活性化させた事など、そしてSportは言うまでもなく、五輪やアジア大会の誘致やプロ野球やプロサッカーの開始を意味している。全斗煥政権はこれらの大衆受けの良い文化政策を行う事により、民衆の関心を政治から娯楽へと誘導し、それにより政権への不満をそらそうとしたというのである。

とはいえ、より重要なのは先に挙げた言論統制政策をも包含した、全斗煥政権の世論政策の全体像かも知れない。即ち、朴正熙政権はメディアを統制するのみならず、国民の価値観にまで直接踏み込み、これを自らの意図する方向へと誘導する事を試みた。朴正熙が繰り返し、国民に忍耐と努力、そして何よりも秩序の重要性を訴えたのは、その為である。

対して、全斗煥政権では、経済政策等一部の分野においてこそ、啓蒙主義的な政策が取られたものの、その範囲は極めて限定された。一連の文化政策に見られた様に、この政権は国民に対して、忍耐や秩序を求めるのではなく、テレビやスポーツ、そして文化芸能を「楽しむ」事を奨励した。そしてその奨励の為には積極的にメディアをも活用した。それは結局、こういう事であったろう。仮に国民に自由を与えても、メディアを通じてその活動を統制できるのであれば、大きな脅威には発展しない。そうしてそれが上手く機能するのであれば、更に譲歩して、政治的空間を開放しても、政権の安定性は揺るがない、筈だからである。

経済、外交、そして文化広報政策。出帆当初の全斗煥政権の諸政策は、予想以上の成果を挙げ、全斗煥等は政権運営に自信を深めていく。そして自信の向上は、彼等をして当初の抑圧的な政策を撤廃させる方向へと導いた。

ソウル五輪が開催される予定の一九八八年は、偶然にも一九八一年に第五共和国最初の大統領に就任した全斗煥が退任する年に当たっていた。韓国を再び経済成長の軌道に乗せ、国民の活動に一定の「自由」を付与した全大統領が、待ちに待った五輪の開会式にて、歓呼の声を以て満座の観衆に迎えられる。しかし、その様な希望に満ちた全斗煥の期待が現実にならなかった事は歴史の示す所である。

それでは全斗煥と彼の政権はどこで「間違った」のか。次にその点について見ていく事にしよう。

2　民主化運動の再発

一九八二年三月二七日。ソウル市内にある東大門野球場では、韓国プロ野球最初の試合が開始されようとしている。球場にはリーグを構成する六球団の選手と監督が勢ぞろいし、華やかな開幕式が行われた（정희준『스포츠 코리아 판타지』［개마고원、二〇〇九年］）。

活発化する学生運動

記念すべき開幕試合のカードは、大邱に本拠地を置く三星《サムソン》ライオンズと、この東大門野球場を本拠地にするＭＢＣ青龍《チョンヨン》。ＭＢＣはＫＢＳと並ぶ韓国屈指の公営放送局であり、当然の様にこの試合はＭＢＣにより「カラーテレビ放送」される事になる。三万人を超える大観衆で満員になった球場で、始球式のマウンドに上がるのは大統領の全斗煥。事前に練習を積んだ彼の投球は見事にストライクゾーンに収まった。翌年に開幕するサッカープロリーグの開幕戦においては全斗煥はスタンドの構造上、観客席で見守る事を余儀なくされたから、或いはこの時が彼の人生にとって最も華やかな瞬間であったかも知れない。試合は青龍が一〇回裏、逆転サヨナラホームランで劇的な勝利を収めている。全斗煥は始球式を終えると試合を見ずに、大統領官邸に戻っている。当時の全斗煥は自信満々であったと言ってよい（『朝鮮日報』一九八二年三月二八日）。

しかし、その頃、政界では新しい動きが起こっていた。五一七クーデタ以後、抑え込んだかに見えた、政権への批判運動が次第に活発化していたのである。きっかけとなったのは、既に述べた様に一

韓国プロ野球開幕式

九八一年三月の国会議員選挙において当初の予想に反して、与党民主正義党が、得票率三五・六%、獲得議席数にして五四・七%の多数を得た事による政権内の自信の高まりである。対する野党第一党の民主韓国党の得票率は二一・六%、獲得議席数にして二九・四%だったから、大勝利だと言えた。因みに朴政権末期の一九七八年に行われた国会議員選挙では、与党民主共和党の得票率は三一・七%、野党新民党の三二・八%を下回っていた。つまり、全斗煥政権は、二回のクーデタと光州事件を経た直後であったにも拘わらず、末期の朴正熙政権を凌ぐ求心力を見せた形になった訳である。

　選挙における勝利は、ほぼ同時期における経済的状況の改善と、アメリカとの良好な関係の回復と合わせて、全斗煥政権に大きな自信を与えた。「自分達の政策は成功しており、国民は政権を支持している」。その様な政権内の認識の高まりは、結果として、これまでの政治活動に関わる規制を徐々に緩めさせた。

　しかし、この様な状況は結果として、極めて限定された範囲にせよ政権への批判の動きを呼び込んでいく事になった。批判の空間は二つあった。一つは、学生達の動きである。一九八二年三月一八日には、釜山にあるアメリカ文化センターが放火され、付近一帯に政府とアメリカを批判するビラがまかれる事件が発生している（『朝日新聞』一九八二年三月一九日）。背景には、一九八一年に入り全斗煥政権が次第に統制を緩め、一九七九年から八〇年の時期に学生運動を進めた人々が大学に戻り始めた事があった。実際には彼等、解放された前活動家等の多くは、逮捕時に大きな抑圧を受けた事もあり、自らが直接学生運動に復帰する事は少なかった。しかしそれでも嘗ての「スター活動家」の学園への復帰は、若い学生に刺激を与え、彼等をして新しい活動を始める大きな契機を提供した。

この新たな学生運動における特徴の一つは、反米主義的な傾向であり、当然、そこには理由があった。何故なら彼等は、粛軍クーデタから五一七クーデタ、そして光州事件に至るまでの過程での軍の出動に際しては、韓国軍の「作戦統制権」を握るアメリカ軍の許可が必要だった筈であり、故に一連の事件の背後にはアメリカの存在があったに違いない、と考えたからである。併せて、この時期の大学には、北朝鮮からの思想的影響も入り込んだ。北朝鮮の体制イデオロギーである「主体思想」の影響を受け、「主体派」と言われる北朝鮮の影響の強いグループが生まれ、そこから更に、まずは国内における民衆民族革命の実現を追求する「ＰＤ派」と、アメリカ帝国主義の軛を打ち壊す事なくして、韓国の民主化はあり得ないとして、国内闘争と同時に反米闘争を重視する「ＮＬ派」が生まれた（방인혁『한국의 변혁운동과 사상논쟁：마르크시즘、주체사상、ＮＬ、ＰＤ 그리고 뉴라이트까지』［소나무、二〇〇九年］）。この様な状況を受け、一九八五年五月には、ソウル市内にあるアメリカ文化院に七三名の大学生が立てこもる事件も起きている。

とはいえ、この時点での全斗煥政権にとっての最大の脅威は学生運動ではなかった。何故なら、少なくともこの時点での学生運動の規模は一九八〇年や八七年に見られたような大規模なものではなく、その統制は決して困難なものではなかったからである。政権にとって厄介だったのは、もう一つの分野、即ち、旧野党政治家等の動きであった。焦点となったのは、朴正熙政権末期に、第一野党新民党の総裁を務めた金泳三である（以下の経緯については、金泳三『金泳三回顧録』2、尹今連監訳、尹今連・平川裕美子訳［九州通訳ガイド協会、二〇〇二年］によっている）。金鍾泌や金大中とは異なり、五一七クーデタでの逮捕こそ免れた金泳三であったが、その三日後の五月二〇日、突如としてその自宅は憲兵隊に取り囲まれた。憲兵隊は「今から家族以外の出入りを禁止する。記者、秘書、党員、そして親戚も即刻出ていけ」と通告すると同時に、金泳三本人と家族を除く人間を追放した。こうして金泳三は自宅から一歩も外に出られない軟禁状態に置かれる事になる。五月二三日以降には、一切の記者会見や声明発表を禁止され、外部から遮断された金泳三に会う事が出来たのは、アメリカと日本の大使だけだった、という（金泳三『金泳三回顧録』2、一六七―一六九ページ）。一九八〇年八月一三日、戒厳令布告により既に解散させられていた新民党の総裁辞職を発表した金泳三は、同年一一月に発表された政治活動規制対象者にも含まれる事となり、物理的のみならず、法的にも政治活動を禁止された。

民主山岳会

そして、この金泳三の軟禁が突如として解かれたのが、国会議員選挙から一か月余り後の一九八一年五月一日。とはいえ、その活動は当然の様に警察の監視下に置かれる事になる。そして、ここで金泳三は「奇策」に訴える。一九八一年六月九日、軟禁中に落ちた体力を回復するという口実の下、同じ嘗ての野党政治家である崔炯佑《チェ・ヒョンウ》、文富稙《ムン・ブジク》、金徳龍《キム・ドクヨン》等とソウル市内の三角山に登った彼は、その帰り道に外交倶楽部に立ち寄り「民主山岳会」の結成を発表した。幹部には、会長に李敏雨《イ・ミンウ》、副会長に金東英《キム・ドンヨン》、崔炯佑、運営委員には金徳龍、文富稙、呉成龍《オ・ソンヨン》、崔栄鎬《チェ・ヨンホ》等といった、いずれもこの時点では政治活動を規制されていた嘗ての野党政治家等が名を連ね、金泳三自身は顧問の地位に納まった。「山岳会」であるから、会の目的は登山。毎週木曜日に集まって趣味の為に山を登る、というのが表向きの「活動内容」だった。

こうして、嘗ての野党総裁を中心とする大物野党政治家等が毎週木曜日に集まって、ソウル近郊の山を登る、という奇妙な状況が出現した。彼等は登山の場で、自らが調査したその時々の社会情勢についてプリントを配布するなどして、情報の交換を行った。人伝えに話を聞いた人々が集まり、参加者は急増した。

とはいえ、この様な彼等の活動は、当時の韓国メディアでは報道されなかった。戒厳令解除後においても、韓国のメディアは政府の強い統制下にあり、その「報道指針」に従う事が要求されたからである。そして、全斗煥政権が、この様な金泳三の「奇策」を通じた事実上の政治活動を許容した理由の一つもここにあった。国会議員選挙の結果は与党の勝利であったのだから、政権は国民からの一定以上の支持を得ている。加えて、メディアは統制下に置かれているから、仮に彼等が限定された活動をしてもその内容を国民が知る術はなく、影響力はほぼ皆無である。当時の政権関係者の一人は、「どうして金泳三の事実上の政治活動を許容したのですか」という筆者のインタビューにこう答えている。「金泳三は既に過去の人物であり、影響力はたかが知れていると思っていた」（「全斗煥側近へのインタビュー」、二〇一四年三月一五日、場所：ソウル）。

しかし、この様な全斗煥政権の野党政治家に対する統制には、大きな「穴」が存在した。何故なら、韓国政府の統制は韓国国内のメディアには強く及んでも、海外メディアには及ばなかったからである。そして金泳三は、この「穴」を突く事になる。一九八二年四月一六日、ニューヨーク・タイムズに突如として、この民主山岳会の様子を伝える大きな記事が金泳三の顔写真付きで掲載されたのである。執筆したのは、同紙東京支局長のヘンリー・ストック。四月一二日に行われた民主山岳会の集まりに同行して、北岳山《プガクサン》の登山に同行した彼は、その様子を詳しく報じると共に、「この国の民主主義を回復させるという全斗煥氏の言葉が本当なら、彼は当然この様な規制の解除と政治犯の釈放を優先しなければならない」等とする金泳三の言葉を伝えている。

この記事によれば、民主山岳会の活動を監視する役目を与えられた「情報部員」等は、「我々を［麓で］待ちながら監視していた」という。つまり、彼等は金泳三等と一緒に山を登る事はなく、山中で彼等がどの様な活動をしているのかを、確認していなかった事になる。そしてその事は、再び当時の全斗煥政権が金泳三等を「既に過去の人物」であると看做し、その監視を緩めていた事を意味している。だからこそ、ニューヨーク・タイムズの記者も民主山岳会の活動に潜り込み、取材を敢行する事が出来た訳である。

この記事が掲載された事を知った全斗煥がどの様な反応を示したかは、記録には残されていない。しかし明らかなのは、結果、金泳三が翌月、五月三一日から再び軟禁状態に置かれる様になった事である。理由は先のニューヨーク・タイムズの記事が、政治活動禁止措置に違反している、というものであった。とはいえ、重要なのは民主山岳会の活動と、ニューヨーク・タイムズの記事掲載により、金泳三の存在が再び大きく浮上した事である。金泳三の活動の背後には、ライバルである金大中への対抗心も存在した。本書でも述べてきた様に、当時の韓国を取り巻く外国メディアの関心は、この時点では圧倒的に光州事件を理由にして死刑判決を受け、獄中にあった金大中に対して向けられていたからである。

そして、金泳三は一九八二年一二月二三日、アメリカ行きを条件に刑の執行を停止された金大中が、「政治を辞める」という政権との約束の下、韓国を離れた事を知る。金大中を巡るこの措置は、政権によるクリスマス恩赦の一環であり、金大中のみならず四八名の政治犯が恩赦を与えられた（*New York Times*, Dec. 25, 1982.）。金大中は加えて出国も許され、アメリカに「観光ビザで」入国した。しかし、事前の政権側との約束にも拘わらず、アメリカに到着した金大中は、現地メディアに発信を繰り返し、全斗煥とその政権への批判を強めていく。その後、金鍾泌や同じく朴正熙政権期の国務総理経験者である丁一権等も、アメリカ訪問を許されている。それが全斗煥政権によるアメリカに対する、自らが「民主化」を進めている事のアピールであった事は明らかである。

断食闘争と外国メディア

金大中のアメリカでの活動に刺激された金泳三が次に繰り出したのが、断食闘争、だった。実は金泳三は一九七五年、維新クーデタ後の朴正熙が行った維新憲法制定の為の国民投票の際にも、断食闘争を展開した事があり、この時の活動はその経験を土台にしたものだった。そしてここで彼が使ったのはやはり外国メディア。一九八三年五月一六日、ＡＰ通信が金泳三の「国民に贈る言葉」と題する声明書の内容を報道し、金泳三が全斗煥政権に対して、⑴政治犯釈放、⑵政治活動保障、⑶公職追放者の復権、⑷言論の自由保障、⑸憲法改正、の五条件を要求している事が伝えられた。そして光州事件から三周年に当たる五月一八日、金泳三は「断食に際して」と題する再度の声明文を発表、先の五条件の実現を求める断食闘争を開始する事を発表した。内容は金泳三夫人である孫命順《ソン・ミョンスン》により電話を通じて外国メディアに対して公表され、併せて金泳三と親しい野党政治家等にも伝えられた。

この断食は長期に及び、金泳三は七日後の五月二五日には、政権によって強制的にソウル大学付属病院に入院させられた。一〇日後の五月二八日、民主正義党の権翊鉉《クウォン・イクヒョン》が病室を訪問、金泳三に金大中と同じく海外に亡命する事を提案するものの拒絶されるに至っている。金大中の存在を意識する金泳三とすれば、「金大中の二番煎じ」の提案を受ける事が出来ないのは当然だったろう。

五月三〇日、全斗煥政権は金泳三とその支持者に対する軟禁解除を発表するものの、金泳三は断食を止めなかった。この頃には、この断食に対する海外メディアの注目は極めて大きくなっており、例えば、同日朝日新聞は、「気がかりな金泳三氏の断食」という表題の社説を掲載している。日本やアメリカでの金泳三への同調の声も大きくなり、東京やワシントンではこれを支援するデモも起こっている。

しかし、より重要だったのは、断食が長びくに連れ、その内容が人伝えに韓国内にも広がり、やがてこれに連帯する動きが広まっていった事である。朝日新聞は次の様に報じている（『朝日新聞』一九八三年五月二九日）。

去る18日から始まった金泳三氏の断食闘争も学生運動に微妙な影響を与えている。同氏の断食はという。

韓国のマスコミには一切報じられていないが、学生たちは大半が知っており、力づけられている、

一方、金氏はプロテスタントだが、カトリック教徒の一部からも支持の声が寄せられており、地方でも同氏の支援体制をつくろうとの動きも出てきた。

とはいえ、より大きかったのは、この金泳三に同調する動きが、彼と同じく政治活動を禁止されていた元野党政治家のみならず、全斗煥政権による規制を免れ、一九八一年の国会議員選挙に立候補する事を許された「制度内野党」、つまりは民主韓国党の国会議員等にも広がった事かも知れない。例えば六月一日、ソウル市内のコリアナホテルでは、朴正煕政権期の第一野党であった旧新民党の国会議員等が会合を開き、「断食闘争に関する対策委員会」を開催している。そして、そこには現職国会議員を含む六〇名以上の旧新民党の政治家が結集し、「連合戦線」を作る事を決議した。

そしてその事は、全斗煥政権による野党政治家等に対する懐柔政策の一つが破綻した事を明確に意味していた。全斗煥政権は、五〇〇名以上にも及ぶ政治家の活動を禁止する一方で、一部の政治家の活動を容認し、政権が認める範囲内での「民主主義」を許容する事となっていた。そしてこの様な政権の方針は、嘗ての野党政治家の中に、自らの政治活動再開を求めて、政権側に接近、妥協する人々を生み出してきた。全斗煥政権初期における野党第一党であった民主韓国党は正にその産物であり、それ故に政権にとっては、自らの「民主主義」を演出する為に必須で重要な舞台装置の一つだった。

しかし、金泳三による断食闘争は、結果として、全斗煥政権以上に、嘗ての野党政治家等に「踏み

絵」を迫る効果を持った。つまり、元野党党首が命を懸けて政治闘争を行っている状況に背を向けて政府に協力するなら、それは誰の目にも明らかな裏切り行為だ、という訳である。

断食開始から二三日目の六月九日、金泳三は自らの断食の中断を発表する。そしてその発表の対象は、「内外の記者たち」に対するものだった。金泳三が自らの、そして同じ元野党政治家等にとっての、「事実上の政治活動の自由」を勝ち取った事は明らかだった。

こうして、金泳三が政権への有力な挑戦者としての地位に再浮上し、「第五共和国」に大きなひびが入る。そして、この動きはやがてこの政権の行方に大きな影響を与える事になるのである。

3　政権の不安定化

クーデタ功労者の失脚

「人にも国家にも勢いや運というものがある。我々は第五共和国の発足から三年半を経た今、この様な我が民族五〇〇〇年の歴史上、いかなる時代よりも、国運と国威が最も力強く成長する上昇期を我らが力で作り上げ、今こそ世界の先頭に向かって前進すべき時なのだ」（大統領秘書室編『全斗煥大統領　演説文集』［大統領秘書室、一九八七年］、八五ページ）。

学生運動が次第に勢いを取り戻し、野党政治家も活動を開始した。しかし、この時点での全斗煥にとっては、それは未だ「遙か遠くに見える黒雲」にしか過ぎなかった。経済は未曽有の好景気の中にあり、人々は忙しい日々を過ごしていた。「目が回る程忙しかった」と言われる第五共和国の経済絶頂期である。

だから全斗煥は依然、自らの政権の先行きに対して自信満々だった。しかし、その様な中、彼を取り巻く環境は次第に大きく変わっていく事になる。

最初の変化は、全斗煥が本拠を置く大統領官邸から現れた。政権発足当初の全斗煥政権において、大統領官邸を掌握し、大統領を支えた最大の権力者は、「大統領秘書室補佐官」なる職責を与えられた許和平であった。粛軍クーデタにおいて、全斗煥を保安司令部の秘書室長として支えた彼は、五一七クーデタや光州事件でも活躍した。全斗煥の大統領就任後には、大統領秘書室で唯一、大統領と同じ建物に執務室を与えられた許和平は、別館にて勤務する大統領秘書室長を遙かに越える権勢を振った。だからこそ、多くの人は彼こそがこの政権の事実上の「ナンバーツー」だと考え、彼を恐れる事になった。

しかし、この様な許和平の絶大な権力は次第に批判を浴びる様になり、一九八一年一二月、彼は大統領秘書室の第一首席秘書官に転出する。一九八二年に入ると、全斗煥自身も許和平に疑惑の目を向ける様になった。きっかけは許和平が影響力を増した大統領の親族の排除を求めた事にあった、と言われている。

初期の全斗煥政権を発足以前から支えた側近が排除されたのは、許三守も同じだった。鄭昇和逮捕の重要な任を担い、政権発足後は、公職者の不正腐敗を摘発し検察等を管轄する、大統領秘書室司正首席秘書官の地位についた彼もまた、全斗煥親族の排除を訴え、大統領の不興を買った。結局、許和平と許三守は一九八二年一二月、大統領府を「依願退職」し、アメリカでの事実上の亡命生活をする事を余儀なくされる。

重要なのは、この許和平と許三守の例に典型的に見られた様に、政権獲得までの過程で全斗煥を支えた旧軍人が、次第に政権から排除されていった事であった。代わりに台頭したのは、政権獲得と同時に全斗煥に起用された元官僚等の実務家であり、その代表的な例の一人が、既に紹介した大統領秘書室経済首席の金在益《キム・ジェイク》であった。既に述べた様に全斗煥の統治スタイルは、全てを自らが直接統制しようとした朴正熙とは異なり、人事の権限を握る一方で、各々の仕事は信用する専門家に任せるものだったから、有能な専門家の存在は不可欠だった。

だからこそ、例えば政権初期の段階で、金在益と許和平が対立した時には、全斗煥は金在益を支持している。その理由は簡単である。許和平は優秀で且つこれまで多くの業績を上げてきてはいるが、経済の専門家ではない。だからこそ、経済については専門家である金在益に任せるべきであり、許和平は口を出すべきではない、とするのである。

ラングーン事件

元軍人は飽くまで軍人であり、政治や経済、社会等の専門家ではない。だからこそ、彼等は全斗煥の目的が、政権掌握ではなく実務の遂行に向かうに連れ、政府内での影響力を失っていった。とはいえ、初期の全斗煥政権を支えた人々が次第に姿を消していった原因は、それだけではなかった。とりわけその経済チームの交代において重要だったのは、一九八三年一〇月九日に発生した、「ラングーン事件」である（この事件の詳細については、이상숙「一九八〇년대초 외교 환경 변화와 북한의 아웅산 테러」『담론二〇一 한국사회역사학회』19（3）、二〇一六年に拠った）。

発端は一九八一年におけるソウル五輪招致の成功であった。当時の韓国は依然、冷戦下の分断国家に過ぎず、中国やソ連をはじめとする東側諸国との国交すら有していなかった。それ故に、全斗煥はソウル五輪への参加に否定的な姿勢を示すアジア・アフリカ諸国を歴訪し、韓国との友好関係の樹立と、ソウル五輪参加の確約を得る為の外交を展開した。一九八三年一〇月の全斗煥のビルマ（現在のミャンマー）訪問は、その一環であり、この外遊ではビルマに続き、インド、スリランカ、そして、オーストラリアとニュージーランド、更にはブルネイを訪問する事となっていた（『読売新聞』一九八三年一〇月八日）。とりわけ注目されたのは、ビルマである。何故ならこれが全斗煥にとって初の「社会主義国」訪問となったからである。

しかし、この様な全斗煥政権のアジア・アフリカ外交は、「非同盟諸国」を中心とする国々との関係を築いてきた北朝鮮に大きな危機感をもたらした。中でもビルマは、北朝鮮にとって東南アジアにおける主要な友好国の一つであり、韓国がこれに手を伸ばす事への警戒感は大きかった。

だからこそ、北朝鮮はこの機会を逆に利用して、全斗煥の殺害を試みた。北朝鮮はビルマの首都ラングーン（現在のヤンゴン）に三名の軍人を送り込み、建国の父である、アウンサン将軍の廟を訪れる全斗煥を爆殺しようと試みたのである。しかし、ここで北朝鮮の工作員達は大きな誤りを犯す。彼等は全斗煥より先に到着した在ビルマ韓国大使・李啓哲《イ・ギョンチョル》の車を全斗煥の車と誤認し、用意した遠隔操作式の爆弾を破裂させてしまったのである。

爆弾の威力は大きく、未だ会場に到着していなかった全斗煥本人こそ難を逃れたものの、既にその場に到着していた多くの韓国要人が爆殺された。その中には、国務副総理兼経済企画院長であった徐《ソ・》錫俊《ソクシュン》、外交部長官の李範錫《イ・ポムソク》、商工部長官の金東輝《キム・ドンヒ》、動力資源部長官の徐相喆《ソ・サンチョル》、更には大統領秘書室長の咸秉春《ハム・ビョンチュン》や、そして何よりも全斗煥政権の経済政策の司令塔の役割を果たしていた、大統領秘書室経済首席秘書官の金在益が含まれていた。

全斗煥とその政権を考える上で重要なのは、この事件により、事実上、初期の全斗煥政権の経済政策を支えてきた人々が物理的に消滅した事である。金在益の後任の経済首席に就任したのは韓国開発研究院副院長だった司空壱《サゴン・イル》。この経済司令塔の交代により、全斗煥政権は初期の緊縮色の強い政策を緩和し、今度は経済拡大路線へと導く事になる（이장규『대통령의 경제학』）。

盧信永の登場

政権当初に国務総理を務めた南悳祐は、ソウル五輪招致に反対し、その後国務総理に就任した劉彰順《ユ・チャンスン》、金相浹《キム・サンヒョプ》、陳懿鍾《チン・ウィジュン》等は閣内において強いリーダーシップを発揮する事が出来なかった。この様な中、突如として台頭したのが、全斗煥の最初の政権において、外交部長官を務めた盧信永である（盧信永については、노신영『盧信永回顧錄』［고려서적、二〇〇〇年］）。盧信永は、長官就任直後、当時の国家保衛非常対策委員会が進めていた外交官の追放リストに異を唱えて大統領と直接交渉し、結果として全斗煥の信任を得る事に成功する。しかし、盧信永が真に全斗煥の信任を確固たるものとしたのは、ソウル五輪の招致活動においてであった。国務総理であった南悳祐が経済的負担を理由に誘致に反対したのに対し、盧信永は一貫して五輪誘致を支持、自ら外相として招致活動を陣頭指揮して、成功を収める事になったからである。

盧信永の働きを評価した全斗煥が次に彼に与えたのは、国家安全企画部長、つまりは朴正熙政権期には中央情報部と呼ばれた情報機関の長であった。因みに彼の前任者は、粛軍クーデタにおいて全斗煥を支持した、数少ない全斗煥の先輩将校の一人である兪学聖だったから、如何に全斗煥が盧信永を重用していたかがわかる。そもそも情報機関の長に、職業軍人を経験しない人物が就任するのは、一九六一年の中央情報部設置以来、はじめての事だった。その就任は一九八二年六月の事であったから、金大中がアメリカに亡命し、金泳三が断食闘争を展開した頃の情報機関の長は、盧信永だった事になる。

盧信永は後述する一九八五年二月の国会議員選挙の後、国務総理に抜擢され、民主化直前の一九八七年五月までこれを務め上げる。「全斗煥の第一のお気に入りは盧信永であり、彼こそが次期大統領に指名されるに違いない」。巷ではそんな声すら上がる事となる。

他方、盧信永が退いた後の国家安全企画部長に就任したのは、大統領警護室長を務めていた張世東であった。政権獲得以前において全斗煥の側近として活躍した人物が、次々と政権から追われる中、最後まで大統領の信任を維持したのは、この張世東だった。

こうして何時しか政権を構成する人員は一変し、全斗煥政権は波乱の後半へと突入する。

4　全斗煥は何故敗れたか

政治活動解禁

「十二回韓国総選挙の特徴は、新野党・新韓民主党の予想外の躍進と二十年来最高といわれる高い投票率に尽きよう。新韓民主党は、結成以来一カ月で総選挙に臨み、二十議席を獲得すれば上々といわれた予想を覆し、野党第一党の座を獲得した。また、政治には冷ややかな反応しか示さないといわれる韓国国民が84％以上という高い投票率を示したのも意外といえた。

政府との対決姿勢をはっきりと打ち出す新韓民主党の躍進は、折り返し点を迎えた全斗煥政権の前途に大きな難問を突きつけ、今後の情勢は波乱含みとなったといえる」（『朝日新聞』一九八五年二月一三日）。

事態は全斗煥が気づかない間に大きく変化していた。金泳三が掲げた民主化に向けての要求事項、とりわけその中での大統領直接選挙制への憲法改正が、何時しか「体制内野党」も受け入れる、共通のアジェンダになっていたからである。例えば一九八三年一〇月に行われた国会では、旧新民党の穏健派によって構成された野党第一党の民主韓国党のみならず、朴正熙政権時代の与党である民主共和党の流れを引く、野党第二党の韓国国民党もまた、与党に対して「大統領に対する直接選挙制は最大の国民の願いである」として、大統領直接選挙制への憲法改正を求める事となっている。

そして「その時」がやってくる。全斗煥等が自ら作成した第五共和国憲法では、大統領選挙こそ、政府による統制が容易な間接選挙制である事が定められていたものの、国会議員選挙は国民による直接選挙である事が定められていた。そして、この事は全斗煥にとって大きな意味を持っていた。

先立つ維新体制においては、大統領選挙が間接制であると同時に、国会議員選挙においても定数の三分の一を、大統領が推薦するリストに基づき統一主体国民会議が任命する決まりになっていた。これに対して第五共和国においては、国会議員選挙は国民の直接選挙制になっている。全斗煥等によれば、これこそが第五共和国期における「政治発展」であり、全斗煥政権が「民主化」に向けて取り組んでいる事の証だった。

金泳三の活動に典型的に表れている様に、この時点の全斗煥政権にとって重要だったのは、韓国国内の反応よりも、海外の人々の受け止め方だった。そしてそれは単に、彼等が国内メディアとは異なり海外メディアを統制する事ができなかったからだけではなかった。一九八一年におけるソウル五輪誘致成功以後、全斗煥政権にとって五輪開催の成功は、政権の最大の目標の一つになっていた。ソウル五輪が開催される一九八八年は全斗煥が大統領を退任する年に当たっており、その成功こそが、彼の七年余りの統治の総決算の場となる、という理解だった。

だからこそ、全斗煥政権はこの時期、自らが民主化について前向きである事を国際社会に示す措置を取っていく事になる。先の金大中の釈放と事実上のアメリカ亡命もその一環である。しかしより重要だったのは、これに伴い、これまで禁止されていた政治家の活動が解禁されていった事である。

一九八三年一月一八日、国会で行われた施政方針演説で全斗煥はこの政治活動解禁に向けた方針を明らかにした。朝鮮日報は次の様に状況を展望している（『朝鮮日報』一九八三年一月一九日）。

現在、政治活動の被規制者は五五七名である。全大統領はこの日、「まず年内に第一段階の措置を取る」と述べたため、第一段階の幅を推し量る事はまだ容易ではない。しかし「残りの対象者に対しても段階的な措置を検討する」と言った点を勘案すれば、たとえ段階は分かれても少なくとも次の国会議員選挙がある八五年初めまでには広範囲な解禁が行われる見通しになっている。

そして、実際、全斗煥政権は段階的にこの為の措置を実施する。一九八三年二月二五日、全斗煥政権は政権発足二周年を記念して、二五〇名の政治活動を解禁した。対象者の中には、朴正熙政権期の国会議長であった李孝祥《イ・ヒョサン》や、金鍾泌元首相の実兄である金鍾珞《キム・ジョンラク》等が含まれていた（『日本経済新聞』一九八三年二月二六日）。とはいえ、政治活動解禁への動きはこれのみに留まらなかった。既に述べた様に、金泳三の「断食闘争」の結果として、「体制内野党」を含む人々からの更なる政治活動解禁を求める動きが活発化したからである。

結果、一九八四年二月二五日、第二次政治活動禁止措置解除が発表された。解除対象者は二〇二名で、風刺詩などの活動で知られた金芝河《キム・ジハ》等が含まれていた（『朝鮮日報』一九八四年二月二六日）。続く同じ年の一一月三〇日には、八四名を対象とする第三次解禁が行われ、ここには元首相である丁一権や、嘗て金泳三や金大中と野党総裁のポストを争った李哲承《イ・チョルスン》等が含まれた（『朝鮮日報』一九八四年一二月一日）。

これにより、政治活動を禁止されているのは、一五名のみとなった（なおこの間に一六名が死亡している）。その名前は以下の通り。金鍾泌○、金泳三◍、金大中◍、李厚洛《イ・フラク》△、呉致成《オ・チソン》△、金昌槿《キム・チャングン》○、金相賢《キム・サンヒョン》◍、洪英基《ホン・ヨンギ》◍、金命潤《キム・ミョンユン》◍、金允植《キム・ユンシク》◍、金徳龍《キム・ドクヨン》◍、朴成哲《パク・ソンチョル》◍、尹奕杓《ユン・ヒョンピョ》◍、李哲熙《イ・チョルヒ》○、成楽絃《ソン・ナクヒョン》○（○は旧与党系、◍は旧野党系、△は朴正熙政権長官等）（以上の経緯の詳細は、中央選擧管理委員會編『大韓民國 選擧史』第4輯、三〇五―三〇九ページ）。

さて重要なのは、この一九八三年から八四年にかけての政治活動解禁により、多くの人々が政界に復帰し、政界の構造が大きく変化した事である。第二次禁止措置解除の直後、『朝日新聞』は次の様に述べている（『朝日新聞』一九八四年二月二五日）。

解除者の中には元民主共和党議員や元新民党議員等、約四〇人の元国会議員が含まれており、今後政治活動を再開する為、与党の民主正義党や野党の民主韓国党等への入党交渉がはじまるものとみられる。民主韓国党は既に政治規制解除者の受け入れの為、副総裁のポスト一つと党務委員ポスト五つを空けて迎え入れる事を決定している。

新韓民主党の結成と躍進

重要なのは、野党側の動きであった（『朝鮮日報』一九八四年一二月一日）。何故なら与党側においては、既に民主正義党の覇権が確立した状態にあり、朴正熙政権期の政治家の多くは、一部を除いて「過去の人」と看做されていたからである。朴正熙と全斗煥の間には、一四歳もの年齢差があり、若い指導者の登場が政府・与党内に大幅な世代交代をもたらしていた。

しかし、野党においては同じ事は起こらなかった。多くの野党政治家が活動を禁止された時期、彼等に代わって旧野党系勢力を率いたのは、それまでの野党指導部とほぼ同世代の人々であったからである。例えば、野党第一党である民主韓国党を率いた柳致松は一九二四年生まれ。一九二四年生まれの金大中と同年、一九二九年生まれの金泳三と比べれば五歳も年長だった。

だからこそ、金泳三や金大中をはじめとする人々は、柳致松や彼が率いる民主韓国党に入る事を、潔しとしなかった。金泳三は既に断食闘争後の一九八三年八月一五日、在米中の金大中と共に「八一五共同宣言」を発表、野党内における金泳三系と金大中系の連合に乗り出していた。この動きは、一九八四年五月一八日における「民主化推進協議会」の結成へと結実し、金泳三・金大中はこの「共同代表」に就任した。そしてこの民主化推進協議会を母体に、新しい野党の結党が模索される事になる。

そして、一九八四年一二月二〇日、「新韓民主党」が結成される。略称は朴正煕政権下の第一野党と同じ「新民党」となり、旧新民党の正統な後継者が自分達である事を、強烈にアピールする形となった。党首には、民主山岳会から金泳三と活動を共にして来た李敏雨が就任した。結党に際して、民主韓国党から一三名の国会議員が新韓民主党への入党を宣言し、同党は選挙を待たずして国会に議席を持つ事となった（中央選擧管理委員會編『大韓民國 選擧史』第4輯、三一五―三一七ページ）。

総選挙の投票日は一九八五年二月一二日と定められ、与党民主正義党と野党民主韓国党と韓国国民党、そして新たに結成された新韓民主党の間で激しい選挙戦が戦われた。とはいえ、この時点では未だ与党には大きなアドバンテージがある様に見えた。ライバルになる旧野党系勢力が、「体制内野党」の民主韓国党と新党の新韓民主党の二党に分裂し、票が割れる事が予想されたからである。

しかし、ここで新韓民主党は大きなギャンブルに出る。予てから帰国を希望して、米韓両国と調整を行っていた金大中が、投票日直前の二月八日に、韓国に帰国する事を発表したのである。全斗煥政権側はこれに、金大中の「再収監」をほのめかして対抗した。

しかし、この政権側の動きは海外からの圧力により制止される。金大中を支援してきたアメリカの上院議員クランストンは次の様に述べた（『朝日新聞』一九八五年一月一九日）。

金氏の身の上に不幸な事が起きたら、米韓関係だけでなく、国際的にも指弾を受け、八八年のソウル五輪にも悪影響をもたらすだろう。五輪ボイコットも起きるだろう。米国政府は、これまでも金氏の安全を求めてきたからだ。

ソウル五輪を人質にとられた形で、譲歩を迫られた全斗煥政権は、金大中の帰国を許容、帰国と同時に彼を事実上の軟禁措置に処する線で妥協する。しかし、金大中帰国のニュースは、国会議員選挙直前の韓国において大きく伝えられ、新韓民主党のブームを後押しした。政権による韓国国内のメディアの統制も大きく緩みつつあった。

総選挙の結果は、与党の民主正義党が得票率三五・二％で第一党、三議席を減らしたものの過半数を維持する一四八議席を獲得した。しかし重要なのは野党であった。新党、新韓民主党が得票率二九・三％で六七議席を獲得したのに対し、民主韓国党が得票率一九・七％、獲得議席三五議席と、四六議席も減らして惨敗したからである。更に両党を併せた得票率は、四九・〇％。朴正熙時代の野党であった新民党の後継政党を自認する両党への支持は、合計すれば与党を大きく上回る事になった。続く韓国国民党も七・二％の得票率を得て二〇議席と、五議席を減らし、第五共和国誕生と同時に生み出された「制度内野党」は惨敗した。新韓民主党は、ソウルや釜山では、単独でも民主正義党を圧倒し、第一位の得票率を獲得する事になっている。

選挙後、民主韓国党の柳致松は、「われわれは最善を尽くしたが、結果には驚きを禁じえない」「心機一転して野党の隊列に加わり闘争を続ける」と表明する（『朝日新聞』一九八五年二月一四日）が、同党の崩壊を止める事はできなかった。結果、民主韓国党から当選した議員の大半が新韓民主党へと党籍を移す事になり、同党は僅か三議席の少数政党に転落した。全斗煥政権が作り上げた「制度内野党」がその歴史的役割を終えた瞬間だった。

こうして選挙後、膨れ上がった新韓民主党の議席数は一〇三議席にまで増加し、国会では、共に一

表1　1986年ソウルアジア大会のメダル数

順	国・地域	金	銀	銅	計
1	中　国	94	82	46	222
2	韓　国	93	55	76	224
3	日　本	58	76	77	211

出典：「서울아시아경기대회（서울 Asia 競技大會）」『한국민족문화대백과사전』，https://encykorea.aks.ac.kr/Article/E0028033（最終確認2023年10月30日）等より筆者作成。

〇〇議席を超える民主正義党と新韓民主党による二大政党構造が出現した。そして、その事は全斗煥政権が政治空間を支配し、統制する事のできた時代が終わりに近づいている事を示していた。そして、一九八五年三月六日、全斗煥政権は、金鍾泌、金泳三、金大中を含む残る政治活動制限者一五名全員の活動が解禁される（『朝鮮日報』一九八五年三月七日）。こうして、韓国の政治空間は大きく自由化された。

「プレ五輪」としてのアジア大会

「韓国の伝統文化を紹介する三〇分間の式典に続き、各国選手団がネパールを先頭にグラウンドに入場した後、第一回大会旗を大会開催地のインド代表が朴世直ソウルアジア大会組織委員長に引き渡し、公式行事に入った。［中略］全大統領は続いて「本人はソウルで開催される第一〇回アジア大会の開会を宣言します」と開会を宣言した。特殊戦部隊の教育団員等が五色の煙を噴き出して飛ぶヘリコプターにぶら下がり、祝賀飛行と空中降下を行った」（『朝鮮日報』一九八六年九月二一日）。

一九八六年九月二〇日、翌々年に控えたソウル五輪のプレ大会の意味をも持つアジア大会がソウルにて開会した。会場には既に完成していたソウル五輪用の施設が使われ、開会式には日本の中曽根首相をはじめとする賓客が詰めかけた。

全斗煥の開会宣言によってはじまったこの大会で、韓国選手団は予想を上回る活躍を見せた。大会の当初の焦点は、これまで開かれた全てのアジア大会で首位を占めてきた日本を、新興の中国が逆転するかだったが、韓国がこの二か国に割って入ったからである。結果、韓国は金メダル数で中国に僅か一つ及ばない二位、金銀銅全てのメダルを合わせた数では、中国を二つ上回る一位となった。尚、日本は中韓両国から大きく劣後した成績で終わっている。

冷戦下、国交のなかった中国が参加した大会の成功は、「本番」と言える二年後のソウル五輪の成功に明るい展望を持たせる事となった。韓国政府は、五輪に備えて、ソ連や中国といった社会主義国との接近をも試みていた。関係改善の為の「道具」として使われたのもスポーツだった。一九八三年五月に発生した、中国民航機ハイジャック事件を契機に、はじめて中華人民共和国政府関係者との直接接触に成功した韓国（『外交青書』一九八四年）は、その後中国とのスポーツ交流に力を入れ、一九八四年には両国選手の相互訪問が実現した。ソ連との関係改善は、一九八三年九月のサハリン沖におけるソ連軍機による大韓航空機撃墜事件により一時期、頓挫したが、その後八五年にソウルで行われた国際スケート連盟主催のエキシビジョンにソ連選手が参加するなど、交流が再活発化する事となっていた。そして、一九八六年一一月、モスクワで開催された東側諸国首脳会議にて、北朝鮮とキューバを除いた東側諸国が、ソウル五輪に参加する事を決定する（전두환『전두환 회고록』2、二三九ページ）。

民主化運動の活性化

外交政策の成功とは対照的に、国内における全斗煥政権を巡る状況は厳しさを増していた。この頃になると学生運動は更に活発化し、一九八五年四月には全国学生総連合

（全学連）が発足する。傘下には「民族統一、民主争取、民衆解放」をスローガンとする「三民闘」も組織され、この「三民闘」は同年一二月には、ソウルにあるアメリカ文化院占拠事件を起こしている。学生運動の最大の目標は、韓国の民主化、とりわけ大統領直接選挙制の実現であり、ここに野党と学生運動が目的を一にして活動する事が可能となった。

全斗煥はこの様な状況に備える為に、政府・与党の改編を行い、中央情報部長を務めていた盧信永を国務総理に任命すると共に、先の国会議員選挙にて全国区から当選した盧泰愚を民主正義党の代表に据えた。

そして一九八六年四月三〇日、全斗煥は、民主正義党、新韓民主党、民主韓国党の三党代表を呼び「国会で与野党が合意して建議すれば、在任期間中に改憲する事に反対しない」と表明する。しかしその事は、全斗煥が野党や学生運動の求める大統領直接選挙制への憲法改正に応じた事を必ずしも意味しなかった。何故なら、この時彼の念頭にあったのは、議院内閣制への憲法改正だったからである。彼は言う（전두환『전두환 회고록』2、二四六ページ）。

我々の政治的な戦いが如何に極端なものであり、否定的な結果をもたらしているか。その原因は全て、過度なまでに強大な大統領権限に理由があるのではないのか。政権を握るかどうかの争いが、韓国の制度では、勝てば全てを獲得する与党と、逆に全てを奪われる野党との戦いになっているからだろう。

第五共和国憲法は全斗煥が主導して作り上げたものであり、強大な大統領権力は、彼が自ら望んで獲得したものの筈だった。にも拘わらず、この時点において全斗煥が突如として、強大な大統領権力に疑問を呈したのには理由があった。それは後継者への懸念である。

全斗煥は一九八一年における、自らとしては二回目、つまり一九八〇年の維新憲法に拠るものに次いでの、第五共和国憲法による大統領選出後、繰り返し、自らの大きな政治的目的の一つは韓国ではじめての「平和的政権移譲」を実現する事だ、と述べてきた。第五共和国憲法もまた、大統領の任期を一期に限ると共に、仮に憲法改正が行われて、大統領の再選が可能になった場合にも、その新たな規定は改正時の大統領には適用されない事を定めていた。つまり、全斗煥は自らの作り上げた憲法の規定に従う限り、一九八八年二月までには政権の座を降りる事が既に確定していたのである。

だからこそ彼には懸念があった。仮に自らが持つ強大な大統領権力が次の大統領に引き継がれれば、当然、政界から引退した自らもその支配下に置かれる事となる。野党が政権を獲得した場合は勿論、与党が政権を維持した場合にも、後継者となる新大統領が自らを適切に待遇してくれるとは限らない。故に、いっその事ここで憲法改正を実現して議院内閣制に制度変更し、強大な大統領権力そのものを消滅させるべきではないか、と全斗煥が考えたのには理由があった。議院内閣制に憲法を改正すれば、後継者の権力を縮小するのみならず、自らが「与党の実力者」として、引退後も背後から政治を操縦できる可能性も生まれるからである。

全斗煥の声明を受けて、国会では憲法改正の為の委員会が作られ、議論が行われたが、野党は大統領直接選挙制を軸とする憲法への改正を主張して譲らず、両者の交渉は暗礁に乗り上げた。当時の国会では、与党民主正義党が過半数を有してはいたものの、野党新韓民主党もまた単独で三分の一を超える議席数を有しており、与党はその協力なしに如何なる憲法改正の発議を行う事も出来なかった。全斗煥政権はこの野党の切り崩しの為に、党首の李敏雨や中間派の有力者である李哲承への工作を行うが、金泳三と金大中を中心とする勢力はこの動きに対して、これまでの新韓民主党に代わって、政権により鮮明な対決姿勢を示す統一民主党を結成して団結を維持し、全斗煥政権に対峙し続けた。脱党者が相次いだ新韓民主党は少数政党に転落する。市内では大統領直接選挙への憲法改正を求める署名運動が行われ、世論は次第に盛り上がりを見せていった（中央選擧管理委員會編『大韓民國 選擧史』第4輯、四二七―四四〇ページ）。

この様な中、焦りを深めた全斗煥は、非常事態を宣言する事も考慮した。彼は述懐する（전두환『전두환 회고록』2、六〇六ページ）。

時局がこの様に憂慮される方向に展開されると、私は国家安全企画部長と軍関係者に、非常措置を取る計画を具体化するよう指示した。この計画には国会の解散と非常戒厳令宣布などの措置が含まれていた。私が具体的な非常措置を関係当局に指示し、その実行時期が迫っているという噂が流れ、野党が極度に緊張しているという報告も入ってきた。一〇月二〇日頃に開かれた公安関係長官会議で、張世東部長は私の指示を説明し、「非常措置は最後の手段であり、取らないで済むならその方が良い。現在は措置を取る状況ではない」と述べた。その後一一月二日、私は国家安全企画部長と軍関係者に非常措置を取る日付を一一月八日午前〇時に決めた、と伝えた。すると金大中氏は、私が非常措置を取ろうとした一一月八日を三日後に控えた一一月五日、「全斗煥が大統領の直接選挙制への改憲要求を受け入れれば、自らは大統領選挙に出馬しない」と公式に発表した。私は同日、張世東国家安全企画部長に「予算案の国会通過後、非常措置が取れる様に準備せよ」とひとまず措置を先送りにした。すると与野党は一二月一六日、三党の代表が会談を行い、年末で終わる予定だった国会の憲法改正特別委員会の活動期限を延長する事で合意し、局面は小康状態に入った。

とはいえ、状況は飽くまで小康状態に過ぎなかった。結果、一年後の一九八七年四月一三日、全斗煥は改憲に向けた自らの意志を撤回し、現行憲法にて次期大統領選挙を行う事を明らかにする。所謂「四一三護憲措置」である。しかし、この全斗煥の表明は、再び政権が自らに有利な選挙運動の極めて限定された現行の間接選挙制度の下、大統領を選出し、政権維持を図ろうとする意図を明らかにしたものとして受け取られ、学生運動や野党の大きな反発を生む事となった。結果、韓国全土では、民主化を求めるデモが頻発する。既に同年一月一七日には、ソウル大学生であった朴鍾哲《パク・ジョンチョル》に対する拷問致死事件が発生しており（中央選擧管理委員會編『大韓民國 選擧史』第4輯、四四〇―四四二ページ）、政権への批判は激しいものとなっていた。そこから、一九八七年六月二九日、民主正義党の代表である盧泰愚が大統領直接選挙制への憲法改正を受け入れる旨の「民主化宣言」を発表し、韓国が民主化へと導かれるまでの過程は、よく知られているところであり、全斗煥の評伝である本書でその過程そのものを詳細に述べる必要はないであろう（中央選擧管理委員會編『大韓民國 選擧史』第4輯、四四〇―四五〇ページ）。

後継者指名

寧ろ、本書において重要なのは、韓国全土が民主化を求める動きに揺さぶられる中、全斗煥が何を思い、何を行っていたかであろう。この当時の彼にとって最も重要な問題は、自らの後継者を誰にするかであり、またその人物にどの様に権力を移譲するか、であった。有力な候補者は二人の「盧」。国務総理の盧信永と民主正義党代表の盧泰愚である（『朝鮮日報』一九九四年五月二五日。全斗煥の家族は盧信永を推した、という）。

盧信永は全斗煥が自らの最初の組閣において見出した人材であり、外交官出身でありながら、外交部長官から情報機関である国家安全企画部長、そして国務総理へと異例の出世を遂げてきた。対して盧泰愚は言うまでもなく、士官学校時代からの全斗煥の同期生であり、全斗煥が軍を掌握する粛軍クーデタにおいても、唯一彼が自らの構想を事前に打ち明け、その計画を相談した無二の親友、と言える人物である。

そしてこの二人の中から六月二日、全斗煥は大統領官邸の一角にある韓国式家屋「常春齋」に国会議長団と民主正義党中央執行委員を招集し、盧泰愚を自らの後継者にする意を明らかにする。この会議で全斗煥は、民主化を求める運動により、韓国社会が騒然とする状況においては、軍での勤務経験があり安全保障に詳しい人物を、大統領とすべきである、と説明した、とも記している。全斗煥は『回顧録』にて、盧泰愚を自らの後継者にする事は、その遙か以前から心に決めていた、とするが、果たしてそれが本当の事なのかはわからない。

盧泰愚は続く六月一〇日、ソウル市内のオリンピック公園にある体育館で行われた民主正義党の全党大会にて、公式に党の大統領候補に選出された。受諾演説で彼は、「政権移譲とオリンピックという二大事業が成功した後、憲法改正を実現する」と述べている。つまり、この時点での盧泰愚は、全斗煥が「四一三護憲措置」で示したのと同じく、現行憲法の定める間接選挙により自らが大統領に選出される事を望んでいた事になる（『朝鮮日報』一九八七年六月一一日）。

民主化宣言は誰が主導したか

ここで問題は、盧泰愚がどの様にしてこの当初の方針を一変して、大統領直接選挙制への憲法改正を受け入れる事になり、「民主化宣言」を出すに至ったのか、である。その経緯について、全斗煥は以下の様に説明する。「四一三護憲措置」に対する国民の反発を見て、自分はそれまでの議院内閣制への未練を捨てて、大統領直接選挙制を許容するしかないのだ、と考えるようになった。だからこそ、その旨を後継者である盧泰愚にも説得し、彼がこれを受け入れるように試みた。説得が行われたのは、六月一七日の事だったという。しかし、その『回顧録』によれば、現行憲法における間接選挙制での自らの大統領選出を望む盧泰愚はこれに容易に応じなかった。全斗煥は回想する（전두환『전두환 회고록』2、二五九ページ）。

> 盧代表は一瞬、困惑した表情を浮かべながら、直ちに、反対すると述べた。間接選挙により無難に当選する事を期待し、これに沿った選挙戦略を構想していた盧代表に、私の指示は大きな衝撃を与えたに違いない。［中略］私が盧代表を急に呼び出して直接選挙制を受け入れなければならない理由と、直接選挙制を通じても勝利できるという自信の根拠を十分に説明せずに、いきなり直接選挙制で行こう、という結論的な指示を下したのだから、盧代表が慌てて、私の指示に拒否感を示したのは当然の事だった。

全斗煥によれば、彼はその後も盧泰愚の説得を続け、結局盧泰愚がこれを受け入れたのは、六月一九日の事だった、という。しかし、盧泰愚は全斗煥に一つ注文を付けた。自らが民主化を受け入れる事を発表すると同時に、全斗煥にはこれを拒否する様に行動して欲しい、というのである。そこには全斗煥を「悪役」とする事で、自らが民主化を主導する「英雄」であるとするイメージを作り上げ、大統領選挙を有利に運ぼうとする盧泰愚の意図があった、と全斗煥は解釈する。全斗煥は、「そこまでしなければならないのか」と答え、回答を一旦留保した、という。

結局、全斗煥は、民主化に反対した人物として烙印を押される事を恐れてこれを拒否したが、盧泰愚は民主化宣言発表の直前まで、自らのシナリオに従うように全斗煥に執拗に求めたというのが、全斗煥の主張である。しかし全斗煥はこれに従う事なく、盧泰愚が民主化を宣言した二日後の七月一日、「民主発展国民和合措置」と題する声明を発表し、「与野党が早期に大統領直選制に合意して改憲が確定すれば、新しい憲法に従って第一三代大統領選挙を任期中に実施し、一九八八年二月二五日に後任大統領に平和的に政府を移譲する」事を約束する。盧泰愚の意図に反して、彼の民主化宣言への支持を表明した訳である。

とはいえ、それは飽くまで全斗煥の主張である。他方、盧泰愚は異なる回顧を残している（以下、노태우『노태우 회고록』上、三一三ページ以下）。六月一〇日、盧泰愚は全斗煥が六月二〇日午前四時を期して、釜山地域に衛戍令を発動する計画を有していた、と証言する。これに従うなら、全斗煥は盧泰愚に政権移譲の意志を伝えた後においても、力による民主化の阻止を諦めていなかった事になる。盧泰愚はこれを押しとどめる為に、国防部長官の李基白等を通じて、全斗煥に衛戍令の発動を断念す

るように説得し、これに成功したのだ、と回顧する。この説明によれば、盧泰愚は起こりかねなかった「第二の光州事件」の勃発を、未然に防いだ英雄だ、という事になる。

六月二二日、大統領官邸で全斗煥と面会した盧泰愚は、尹潽善、崔圭夏の大統領経験者や与野党領袖を含む有力者との会談の開催を提案する。そしてこの会談後、全斗煥は次の様に言ったという。「党の信頼度や盧代表のイメージを考えれば、直接選挙制にしても我々が勝つのではないか」。盧泰愚はこの発言を聞いて、全斗煥が民主化を認めたものと理解し、「しめた、上手く行った」と思った、と回顧する。しかし、ここから盧泰愚は更にもう一つ手を打った。つまり、全斗煥に「これまで議院内閣制への憲法改正を訴えていた大統領が、突然意見を変えても国民が混乱するだけではないか」との疑義を、敢えて示してみた、のである。この盧泰愚の回顧が事実なら、彼は憲法改正へ消極的な自らの姿勢を見せる事で、逆に全斗煥を憲法改正へと導こうとする、その性格を熟知する人物ならではの、込み入った策略を取った事になる。こうして大統領直接制への憲法改正の意志を再確認した全斗煥が、盧泰愚を説得してこれを受諾させる図式が成立し、全斗煥は後にその主張から引けなくなった。それが事の真相だ、というのが盧泰愚の主張である。

ともあれこうして、一九八七年六月二九日、全斗煥の了承を得た盧泰愚は「民主化宣言」を発表する。その内容は以下の様になる（中央選擧管理委員會編『大韓民國 選擧史』第4輯、四四九―四五〇ページ）。

1　与野党合意の下、速やかに大統領直選制改憲を行い、新憲法による一九八八年二月の大統領選挙を通じて政権を移譲する。
2　自由な出馬と公正な競争が保障されるように大統領選挙法を改正する。
3　金大中を含む時局事犯等を赦免復権及び釈放する。
4　人間の尊厳を尊重するため、新憲法は基本権を強化する方向に修正する。
5　言論関連制度と慣行を改善し、言論の自由を最大限保障する。
6　社会各部門の自治／自律を最大限保障し、そのために地方自治および教育自治を実施し、大学も自治に委ねる。
7　自由な政党活動を保障し、対話と妥協の政治風土を育成する。
8　明るく澄んだ社会建設のために社会浄化措置を講じる。

盧泰愚の宣言は、韓国世論や野党に歓迎された。こうして先に触れた全斗煥のこれを受け入れる旨の声明と合わせて、韓国は民主化へと大きく前進する事となる。しかし、それは全斗煥にとっては、長い「冬の時代」の始まりを意味していた。

第十一章　転落と最期

1　盧泰愚との葛藤

大統領退任

「民主化宣言」は、韓国世論によって歓迎され、韓国は民主化への歩を早める事となった。与党民主正義党の代表である盧泰愚自らが、大統領直接選挙制への憲法改正を受容した事により、国会で最早これに反対する政党は存在しなくなり、その論議は順調に進む事となった（以下の経緯は、中央選擧管理委員會編『大韓民國 選擧史』第4輯、四五一ページ以下）。二大政党である民主正義党と統一民主党はそれぞれ四名ずつの代表を出して「八人委員会」を構成し、ここで具体的な憲法草案の内容が議論された。

七月三一日に初会合を行った「八人委員会」は、早くも八月三一日には附則を含む一三〇項目にも及ぶ憲法改正案に合意する。この内容は九月二日に行われた、盧泰愚民主正義党代表と金泳三統一民主党総裁との会合を経て、再度「八人委員会」で討議される事となり、同委員会は九月一六日には全ての作業を終えた。最後まで議論の的となったのは、新憲法の発効を何時にするかであった。この問題は、最終的に、国民投票後の憲法の即時発効を主張した統一民主党側が、全斗煥の大統領退任の日である一九八八年二月二五日の発効を主張した民主正義党に、譲歩する事で決着する事となっている。こうして全斗煥は自らの大統領の任期の全てを第五共和国憲法の下で終える事が決まる。

他方、国会では八月一四日、再度、憲法改正特別委員会が設置されたものの、実質的な審議はすぐに行われず、先の二大政党による「八人委員会」の暫定的な結果が出された八月三一日以後、この憲法改正案に関わる聴聞会が開催された。新憲法の内容に関する実質的な協議の場が、国会ではなく「八人委員会」であった事がわかる。そしてその「八人委員会」が最終的な結論を出した二日後の九月一八日、国会では二七二名の在籍議員のうち二六二名の圧倒的多数の賛成を得て、国会が憲法改正を発議し、この憲法案が国民投票に付せられる事になる。国民投票が行われたのは一〇月二七日。総投票数二〇〇二万八六七二票の実に九三・一％の賛成を得て、新憲法案は承認された。

一連の経緯から明らかなのは、この時点で与党の主導権を握っていたのが大統領の全斗煥ではなく、次期与党大統領候補の盧泰愚だった事である。全斗煥の陰に隠れたナンバーツーに過ぎなかった盧泰愚の存在は、劇的な「民主化宣言」により、韓国内外の世論の脚光を浴びる事となった。そして、彼は一二月一七日に行われた大統領選挙で、金泳三と金大中に分裂した野党勢力を抑えて大統領に当選する。選挙運動で自らを売り込む為に盧泰愚陣営が用いたキャッチフレーズは、「普通の人」。そこに強面で「権威主義者」全斗煥と自らを差別化する巧みな選挙戦略がある事は明らかだった。

「普通の人」である事をアピールする為に盧泰愚は、「民主化宣言」そのものについても事実とは些か異なる説明を、この選挙において行った。本書で紹介した全斗煥と盧泰愚双方の証言から明らかな様に――その主導権がどちらにあったかは別にして――「民主化宣言」は全斗煥と盧泰愚による協議の産物であった。しかし、盧泰愚とその陣営は宣言の後、これが盧泰愚による「孤独な決断」の産物であったと宣伝した。言うまでもなくそれもまた、「最後まで民主化に反対した全斗煥」に対して、「果敢に民主化を決断した盧泰愚」というイメージを国民に流布する為だった。

勿論、全斗煥はこの様な盧泰愚のやり方に一定の不満を有していた。にも拘わらず、彼が公にそれに異を唱えず、容認した理由として、全斗煥は「平和裏の政権交代を実現したかった」事を挙げている（전두환『전두환 회고록』2、二四一―二六二ページ）。しかし、より重要だったのは、事ここに及んだ時点では、大統領選挙における盧泰愚の勝利が、全斗煥にとっても至上命題になっていた事であったろう。盧泰愚が敗れて、そのライバルである金泳三や金大中が勝利した場合には、自らと自らの政権を巡る状況が更に悲惨なものになるであろう事は明らかだったからである。

「盧泰愚をよくご存じですか」

こうして韓国の政治体制が大きく変化しようとしていた頃の状況について、全斗煥は一つのエピソードを『回顧録』に残している（전두환『전두환 회고록』2、六二一―六二三ページ）。全斗煥による盧泰愚の後継者指名が公になる直前というから、一九八七年の六月初め、彼は前国防部長官の金貞烈《キム・ジョンヨル》の訪問を受けた。やって来た金貞烈は全斗煥にいきなりこう切り出した。「盧泰愚をよくご存じですか」。「勿論だ」、と答えた全斗煥に対して、金貞烈は、「確実に信用できる人間だと思いますか」と畳みかけた。「信用できる」という全斗煥の答えに対して、更に金貞烈は「では大統領が上手く務まると思いますか」と問いかけた。「上手く務まると思うから後継者に

指名した」。全斗煥のその答えを聞いた金貞烈は、「ならば結構です」と答えて、大統領官邸を後にした（全斗煥はこの直後に金貞烈を国務総理に指名している。会話との関係は不明である）。

そしてそれから八か月後の一九八八年二月二五日。任期満了を迎えた全斗煥は大統領官邸を後にして、自宅に居を移した（この自宅はベトナム戦争から帰国後に購入したものという）。大統領の任期満了に伴う退任と、それによる異なる人物の大統領の平和裏での就任は、一九四八年に大韓民国が建国されてから、確かにはじめての出来事であった。

そして、その直後、金貞烈が全斗煥を再び訪問した。先の大統領官邸訪問の後に、全斗煥によって国務総理に任命された彼は、全斗煥の退任と共に、自らもまた国務総理の職を辞する事となっていた。そして彼は再び全斗煥に問いかけた。「盧泰愚を今でも信じますか」。全斗煥は対して、「今でも信じている」と答えたという。

全斗煥は記している。金貞烈は盧泰愚のポーカー仲間であり、故に全斗煥も知らない盧泰愚の「異なる面」を知っていたのだ、と。民主化後の新しい政権の発足に沸く韓国では、既に全斗煥と彼が築き上げた「第五共和国」を糾弾する声が高まっていた。

転落

「民主化宣言」の頃、全斗煥は、陸軍士官学校時代からの自らの友人である盧泰愚が大統領になれば、自らも自らが残した政治勢力も安泰であり、少なくとも短期間では大きく事態が悪化する事はないだろう、と考えていたように思われる。

しかし、事態の展開は彼の予想より遥かに早かった。盧泰愚の大統領選挙当選以前から、全斗煥とその政権に対する非難は高まっていた。最初にターゲットになったのは、彼の政権下で「セマウル運動本部」会長等を歴任した、全斗煥の実弟、全敬煥を巡る横領、脱税疑惑である。全斗煥政権下では、彼の多くの親族が政府や関係企業の要職に就職したが、その中でも、朴正熙暗殺事件の際の大統領警護室の一員として、彼の政権獲得を助けた全敬煥の地位は突出したものがあり、その目立った行動は、既に全斗煥自身が権力の座にあった頃から、幾度かの非難を浴びる事となっていた。

この時期におけるもう一つの批判の矛先は、新憲法（以下「第六共和国憲法」と表記）により、設置された「国家元老諮問会議」の存在であった。この憲法では、この諮問会議の議長には「前職大統領」が就任する事が定められており、全斗煥がこの会議を基盤に「院政」を敷くつもりなのではないか、という批判である。

これら一連の疑惑に対して、全斗煥は一九八八年四月一一日、「いろいろと芳しくない事件で物議を醸して国民に恐縮している」として謝罪に追い込まれ、二日後の一三日に、国家元老諮問会議の議長を辞任する旨の声明を行っている。そして一六日には、全敬煥が横領の疑惑で起訴される。

大統領退任直後の突然の苦境。この全斗煥にとって予想外の展開の原因の一つは、これらの疑惑に対して新たに成立した盧泰愚政権が、全斗煥を守ろうとしなかった事にあった。背景にあったのは四月二六日に迫っていた第六共和国憲法下における初の国会議員選挙だった。前年一二月の大統領選挙こそ、野党候補者の分裂により辛うじて勝利したものの、その際の盧泰愚の得票率は三六％余りにしか過ぎなかった。だからこそ、来るべき国会議員選挙で与党が苦戦する事は誰の目にも明らかだった。

この様な中、全斗煥と彼の親族を巡るスキャンダルは政権にとって致命傷になりかねず、故に盧泰愚は彼等を更に積極的に自らの政権から「切り離す」事を選択した。全敬煥が逮捕された翌日、盧泰愚は記者会見を行い、「不正を取り除く際に聖域はあり得ない」と宣言し、前政権に関わる疑惑の徹底解明を宣言した。併せて自身の財産目録を公開、そのクリーンさをアピールした。しかし、この盧泰愚の自らのクリーンさのアピールは、後に大きく裏目に出る事になる（『朝鮮日報』一九八八年四月二二日。その後、盧泰愚が仮名の裏口座を有しており、そこに巨額の秘密政治資金が預金されていた事が明らかになるからである。後述）。

しかし、この様な一連の「脱全斗煥」戦略にも拘わらず、与党は国会議員選挙で惨敗し、韓国国会には「与小野大」と呼ばれる、少数与党状況が出現する。盧泰愚政権に対して野党は、全斗煥とその政権に対する疑惑を追及する特別委員会の設置を要求した。この要求は、特別委員会設置の為の法改正を経て実現され、七月五日を期して、全斗煥政権期の不正を調査する「五共非理特別委員会」と、同じく光州事件の真相究明に当たる「五一八民主化運動真相調査特別委員会」が活動を開始する事となっている。

これらの特別委員会における活動の焦点は、何といっても前大統領である全斗煥の証人喚問の実現であり、野党はこれを強く要求した。しかし、盧泰愚は勿論、当時の与党関係者の多くは、全斗煥やその政権との深い関係を有する人達であり、彼等にとって全斗煥の証人喚問は諸刃の剣と言えた。仮に全斗煥が自らの行為の違法性や不当性を否認すれば、野党や世論はこれに激高し、その流れを汲む政権への批判を高める事になるに違いない。逆に、全斗煥が自らの責任を認め、真相を暴露しても、当時の政府関係者にその余波が及ぶ事は明らかだった。

盧泰愚政権にとって、深刻な問題だったのは、この時点で既に全斗煥は盧泰愚に対して不信感を募らせており、政権の指示に従って動くような状態にはなかった事である。事実、この時期に関わる全斗煥の『回顧録』には、自らの責任を追及する野党や世論に対する不満が殆ど書かれていないのに対し、自らとの約束を破り、切り捨てようとする盧泰愚に対する怨嗟の言葉で満ち溢れている。全斗煥には、自らの指名で後継者に納まった盧泰愚が、自らを犠牲にしてその政権を維持しようとする事が許せなかった。

とはいえ、その事は逆に、盧泰愚にとって全斗煥の存在がどれ程「重荷」であったかを意味している。そしてその為に盧泰愚政権が取った手法は、とにかく全斗煥を政治の前面から追放し、可能なら責任を認めさせ、謝罪を行わせる事だった。

レマン湖計画

この様な盧泰愚政権の動きは、国会で特別委員会の設置が議論されていた最中の一九八八年六月、全斗煥に対する事実上の海外亡命の提案となって現れる。行き先はスイス、盧泰愚政権はこれを「レマン湖計画」と呼んだという（以下、전두환『전두환 회고록』3、一六二ページ以下）。しかし、この提案は全斗煥によって即座に却下された。理由はそれが、全斗煥にとって単に屈辱的な提案であり、またイスラーム革命後、亡命先を転々として死去する事となったパフレヴィー二世等の例がその脳裏に去来したからだけではなかったろう。何故なら、この時点での全斗煥には、同年九月に開催されるソウル五輪の開会式に出席するという大きな具体的目標があったからである。一九八一年に自らの政権の下で誘致に成功したソウル五輪は、全斗煥にとって自らの政権の最大の成果の一つであり、その開会式への出席は、前大統領である自らにとっての最大の「花道」となる筈だった。

しかし、この全斗煥の希望もまた叶わなかった。一九八八年八月を過ぎると、一部のメディアが、「全前大統領は開会式に出席しないだろう」という、「政府関係者」の話を報道した（例えば、『朝鮮日報』一九八八年九月八日）。これらの政府関係者の話のリークが、全斗煥に開会式に出席を諦める様に仕向ける政権側の意図的なアドバルーンであった事は明らかであり、結果、全斗煥は朴世直五輪組織委員会会長に対して、開会式への出席を自ら断る事を余儀なくされている。彼は次の様に述べたという（전두환『전두환 회고록』3、一六六ページ以下）。

五輪の成功的な開催が当面の国家の至上課題であり、国民の希望である。この様な事実に照らしてみると、私が大会現場を直接参観するかどうかについて雑音が起きているのは、決して私の望む事ではない。故に、私は開会式への出席要請を丁重にお断りする。

全斗煥はこの様な盧泰愚政権による、メディアへの意図的なリークを通じて既成事実を積み上げる事で、他人に圧力をかけて、「自らの望まぬ台詞を無理矢理言わせる」方法を嫌悪していた。そして、この様な盧泰愚政権との対立は、自らそのものの処遇に絡んで、より明確になった。

「レマン湖計画」に失敗した盧泰愚政権が次に全斗煥に求めたのは、「謝罪からはじまり財産の国家献納、そしてソウルを離れての帰郷」へと進むシナリオの履行だった。つまり、全斗煥が国民への謝罪の言葉を発すると同時に、自らの財産を国家に献納し、故郷に帰って公的生活から引退する事で、「五共非理」に決着を付けようというのである。この時点で盧泰愚は既に、「第五共和国の清算と断

絶」の意を明確にしており、その象徴として、全斗煥に具体的な行動を求めた事になる。全斗煥の盧泰愚への怒りは高まった。一一月八日、全斗煥は、盧泰愚の側近等を自邸に呼び出し、次の様に告げている（전두환『전두환 회고록』3、一七一ページ以下）。

盧大統領の為になり、国の為になるなら、私はいかなる犠牲をも甘受する。しかし、その為には盧泰愚が一言、話をすべきではないのか。約三〇年もの間、苦楽を共にしてきた我々が敵対的な関係にならない事を願う。

その一週間後、盧泰愚は全斗煥に電話をかけた。口調は丁寧で低姿勢だった、と全斗煥は回顧する。「閣下と私は生死を共にする存在です。閣下が犠牲になれば、私も犠牲になります」、という言葉を残した盧泰愚はそれでも、「謝罪・財産献納・帰郷」を全斗煥に要求した（전두환『전두환 회고록』3、一七二ページ以下。また、『朝鮮日報』一九八八年九月一七日）。

百潭寺での二二八日

結局、この問題は、次の様な形で一旦決着する。一九八八年一一月二三日、全斗煥は自邸で記者会見を行い、「国政の過誤はすべて最終決定権者・監督権者である私に責任がある」として、光州事件をはじめとする自らの政権下の問題についての責任を認める謝罪文を読み上げた。その後彼は、「退任するや否や不正の主人公として国民の批判の標的となったのは自業自得である」とした上で、自らの財産を公開、政治資金と併せて「全て政府が国民の意志に従って処理して欲しい」と宣言した。この宣言の後、全斗煥は自らの故郷である陜川ではなく、江原道にある山寺百潭寺《ペクタンサ》へ、夫人である李順子と共に居を移した。「帰郷」ではなく、「都落ち」或いは「下洛」になった訳である（『朝鮮日報』一九八八年一一月二四日）。

三日後、盧泰愚は特別談話を発表し、大統領在任中の全斗煥の政治行為に対し、司法的処置はとらない、として赦免する方針を明らかにすると共に、光州事件の被害者の名誉回復・補償の為の特別立法を行う意思を明らかにした（『朝鮮日報』一九八八年一一月二七日）。他方、その背後では全斗煥と盧泰愚の間には、この日までにソウル市内の自宅は接収しない事、更には国家に献納する財産の一部は大統領官邸の資金から補塡される事、などの密約が成立していた。

江原道の山中にある百潭寺は、冬にはマイナス二〇度以下にもなる極寒の地であり、全斗煥夫妻は僅か二畳程の部屋を与えられて「謹慎生活」を送った。寺には全斗煥の側近がソウルから交代で詰め、警護等を行った。その生活について、全斗煥は『回顧録』にて、それが如何に困難なものであったかを、多くのページ数を割いて記している。

そしてそんな百潭寺での生活の中、全斗煥は一九八九年二月六日から「百日祈禱」を始めている。午前三時という早朝に開始されるものを含めて、一日に四回（実際にはそのうちの一回は経典の学習であった）の「祈禱」を一日も欠かさず一〇〇日間継続する、というこの苦行において、彼が祈った内容の中には、国民の幸せや国家の為に犠牲となった英霊の供養と併せて、クーデタや光州事件等に関与したとして逮捕されていた李鶴捧や張世東の釈放も含まれていた、というから、この祈禱が必ずしも自らのこれまでの政治的遍歴に対する反省の産物でなかった事は明らかであろう。全斗煥は次の様な述懐も残している（전두환『전두환 회고록』3、一八九ページ以下）。

　百日祈禱のうち、ある日はまた考えた。私がもし民主化宣言を一人で決心した時、選挙戦で必ず民主正義党が勝たなければならないという欲心を捨てる事ができたなら、どうなっていただろうか。私がもし、民主正義党の盧泰愚候補に民主化宣言の全ての栄光を与え、大統領選で必ず勝たなければならないと必死に頼む代わりに、大統領候補の三金氏を全員大統領府に呼び、直接選挙制を含む全ての民主化要求を受け入れるから、正々堂々と戦って欲しいと言っていたなら、彼等の積年の怒りが解消し、報復政治が繰り広げられる事はなかったのではなかろうか。

百潭寺で祈禱する全斗煥

　さて、その頃、全斗煥が怒りを募らせる盧泰愚は更なる苦境に直面していた。全斗煥の「謝罪・財産献納・下洛」にも拘わらず、彼と彼の政権に対する追及は止む事なく、国会の二つの特別委員会は依然として、前政権への追及を続けていた。加えて、この頃までに盧泰愚には、自らが「孤独の決断」と宣伝して来た「民主化宣言」が実は全斗煥との合作であった事、更には、全斗煥の「財産献納」において、大統領官邸からの補填があった事が明らかになり、これらが盧泰愚自身への疑惑として向けられるようになっていた（例えば、『朝鮮日報』一九八八年六月二六日）。

　ここに盧泰愚政権と与党民主正義党は、全斗煥

政権を巡る政局の「幕引き」をもう一度試みる事となる。即ち、自らが下洛させた全斗煥を、もう一人の元大統領である崔圭夏と共に国会に呼び、公式に謝罪、証言させる事にしたのである。五月一九日、国会で与野党はその旨合意し、盧泰愚政権は、証人喚問実現の為に、全斗煥との再度の交渉を試みた。全斗煥は当然の様に条件をつけた。証言は一回きりである事、自分の証言で第五共和国を巡る問題に終止符を打つ、という合意がなされる事、これ以上の第五共和国関係者の政治的・司法的追及をしない事、第五共和国と無関係な崔圭夏元大統領を対象から外す事などがその主たる内容だった（전두환『전두환 회고록』3、一九六―一九七ページ）。

盧泰愚政権と全斗煥側の最後の交渉は、一九八九年一二月二三日、前現大統領の間での、直接の電話による通話で行われた。全斗煥によれば、盧泰愚はこの条件を呑み、一二月三一日、全斗煥による「五共非理特別委員会」「五一八民主化運動真相調査特別委員会」合同委員会での証言が実現する。しかし、この証言において全斗煥は、一部の問題を除いて、自らの責任を認める事はなく、その証言は野党議員等による怒号により、八回に亘って中断された。結局、一二月三一日二三時五九分、新しい年まで僅か一分を残した段階で、全斗煥は自らの証言内容を記した書面を残し、国会を退場した（『朝鮮日報』一九九〇年一月一日）。

これにより、国会における特別委員会の活動は中断となり、一九九〇年一月四日、盧泰愚は、全斗煥政権と光州事件に関わる国会の全ての調査は終結した、と宣言した。

失われた和解の機会

盧泰愚が、全斗煥政権を巡る問題の終結を急いでいたのには理由があった。政界再編が迫っていたからである。少数与党が多数を占める野党に対峙する、

「与小野大」の不安定な政治状況の打開を目指す盧泰愚は、与党である民主正義党と一部の野党との合同を画策し、その触手は当時の主要政党の全てに及んでいた。そして一九九〇年一月二二日、盧泰愚は、統一民主党総裁の金泳三、新民主共和党総裁の金鍾泌と共に、三党合同を発表する。三〇〇名を定数とする韓国国会において、実に二二一議席を有する巨大与党、民主自由党の誕生である（『朝鮮日報』一九九〇年一月二二日）。

巨大与党の誕生は、国会における「与小野大」状況の解消を意味しており、それは即ち、全斗煥や盧泰愚にとっては、この巨大な数の力を用いて、自らの過去に関わる責任追及から逃れられる可能性が大きくなった事を意味していた。金泳三や金鍾泌にとっても、自らが連合を組んだ旧民主正義党系勢力のスキャンダルは、来るべき国会議員選挙や大統領選挙において大きなマイナスとならざるを得ず、彼等はその追及から大きく後退する事となる。

さて、その頃、全斗煥は再び百潭寺へと戻っていた。全斗煥側は、大統領が自らへの責任追及の終了を宣言した以上、早期のソウルへの帰宅が実現されるべき旨主張したものの、その実現の為の政権側との交渉は難航した。何故なら政権側は、全斗煥が嘗ての自宅に戻るのではなく、同じソウル市内の龍山にある「別荘」へと居を移す事を求めたからである。因みに龍山は全斗煥が最初に自宅を購入した場所であるから、或いはその古い住宅がまだ残っていたのかも知れなかった（전두환『전두환 회고록』3、二二一ページ以下）。

しかし、盧泰愚への不信感を高めていた全斗煥はこの提案に応じず、結局、再び両者の直接の電話協議を経て、一九九〇年一二月三〇日、全斗煥は百潭寺を離れてソウルの自宅へと戻る事となる。彼はその際の信条を、「雪後始知 松栢操 事難之後 丈夫心」と記している。「雪が降り始めて、松や柏が常緑である事の偉大さがわかるように、大きな困難の後にこそ、大丈夫の心の強さがわかるのだ」とでも訳せようか。国会や世論からの厳しい追及にも拘らず、全斗煥の自らのプライドを守ろうとする闘志が未だ失なわれていなかった事がわかる。

さて、こうしてソウルへと戻った全斗煥は、暫くの間、家族と共に平穏な日々を送った。そしてその全斗煥に対して、頻繁に招待の意を示す人物が一人いた。盧泰愚である。しかし、全斗煥は彼の招待には応じなかった。「信頼関係が壊れている間は会う事ができない」というのがその理由であった。

そんな状況が続いていた一九九一年一〇月、全斗煥は、盧泰愚に長い手紙を送っている。彼がそこで訴えたのは、長年の友情に対する盧泰愚の裏切り行為であり、彼が全斗煥を切り捨てて保身を図っている事を強く批判した。しかし、盧泰愚から帰って来たのは短い書簡だった。盧泰愚の主張は明確だった。自分は全斗煥を裏切ったのではなく、その保護に全力を尽くしてきた。全斗煥はそれを誤解しているのだ、と。

同じ頃、李順子の母、つまりは全斗煥の義母が死んでいる。全斗煥はこの時、弔問の為に盧泰愚が自らやって来る事を期待していた。しかし、やって来たのは盧泰愚の夫人、金玉淑《キム・オクスク》だった。「盧泰愚は和解の機会を逃した」。全斗煥は『回顧録』に口惜しそうに記している（전두환『전두환 회고록』3、二七七ページ以下）。

2 法廷闘争

歴史の見直し

一九九二年は選挙の年だった。三月に国会議員選挙があり、与党の民主自由党は一九四議席から一四九議席へと大幅に議席を減らす事になった。金大中率いる民主党と、現代財閥総帥の鄭周永《チョン・ジュヨン》が新たに結党した統一国民党が躍進し、両者は来るべき大統領選挙での有力候補者としての地位を確固たるものとする。

敗れた与党では、盧泰愚の求心力が急速に失われ、政権はレイムダック化する事となった。代わって与党の中心となったのは、旧統一民主党総裁であった金泳三であった。金泳三は五月、正式に民主自由党の大統領候補に選出される。

そして一二月、金泳三、金大中、鄭周永の三つ巴で行われた大統領選挙で勝利したのは、金泳三。一九九三年二月に大統領に就任した彼は、「文民政権」のキャッチフレーズを掲げて、軍人出身であった前任の盧泰愚との違いを積極的にアピールした。結果、就任後初期の金泳三は八〇％を超える極めて高い支持率を獲得した。この記録は今日に至るまで、民主化以後の大統領の歴代最高支持率となっている。

この様な状況において、金泳三がもう一つのキャッチフレーズとしたのが、「歴史の見直し」であり、これにより日韓両国間の歴史認識問題が激化した事はよく知られている。しかし、この「歴史の見直し」の主たる対象は、日本をはじめとする他国との関わりではなく、韓国国内の問題であった。

即ち、金泳三はこのキャッチフレーズの下、これまでの韓国政治において大きな影響力を持っていた「権威主義政権」とそれを支えた勢力の清算を試みたのである。そこには、李承晩政権期から朴正熙政権、そして全斗煥政権へと続く長きに亘って、野党の有力政治家として活動して来た金泳三自身の経歴と自らの民主化運動に関わる活動への強い自負が存在した。

そして、この「権威主義政権」の清算は、金泳三にとって、与党である民主自由党内の主導権争いとも繋がるものであった。党内に依然残る民主正義党系勢力と、金鍾泌を中心とする新民主共和党系の勢力は、各々全斗煥政権と朴正熙政権の流れを汲むものであり、その排除は党内における彼のリーダーシップ強化に大きく資するものだったからである。

そして、当然の事ながら、この様な金泳三の政治姿勢は、全斗煥にも影響を与える事となった。全斗煥によれば、大統領選挙時の金泳三は、依然として旧民主正義党系勢力に一定の影響力を持つ全斗煥に配慮して、「丁重に扱う」事を約束していた、という（전두환『전두환 회고록』3）。

しかし、その約束は守られなかった。政権を掌握した金泳三は一九九三年三月八日、嘗て彼と金大中を中心とする勢力が、新韓民主党から分かれて「統一民主党」を結党するのを妨害した容疑で、元国家安全企画部長官だった張世東を逮捕した。併せて、軍内の大規模人事を断行し、全斗煥・盧泰愚両政権において力を振るったハナ会系の人々を排除した。続く五月一三日、金泳三は、光州事件一二周年を前にして、一連の事件について「我々の法体系の中で可能であり、公平の原則に照らして法的な全ての措置を取っていく」とする声明文を発表する。これまでの韓国政府が前提としてきた、過去に起こったクーデタ等を現在の法体系により遡って処罰する事は出来ない、とする見解を否定するものであり、これにより金泳三は、光州事件をはじめとする全斗煥政権に纏わる様々な事件の責任者を、法的に処罰する意を示したのである。

他方、「文民政権」の出帆は再び、韓国国内にて粛軍クーデタや光州事件等、全斗煥政権に関わる疑惑を追及する声を大きくさせた。一九九三年七月一九日には、粛軍クーデタで排除された鄭昇和等が、全斗煥を含む三四名をこのクーデタに関与した罪で刑事告訴した。嘗てのクーデタの勝者と敗者の関係は今や逆転しつつあった。

とはいえ、この段階では金泳三はすぐには動かなかった。一九九四年五月に今度は、鄭東年《チョン・ドンヨン》をはじめとする人々が、光州事件を巡り全斗煥等を告訴した。しかし検察は、一九九四年一〇月、鄭昇和等による粛軍クーデタに関わる告訴に対して次の様な決定を下す。曰く、全斗煥等三四名の行為が「計画的な軍事反乱事件である事は明白」であるが、「国家的利益の見地から起訴猶予処分にする」。一九九五年七月には、光州事件を巡ってやはり検察が、全斗煥等を全員不起訴とする決定を下している。「成功したクーデタ」を法で以て裁く事は不可能だ、というのがその理由であった（『毎日新聞』一九九四年一〇月二九日、一九九五年一二月二日）。

これを受けて、野党は国会に対して、「五一八民主化運動等に関する特別法」の制定を提案する。則ち、「成功したクーデタ」を裁く事が出来る様にする特別法を作ろうとしたのである。

盧泰愚不正蓄財事件の衝撃

しかし、この段階でもまだ金泳三とその与党は未だ積極的には動かなかった。流れが大きく変わるのは、一九九五年八月の、「前職大統領仮名口座巨額預金保有事件」の発覚からである。但し、この事件でいう「前職大統領」は全斗煥ではなく、盧泰愚である。

自らのクリーンさを繰り返しアピールしていた盧泰愚が、自らの実名と異なる口座に、巨額の政治資金を有している、という疑惑だった。一〇月一九日には、金大中率いる新政治国民会議所属の朴《バク》啓東《ケドン》が口座に関わる詳細を国会にて暴露、その預金額が四〇〇〇億ウォンという巨大なものである事が明らかになる。一〇月二七日、盧泰愚は自ら記者会見を開き、これが事実である事を認め、国民に謝罪した。続く一一月一日、盧泰愚は自ら警察に出頭し、前職大統領としてはじめて、被疑者として検察の捜査を受けた。一一月一七日、盧泰愚は収賄の疑いで逮捕され、ソウル拘置所に収監される。

事件はそのまま金泳三政権への直撃弾になった。何故なら、この事件により単に盧泰愚が巨額の政治資金を有する事のみならず、その資金の一部が与野党への工作等に使われていた事が明らかになったからだった。最初にこの資金の授受を認めたのは金大中。彼は先の九二年に行われた大統領選挙にて盧泰愚から二〇億ウォンの資金を受け取っていた事を明らかにした。

とはいえ、人々がより注目したのは、同じ選挙において盧泰愚が所属する与党の候補者だった金泳三に関わる疑惑であった。金大中にすら資金が渡っていた以上、盧泰愚が集めた巨額の政治資金が、金泳三が当選した大統領選挙に使われたであろう事は、当然だと思われたからである。

金泳三はここでこれまでの方針を転換し、野党が提案した「五一八民主化運動等に関する特別法」に賛成する旨を明らかにする。金泳三はこの記者会見にて、標的は「クーデタと光州虐殺を直接主導した人物」だと明確に述べている（『毎日新聞』一九九五年一一月二六日）。それが全斗煥を意味する事は誰の目にも明らかだった。

大統領の方針転換を受けて国会では直ちに議論が開始された。しかし、ここで動いたのは金泳三だけではなかった。政府の方針転換と世論からの批判に押された検察もまた、これまでの法解釈を変更し、一旦起訴猶予とした全斗煥等の行為を再捜査する事にしたからである。

獄中の全斗煥

一二月一日、遂に全斗煥への召喚状が出される。しかし、全斗煥はこれを拒否し出頭しない。これを受けて検察は裁判所に逮捕状を請求、一二月三日、全斗煥は遂に逮捕され、ソウル近郊の安養《アンヤン》にある留置所に身柄拘束された。逮捕容疑は、反乱首謀、指揮官戒厳地域離脱、上官殺害・同未遂など軍刑法上の六つだった。身柄拘束された全斗煥は、これに抗議する断食に入る（『毎日新聞』一九九五年一二月七日）。嘗て自らが大統領であった時期に金泳三が行ったのと同じ形での抗議を、今年は大統領になった金泳三に対して向けた形である。その理由について、全斗煥の弁護士は「自らの政権の正統性を守るため」だと説明した。断食は長期に及び、一二月二一日には、健康状態の悪化により国立警察病院に移送された（『毎日新聞』一九九五年一二月二二日）。この同じ日、全斗煥は盧泰愚と共に、起訴されている。全斗煥は「反乱首謀」、盧泰愚は「反乱謀議参与」がその理由である。なお、盧泰愚は既に先立つ一二月六日、収賄罪でも追起訴される事になっている（『毎日新聞』一九九五年一二月六日）。

そしてやはり同じ一二月二一日、国会で二つの法律が成立する。一つは、「憲政秩序破壊犯罪の公訴時効等に関する特例法」。これにより、同法が「憲政秩序破壊犯罪」と定義する「憲法の存立を害し、又は憲政秩序の破壊を目的とする憲政秩序破壊犯罪」に対する処罰が可能となった（『毎日新聞』一九九五年一二月二二日）。もう一つは「五一八民主化運動等に関する特別法」。これにより「一九七九年一二月一二日及び一九八〇年五月一八日を前後して発生した憲政秩序破壊犯罪行為」に対しては、「該犯罪行為の終了日から一九九三年二月二四日までの期間」において公訴時効を適用しない事が定められた。

さて、病院移送後も全斗煥は、食事や治療を拒否し、麦茶だけを飲む断食を続けていた。尤もこの間、病院側は密かにこの麦茶に胃薬や砂糖を入れていたというから、そこに何としても全斗煥を生きた状態で裁きたい政権の意図を見る事が出来る。一二月二六日頃からは、米のとぎ汁等の摂取を始めた全斗煥は、それでも一二月二九日には半昏睡状態に陥った（『毎日新聞』一九九五年一二月三〇日）。結局、この日から栄養注射等の回復治療を受ける事となった彼は「注射されてしまったなあ。三十一日までは断食を続けようと思ったのに」と無念の涙をこぼした、と『毎日新聞』は同じ記事で報じているから、本人もこの断食闘争が限界に近づいていた事に気づいていた事になる。一月一二日、全斗煥は収賄罪で追起訴される。捜査の過程で、盧泰愚と同じく全斗煥もまた巨額の不正蓄財をしていた事が明らかになったからである（『毎日新聞』一九九六年一月一二日）。更に全斗煥と盧泰愚の両者は、一月二三日には、光州事件についても「内乱罪」で三度目の起訴をされている。

そして、一九九六年二月二六日、ソウル地方裁判所にて公判が開始される。求刑は八月六日（『毎日新聞』一九九六年八月六日）。全斗煥に対しては死刑と追徴金二二二三億ウォン、盧泰愚に対しては無期懲役と追徴金二八三九億ウォンがその内容だった。併せて、その他の元軍人一四被告にも無期懲役から懲役一〇年の求刑が行われた。そして八月二六日、ソウル地方裁判所は全斗煥に対しては死刑、盧泰愚に対しては懲役二二年と六か月の判決を下す。両者の判決の違いについて、金栄一《キム・ヨンイル》裁判長は、全斗煥は「政権を取った過程に正当性が欠如し、平和的政権交代の前例を残した功績を考慮しても最高刑を免れない」と指摘する一方、盧泰愚は「〔クーデタの首謀者でなく〕選挙によって大統領に当選し、在任中、国連加盟など業績を残した」と、その功績を一部評価する事となっている。

それではこの裁判において、全斗煥はどの様な主張を行ったのか（この点については、厳相益『被告人閣下』、月刊朝鮮『독점입수 12・12、5・18 수사기록 14만 페이지의 증언 - 총구와 권력』〔月刊朝鮮社、一九九九年一月〕、他）。裁判において彼等が主張した論点は大きく三つ。一つは粛軍クーデタに関し、起訴猶予決定が出された後に検察が決定を覆して起訴したのは起訴権の乱用である事。しかし、これに対して裁判所は、検察が起訴猶予の決定をした後に、一部被告に対する新たな犯罪事実がわかり、また、国会が光州事件特別法を制定するなどで事情が変更されたからである、として、起訴は適法だと判断した。

二つ目の主張は、この時点において粛軍クーデタから一五年以上が経過しており、既に時効が成立している、というものである。しかし、これに対しても裁判所は、時効は両被告が大統領在任中には中断していた、という解釈の下、これを退けた。全斗煥の時効の成立は二〇〇一年、盧泰愚のそれは一九九九年だというのがその認定である。

三つ目の主張は、粛軍クーデタは事前に大統領である崔圭夏の許可を得ており合法である、というものである。しかし、裁判所はこれに対しても、全斗煥等は大統領の事前の許可を得ておらず、軍検察官の逮捕令状もないままでの鄭昇和の逮捕は違法である、として退けた。

この判決を受けた全斗煥は「これ以上の国論分裂は望ましくなく、裁判を長引かせる必要はない。

私一人が犠牲になって一段落させるのがよい」と述べ、控訴しない意を示したという。一見潔い発言に見えるものの、その真の意味を知るには、当時の韓国政治を巡る状況を理解する必要がある。重要なポイントは二つあった。一つは、この裁判が最初から全斗煥等の処罰ありきで進行しているのが明らかだった事であり、全斗煥自身も同じ頃「有罪を前提とした裁判は意味がない」と述べている。しかしより重要だったのは、この裁判においては当初から、判決後の大統領による恩赦の可能性が囁かれていた事だった。そして、その事は全斗煥からこの裁判において戦う意欲と意味を失わせる事になった。仮に恩赦が確実なら、下手に控訴、上告して裁判を長引かせるよりも、早急に裁判を終わらせて、大統領からの恩赦を待つ方が得策だからである。

全斗煥は結局、弁護士に説得され、とりあえずの控訴へと踏み切る事となるが、その後の彼が置かれた状況は、逮捕直後とは大きく異なるものとなっていた。当時の全斗煥の様子を『毎日新聞』は次の様に報じている（『毎日新聞』一九九六年三月四日）。

> 粛軍クーデタ、光州事件の裁判で死刑判決を受け、控訴審判決が16日に予定されている元韓国大統領、全斗煥被告（65）が逮捕・収監されてから3日で1年。元大統領は当初、金泳三政権の強権的な司法処理に反発、刑務所内で断食をするなど怒りあらわだったが、最近は日本語の勉強をしたり、宗教書を読み、落ち着いた生活を送っているという。
>
> 聯合通信などが収監先の安養《アンヤン》刑務所関係者らの話として伝えた所によると、元大統領の起床は午前6時。食事は刑務所食にノリ、卵、ソーセージ、牛乳、リンゴなどを私費で追加、断食後回復し

た健康の維持に気を使っている。

生活は規則正しく、午前中は日本語の勉強。大統領退任後、大学教授から日本語を教わっていて、基礎はあった。熱心な勉強ぶりで相当な実力に達したという。午後は一般書籍の読書。山岡荘八の「徳川家康」などを読み、夕方からは聖書や仏教の経典をひもといている。連日、徒手体操を欠かさず、毎晩寝る前には日記をつけるだけでなく、刑務所内のメモ用紙を使い『回顧録』の準備を開始した。

控訴審でも死刑判決が予想されている事から、最高裁への上告は必至。しかし、上告審は書面審理になるため元大統領が前大統領の盧泰愚被告と一緒に法廷に姿を現すのは16日が最後になりそう。

控訴審の判決は約四か月後の一二月一六日。この判決において裁判長であった権誠《クウォン・ソン》は、「権力の喪失が、すなわち死を意味する政治文化から脱皮し、権力の座を明け渡しても死ぬ事はないという原則の確立が、クーデタを罰する事に劣らず必要だ」と述べて、全斗煥を無期懲役に減刑した（『毎日新聞』一九九七年一二月一七日）。この裁判が単なる法的に刑事罰を議論するものではなく、多分に政治色を帯びていた事を示唆する典型的な逸話である。ソウル高裁は、光州事件についても、「光州刑務所を襲撃した武装市民を射殺したのは正当行為」として、全斗煥側の主張を一部認めるに至っている。併せて盧泰愚の罪も懲役一七年にまで減刑されている。

この判決に対して全斗煥や盧泰愚には最早上告の意志は存在せず、上告を行ったのは、自らが求めた罪を減刑された検察の側だった。結果、裁判は日本の最高裁に当たる大法院による審理へと進む事になる。審理は書類審理であり、この過程で全斗煥等が直接裁判の場に顔を出す事はなかった。判決は、一九九七年四月一七日。大法院はソウル高裁の判決を全面的に支持し、被告人全員に控訴審と同じ判決を下す事となる。こうして、一連の裁判が終わり、全斗煥に対する無期懲役が確定する。

3　晩　年

政治赦免

しかし、話はここで終わらなかった。既に述べた様に韓国では、この裁判が開始された直後から、結審後の全斗煥等に対する「政治赦免」の議論が始まっていたからである。大法院による判決の直後、池東旭《チ・ドンオク》・韓日ビジネス代表は、『毎日新聞』のインタビューに次の様に答えている（『毎日新聞』一九九七年四月一八日）。

裁判はあまりに政治的だった。金泳三大統領の「法の前に万人が平等」との宣言の下に全斗煥元大統領らが逮捕された当初は新鮮な驚きを感じた国民も相当いたが、すぐに底が割れた。一審で全元大統領に死刑判決が下っても、執行を信じる人はいなかった。二審での減刑も今日の判決も「シナリオ通り」という印象をだれもが抱いている。

焦点は赦免の時期。大統領選挙の直前にすれば与党候補の得票のためとの狙いが露骨過ぎるし、次の政権に任せれば現政権の得点にならない。最近の事態からみても金大統領とて退任後は安泰とは言いかねる。敵対勢力に恩を売っておく必要もあるだろう。退任直前か、逆に早い段階で、赦免に踏み切ると思う。

赦免が没収財産の返還まで含むのかも注目の的。不正蓄財による財産を返せば国民多数は納得しないし、返さなければ「罰金刑を科すために大げさな裁判をしたのか」との皮肉な批判を浴びるだろう。クーデタを裁くなら政治的妥協などはせず筋を通すべきだ。結局、政治や司法に対する不信を深めた。実りのない政治裁判だった。（談）

金泳三は一旦、全斗煥等に対する特赦を否定する（『毎日新聞』一九九七年九月二日）が、結局は、一九九七年一二月二二日、金泳三は全斗煥や盧泰愚等に対する特赦を実施する事になる（『毎日新聞』一九九七年一二月二三日）。これにより全斗煥は、前科記録を抹消され、被選挙権を含む公民権をも回復した。他方、秘密政治資金事件に関わる追徴金の執行は継続され、両者はこの後も、その負担に苦しむ事となる。この特赦について、「大多数の国民はこれを歓迎した」と当時の『毎日新聞』は記している（同上）。大統領選挙が行われた一二月一八日から僅か四日後。未曽有の通貨危機が押し寄せ、韓国経済がデフォルト寸前まで追い込まれる中での出来事だった。

余生

全斗煥や盧泰愚に対する裁判とその過酷な判決は有名であり、時に退任後の韓国大統領の不幸な晩年を示す典型的な事例として扱われる。しかし、現実はそれ程単純ではなかった。そもそも全斗煥が逮捕、収監されたのは一九九五年一二月三日。恩赦は翌一九九七年一二月二二日だから、彼が獄中にいたのは僅か二年程だった事になる。

因みに弾劾裁判で罷免された後に晩年を獄中で送った朴槿恵《パク・クネ》は、二〇一七年三月三一日に逮捕され、恩赦されたのは二〇二一年一二月三一日。入院していた期間を含めて、四年九か月の間、身柄を拘束されていた事になる。李明博《イ・ミョンバク》は二〇一八年三月二二日に逮捕され、二〇二二年一二月二八日に尹錫悦により恩赦されているから、身柄を拘束されていた期間はやはり約四年九か月。つまり、全斗煥や盧泰愚は、粛軍クーデタや光州事件により、内乱罪等の適用を受けたにも拘わらず、朴槿恵や李明博よりも遙かに短い期間しか収監されていなかった事になる。

さて、安養《アンヤン》にあった刑務所を離れソウル市内延禧洞にある自邸に帰った時点で全斗煥は未だ六六歳。そこから二〇二一年一一月の死までの間の二四年間の長い晩年をここで送る事となる。そしてその生活は裁判やその判決から受ける印象とは全く異なる自由なものだった。

確かに、一連の裁判による有罪判決により、全斗煥は「前職大統領礼遇法」に定められた、現職大統領の俸給の九五％に当たる年金や、事務費、車両維持費等の礼遇補助金、更には秘書三名に支払われる給与等の、国から与えられる礼遇措置を打ち切られ、過去に与えられた勲章も二〇〇六年には剝奪された。しかし、その事は彼から何かしらの行動の自由が失われた事を意味していなかった。元大統領としての警察による警護も維持される事となり、身の安全は保障されていた。

だからこそ全斗煥は、本格的な政治活動こそ行わなかったものの、韓国内外での様々な活動を活発に行った。恩赦により自宅に戻ってから最初に行ったのは、宗教活動であり、彼はソウル市内最大の寺院である曺溪寺《チョゲサ》をはじめとした各地の仏教寺院で、祈禱活動等を行っている（전두환『전두환 회고록』3、六一八ページ以下）。甞ての全斗煥は決して熱心な宗教の信者ではなかったから、百潭寺での日々が彼の内心に何かしらの影響を与えた事がわかる。とはいえ同時に、全斗煥は仏教のみに関心を

寄せた訳ではなく、プロテスタント教会関係者等との交流も続けている。

彼の晩年には華やかな場面も数多くあった。法律による元大統領としての特権的な礼遇の廃止は、直ちに彼が元大統領としての資格や地位を全て失った事を意味していなかったからである。実際、全斗煥は様々な場面で、崔圭夏等と並んで、元大統領の一人として遇された。とりわけこの点について、全斗煥に相対的に大きな配慮を払ったのは、金泳三の後に大統領に就任した金大中だった。釈放後の全斗煥と会う機会を最後まで作らなかった金泳三と異なり、金大中は一九九八年七月、前元大統領夫婦を集めた晩餐会を行い、全斗煥や盧泰愚をも招待した。この席で全斗煥は、金大中に対して、「地域感情解消」を名目として、依然として収監されていた自らの嘗ての側近である張世東等の復権を求めている（전두환『전두환 회고록』3、六〇六ページ以下）。

金大中はその後も、一九九九年九月と一二月、二〇〇〇年三月、四月、六月、九月、一二月に前元大統領らとの会合の場を設け、彼等との意見交換を行っている。嘗て全斗煥政権期に、内乱扇動の罪で逮捕され、死刑判決をも受けた金大中がどの様な考えに基づき、この様な前元大統領らとの会合を持ったのかはわからない。しかし明らかなのは、全斗煥がこれを歓迎した事である。全斗煥は、韓国には現職の大統領が前元大統領からアドバイスを受ける事の出来る「前職大統領文化」が必要だと考えていた。全斗煥は、これらの会合の場で、時に自らの嘗ての側近への恩赦を要請し、或いは北朝鮮への特使派遣を「アドバイス」したりした。全斗煥はその後も招待を受ける度に、大統領就任式等の華やかな場に繰り返し出席した。

この時期の全斗煥にとってもう一つの華やかな活躍の場は、海外要人との会合だった（전두환『전

두환 회고록』3、六二二ページ以下)。全斗煥が自ら最も親しい海外の要人として挙げるのは、日本の中曽根康弘元首相である。一九九九年一月三一日、中曽根の招待を受けた全斗煥は、これを受けて訪日し、中曽根ややはり元首相である竹下登、そして全斗煥・中曽根間の首脳外交の橋渡しをした事で知られる瀬島龍三等との再会を果たしている。続く二〇〇〇年二月には、中小企業団体と共にカンボジアを訪問、フン・セン首相との会談を行った。カンボジアの帰路にはシンガポールを訪問、リー・クウァンユー上級相との会談も行っている。退任後の全斗煥の「外交」の場は、大統領在任時には国交のなかった中国にも及び、「中国人民外交学会」の招きで、二〇〇一年、二〇〇七年、そして二〇一一年の三度の訪中を果たしている。

こうして見ると、全斗煥の退任後の生活は、彼自らの目論見とは大きく異なったものの、それなりに充実したものであった事がわかる。そしてこの様な彼の活動の背後にはそれを支えた人々があった。全斗煥が晩年の自らを支えた人々として挙げるのは、故郷陜川の人達や、大邱時代の中学や高校の同窓生、更には、自らの政権を支えた元側近等であった。とりわけ元側近等は一九九八年には、「延禧山岳会」を結成し、全斗煥と共にソウル近郊の低山を登る活動を行っている(전두환『전두환 회고록』3、六二七ページ以下)。全斗煥政権期に金泳三が結成した「民主山岳会」と似た組織であるが、彼等がそれをどの程度意識していたかはわからない。全斗煥がそのメンバーとして記す人々の中には、黄永時、車圭憲、張世東、許文道、崔世昌、許和平、許三守、金振永、李鶴捧といった全斗煥政権を支えた錚々たる顔ぶれを見る事が出来る。他方、ここに同じく彼の政権を支えた盧泰愚の名前が存在しないのが印象的である。

同じく延禧洞に住み、長い友情関係を有していた全斗煥と盧泰愚の関係は、その死の時まで回復する事はなかった。全斗煥の『回顧録』は各所でこの事を悲しげに記しており、彼が最後まで盧泰愚との和解を望んでいた事がわかる。軍隊内の出世争いで、同期の金復東や孫永吉等と次々に対立関係に陥っていった彼にとって、自らが後継者に指名した盧泰愚は、数少ない「最後まで信用したい親友」だったに違いない。

晩年の全斗煥を支えた意外な存在としては、二〇〇三年に結成された「全斗煥前大統領を愛する会」がある（전두환『전두환 회고록』3、六三六ページ以下）。この明らかに前年二〇〇二年の大統領選挙にて猛威を振るった、「盧武鉉を愛する会」の影響を受けて作られた集まりは、当初はインターネット上の掲示板を中心とする小さな集まりに過ぎなかった。しかし、二〇〇五年、MBCドラマ「第五共和国」が放映されると、その規模は急速に拡大し、六月にはその会員数は八〇〇〇名をも超える事となった（『中央日報』二〇〇五年六月七日）。李徳華《イ・ドクファ》が演じる「悪役」全斗煥の演技が、話題になった作品である。

「全斗煥前大統領を愛する会」は、全斗煥政権期につけられた公園や公共施設の名前を改めようとする人々への反対活動を行うなどして、度々世相を賑わした。そして二〇〇六年三月、彼等は遂に全斗煥のもとを訪問する。全斗煥は次の様にその日の様子を記している（전두환『전두환 회고록』3、六三六ページ）。

二〇〇六年［旧暦］一月の誕生日には思いもよらなかった団体の来客を迎える事になった。「全斗煥前大統領を愛する会」の会員だった。主に若者達だったが、見慣れた人はいなかった。先立つ二〇〇五年夏に「全斗煥前大統領を愛する会」という団体が陜川の私の生家を訪問したという話は既に聞いていた。光州事件に関わる団体をはじめ、私に反対する会があり、何かある度に私の家に押し寄せてはいた。しかし、私を支持する団体があるというニュースは意外だった。私の生家を訪れたのに続き、私の誕生日を祝いに来たというので、感謝の気持ちで彼等を迎えた。

進歩派の盧武鉉政権が誕生し、韓国が保守派と進歩派の二つのイデオロギーに分断されていく中、全斗煥の存在はよくも悪くも「再発見」されつつあった。MBCドラマ「第五共和国」のヒットと、「全斗煥前大統領を愛する会」の活動はその事を典型的に示している。既に粛軍クーデタから四半世紀以上の月日が経過しようとしていた。彼の活躍した時代は既に「歴史」になりつつあったのである。

その様な中、二〇一七年、全斗煥は本書もその多くを参照した三巻の自叙伝を出版した。しかし、この自叙伝の記述、とりわけ光州事件に関わる記述は、多くの人々から非難を浴びる事となり、全斗煥は光州事件の関係者に名誉棄損で告訴される事になる。全斗煥は二〇一八年一二月には税金滞納を理由に、資産をも差し押さえられており、彼が長年過ごした自邸も競売にかけられた。世論による彼の再発見は、同時に彼にとって再びの試練をも意味していたのである。

そして、二〇一九年三月一一日、全斗煥は二三年ぶりに法廷に「被告人」として出廷した。場所は光州地方裁判所、「事件の場」を訪れた形になった全斗煥は怒号の中、市内に入っている（『한계레』二〇一九年三月一一日）。

　そして法廷に立った全斗煥は、再び自らに対する容疑を全て否定して見せた。つまり、自らが自叙伝に記した内容は表現の問題こそあれ事実であり、故に「名誉棄損」には当たらない、と主張したのである。この時までに既に盧泰愚は光州事件に対する謝罪を表明しており、それとは対照的に大統領時代からの自らの主張を一切変えようとしない全斗煥の姿勢を、メディアや韓国世論は強く非難した。全斗煥はその後の裁判を欠席し、光州に現れたのは求刑と判決の日だけになった。判決は二〇二〇年一一月三〇日、名誉棄損で懲役八か月と執行猶予二年が言い渡されている。

　全斗煥はこの判決に控訴し、最後に法廷に現れたのは二〇二一年八月九日の事だった。しかし、この裁判は突然終了する。出廷から僅か四日後の八月一三日に、全斗煥がソウル市内のセブランス病院に入院したからである。診断は多発性骨髄腫。所謂「血液の癌」である。既に九〇歳を越えていた彼に積極的な治療は行われず、二〇二一年一一月二三日午前八時四五分、彼は自宅のトイレで倒れていた所を発見される。その死に際して、韓国メディアがどの様に報じたかは、本書の冒頭で記した通りである。

　因みにこの約一か月前の一〇月二六日、盧泰愚もまた世を去っている。一九五一年秋、陸軍士官学校の試験会場で彼等がはじめて顔を合わせてから、ちょうど七〇年後の秋の出来事だった。

終　全斗煥とその時代

さて、ここまで簡単に――その割には随分な分量の文章にはなったが――全斗煥の九〇年に及ぶ生涯と、その時代を振り返ってきた。それでは、彼の人生とは一体、何であり、韓国現代史においていかなる意味を有していたのだろうか。最後にこの点を考察して本書の筆を擱《お》く事としたい。

民族主義なき世代

第一に言える事は、全斗煥の人生が例えば李承晩や朴正煕、更には金泳三や金大中といった、彼より上の世代に属する大統領のそれとは全く異なっている事である。重要なのは、そこにおいては植民地支配からの解放や大韓民国の建国といった、全斗煥よりも上の世代の政治家にとっては、その価値観と人生を大きく左右した出来事が、彼の人生においては重要事件として位置づけられておらず、その人格形成にも大きな影響を与えていないように見える事である。一九三一年生まれで、慶尚南道、満洲、そして大邱で貧しい少年期を送った全斗煥は、日本統治期には未だ一定の社会的地位を得るに至っておらず、民族的矛盾と葛藤する多くの機会を与えられなかった。逆に少年期の彼は、建国後の大韓民国にて行われる事になる民族主義色の強い教育を受ける前に、実業学校に入学し、その影響を受ける事も出来なかった。日本植民地統治期と朝鮮戦争の間の、極めて短い狭間に少年期を経た彼は、韓国の現代史においては珍しい、「民族主義」の洗礼を受けなかった人物と言えた。

イデオロギーとしての反共主義

とはいえ、その事は全斗煥が何等のイデオロギーの洗礼をも受けなかった事を意味しなかった。彼の生涯において一貫しているのは、共産主義に対する敵意であり、その出発点は二つの部分に繋がっている。一つは「朝鮮のモスクワ」と言われた、共産主義運動の強い地盤であった大邱での少年期の経験であり、その事が大韓民国建国以前の早い段階で彼をして「反共主義」へと目覚めさせる事となった。そしてこの様な素地を持つ全斗煥は、当時新たに再編成されたばかりの陸軍士官学校に入学し、その「反共主義」を更に強化する。これが二つ目のポイントである。

忘れてはならないのは、李承晩政権下にあった当時の韓国において最も大きな力を持ったイデオロギーが、この「反共主義」であった事である。つまり、当時の韓国の人々にとって、「反共主義」は単なる政治的プロパガンダではなく、彼等の生活を支配する大きな原則であり、また、現実であった。つまり、この点において全斗煥は決して異端的存在ではないのである。

そして、士官学校卒業後、陸軍士官に任官した全斗煥は、この「反共主義」を自ら実践する機会を獲得した。いち早くアメリカ式の特殊戦訓練を受けた彼は、その経験を生かして、北朝鮮からのゲリラを撃退し、ベトナム戦争で功績を挙げ、更には北朝鮮が掘った韓国内への侵入用トンネルを発見して、朴正熙の寵愛を得る事に成功する。事実、冷戦期においても、全斗煥ほどにこの時期の「共産主来る。

義」に関わる事件に、数多く現場で遭遇した人物は稀である。その意味で、全斗煥は反共主義に影響され、反共主義の下で多くの機会を与えられ、そしてその結果、台頭してきた人物だ、という事が出

戦場を知らない将校達

しかし、同時に見落とされてはならない事がある。多くの韓国人にとって、共産主義に関わる最大の記憶は朝鮮戦争である。今日韓国政府の支配下にある地域は、釜山や大邱をはじめとする一部の地域を除いて、朝鮮戦争の一時期、北朝鮮による直接的支配を経験し、また、南北朝鮮両国、更にはアメリカ軍や中国軍が相争う戦場となっている。その中において人々は、その時々にその地域を支配する勢力に屈服し、また、戦禍を逃れて逃げ惑う事を余儀なくされた。

だからこそ、全斗煥と同じ時代を生きた殆どの韓国人にとって、朝鮮戦争やそれに伴う「共産主義の脅威」は、一人一人が有する彼等の現実の経験と結びついたリアルなものだった。そして同じ事は、軍隊の関係者についても言えた。第一〇期生以前の陸軍士官学校卒業者や陸軍綜合学校の卒業者をはじめとする人々にとって、「共産主義の脅威」とは、即ち彼等が自らの仲間と共に命を賭して参戦した、朝鮮戦争とその戦場における悲惨な記憶を抜きにしては語れなかった。

しかし、「反共主義」の信奉者を自負する全斗煥は、皮肉な事にこの朝鮮戦争の戦場を直接経験する事はできなかった。彼が少年期を暮らした大邱は、一時期こそ北朝鮮との戦いの前線近くに位置したものの、最後まで陥落する事なく、一九五〇年九月に行われた仁川上陸作戦で戦線が大きく北上した以後は、直接的な戦禍に晒される事のなかった数少ない土地だった。全斗煥が属した陸軍士官学校第一一期生は、李承晩が望んだ「ウェストポイント式」教育の恩恵を受け、激しい戦争の最中にも拘

わらず、遂に実戦に投入される事なく、そのまま朝鮮戦争の休戦を迎える事となったからである。

だからこそ、全斗煥にとっての「共産主義の脅威」とは、現実のものというより寧ろ、イデオロギー的なものであり、更に言えば観念的なもの、そして休戦ラインを越えた「向こう側」にある、非日常的なものに過ぎなかった。この様な全斗煥等にとっての共産主義の存在の「軽さ」が典型的に表れているのが、ベトナム戦争を巡る彼の回想であろう。本書で見た様に、全斗煥等にとってベトナム戦争への参戦は、憎き共産主義を最前線で葬る為のもの、というよりは、自らがアメリカで学んだ最新の戦術を実行し、現実の戦争を経験し、自らの軍人としての能力を向上させる為の場として理解されている。

「明るい反共主義者」

だからこそ、そこにおいては共産主義に対する深刻な恐怖や懸念は、現実的なものとしては存在していない。同様の事は、これまた全斗煥が遭遇した一二一事件、つまりは、北朝鮮ゲリラの大統領官邸襲撃未遂事件についても言う事ができる。この事件における彼の回想において顕著なのは、北朝鮮側ゲリラの身体的能力に対する驚嘆であり、畏敬にも近い感情である。そこには彼等を共産主義者として憎むのではなく、同じ軍人として優れた彼等と競い合い勝利したい、という思いが溢れている。それは恰も彼等を戦場での相手としてよりも寧ろ、スポーツ競技の相手として見るのに近い視点になっている。

この様な全斗煥の共産主義の脅威に対する「軽い」姿勢は、例えば、朴正煕とは全く異なっている。嘗ては南朝鮮労働党の党員であり、その活動で実兄を亡くしている朴正煕にとって、共産主義の脅威とは自らの内なる存在であり、それ故に深刻な脅威であった。また建国の父である李承晩にとっても共産主義勢力は、彼が「大韓民国」を建国し、それを維持するに当たっての、強力な競争相手であり、脅威に他ならなかった。

しかし、全斗煥、とりわけ軍に入ってから以降の彼にとっての「共産主義」の脅威は、飽くまでイデオロギー的な存在にしか過ぎなかった。冷戦下、朝鮮半島南北の対立構造が固定化された状況において、その脅威は直ちに高級士官としての彼の生活や命を脅かすものではなかったからである。

アメリカ通としての全斗煥

一言で言うなら、全斗煥は反共主義の子であり、また冷戦体制の存在を所与の前提として生きた人物だった。そしてその様な全斗煥の活動を支えたもう一つの要素が、アメリカだった。

本書で見てきた様に、全斗煥は韓国軍が特殊戦部隊の専門家として育てた初期の人物の一人であり、この為に彼は二度のアメリカ留学を経験した。この様な全斗煥の経験は、朴正熙に代表される様な、先立つ世代の将校の多くが、日本軍やその統制下にあった満洲国軍の出身であったのとは、明瞭な対称を為している。全斗煥等が受けた、陸軍士官学校第一一期生以降の教育も徹頭徹尾ウェストポイント式に行われたものであり、彼等はその事に強い誇りを持っていた。

とはいえ、重要なのはその様な彼等が触れた「アメリカ」が、冷戦期における超大国の多様な社会における限られた部分でしかなかった事である。だからこそ、時代が一九七〇年代に入り東西両陣営の融和が進み、アメリカ自身が「反共主義」的な外交政策を放棄する時代になると、全斗煥等の考え方や方針は、アメリカと大きな齟齬を見せる様になってくる。その様な彼の置かれた状況を如実に示すのが、民主化運動の最中において、金泳三や金大中が繰り返し、アメリカのメディアを活用し、全斗煥等に圧力をかけた事であろう。つまり、全斗煥が憧れ、学んだアメリカは最後には彼の敵対勢力を支える最大の脅威の一つになったのである。

反共主義の実践としての光州事件

こうして見ると全斗煥の政権獲得とその後の没落が、実は大きな国際的情勢の変化の中で起こっている事がわかる。植民地期とそこからの解放を、自らのものとして十分に経験できなかった彼は冷戦の初期に育ち、冷戦の中で軍人として自らの身を立てた。冷戦下の国際秩序と緊張は、全斗煥の人生において、彼に多くの機会を与えるものとして機能し、その結果として彼は台頭した。

粛軍クーデタから五一七クーデタ、更には光州事件へと至る道筋は、その様な彼が権力の階段を上る最後の過程であり、彼はここでも冷戦とそこで培われた「反共主義」の恩恵を受けた。つまり、共産主義の脅威がある故に軍隊を動かすのであり、またその脅威に備える為には抵抗する人々を弾圧する事もやむを得ない、としたのである。それは彼が自らの頭の中にあった「反共主義」を、いよいよ本格的に実行に移した瞬間であったと言う事ができる。

しかし、同時に明らかな事がある。光州事件は韓国の一地方における事件に過ぎず、この時点ではソウルをはじめとする韓国の大部分は既に軍の強力な統制下に入っていた。つまり、光州事件は——仮に百歩、いやそれ以上譲って、そこに全斗煥の言う様な共産主義の脅威が本当にあったとしても——既に全斗煥と韓国政府を揺るがす様な深刻な脅威ではなかった筈である。また、光州事件に関わる彼の主張は、そこにおける「諜報」活動の存在や、特殊戦部隊の脅威など、余りにも全斗煥個人の経歴に合致した、恰も「テレビドラマ」を見ているかの様な作りになっている。その意味で、彼は自らの頭の中にある「反共主義」を現実にそのまま投影し、その結果として生じた自らが見た、或いは見たかった景色を、自らの権力掌握の為のシナリオとして演じて見た、と言っても過言ではないのかもしれない。

時代に追い越された全斗煥

一九五三年のイランのモサデク政権崩壊や、一九七二年のチリのクーデタ等、冷戦下の世界では、自らの政敵に「共産主義者」のレッテルを貼りつけるシナリオの下、アメリカの支援を受けて行われた政変が数多く存在した。そうして見れば、全斗煥の政権獲得に至った一連の行為も、これらの「反共主義者」によるクーデタの一つの類型に過ぎない、という事ができるのかもしれない。しかし異なっていたのは、時代は既に一九八〇年代に入り、「冷戦後」の時代へと向かっていた事である。つまり、世界は既に、嘗ての様な「反共主義」の名の下に行われる露骨で剝き出しの政治的工作を許容しない時代に突入していた。

そして、皮肉な事に、この様な「冷戦後」へと向かう当時の時代の一つの象徴が、冷戦下の最前線に置かれた韓国という分断国家で行われるソウル五輪に他ならなかった。そして、それは全斗煥にとって自らの政権が獲得した最も大きな勲章であり、彼は最後までこれを守らなければならなかった。しかし、その為には彼は国際社会の歓心を買う必要があった。彼はそれ故に妥協し、韓国の民主化を許容せざるを得なかった。

こうして冷戦体制が生み出した、「反共主義の子」全斗煥は、時代が「冷戦後」に向かう状況の中、政権を獲得し、時代から取り残されていく事になる。世界が冷戦体制に本格的に覆われたのは、長く見ても一九四五年から一九九〇年までの僅か四五年間。その期間は、九〇年に及ぶ全斗煥の人生の半分に過ぎなかった。「反共主義の子」がその人生を全うするには、冷戦は余りにも短かった、のかも知れない。

参考文献

データベース等

朝日新聞クロスサーチ、https://xsearch.asahi.com/（最終確認二〇二四年六月一一日）

日経テレコン、https://t21.nikkei.co.jp/（最終確認二〇二四年六月一一日）

毎索：毎日新聞社のデータベース、https://dbs.g-search.or.jp/（最終確認二〇二四年六月一一日）

ヨミダス、https://yomidas.yomiuri.co.jp/（最終確認二〇二四年六月一一日）

Lexis +、https://signin.lexisnexis.com/（最終確認二〇二四年六月一一日）

BIG Kinds、https://www.kinds.or.kr/（最終確認二〇二四年六月一一日）

DB 조선、https://archive.chosun.com/pdf/i_service/index_s.jsp（最終確認二〇二三年一〇月二六日）

The Joongang、https://www.joongang.co.kr/（最終確認二〇二四年六月一二日）

국가법령정보센터、https://www.law.go.kr/main.html（最終確認二〇二三年一〇月二八日）

국가통계포탈、https://kosis.kr/index/index.do（最終確認二〇二四年六月一二日）

연합뉴스、https://m.yna.co.kr（最終確認二〇二四年七月三〇日）

統計庁「시별 혼인、이혼、출생、사산 및 사망」、https://kosis.kr/statHtml/（最終確認二〇二三年一〇月二六日）

日本語文献

小倉和夫『秘録・日韓1兆円資金』（講談社、二〇一三年）
小倉貞男『ドキュメントヴェトナム戦争全史』（岩波書店、二〇〇五年）
外務省『外交青書』（外務省、一九八四年）
我部政明・豊田祐基子『東アジアの米軍再編——在韓米軍の戦後史』（吉川弘文館、二〇二二年）
金泳三『金泳三回顧録』2、尹今連監訳、尹今連・平川裕美子訳（九州通訳ガイド協会、二〇〇二年）
木村幹『韓国における「権威主義的」体制の成立——李承晩政権の崩壊まで』（ミネルヴァ書房、二〇〇三年）
木村幹『民主化の韓国政治——朴正熙と野党政治家たち　1961～1979』（名古屋大学出版会、二〇〇八年）
木村幹「第5共和国の対民主化運動戦略——全斗煥政権は何故敗れたか」『国際協力論集』20（1）、二〇一二年
木村幹「第一次歴史教科書紛争から『克日』運動へ——全斗煥政権期の対日観の変化についての一考察」『国際協力論集』22（1）、二〇一四年
木村幹「アイデンティティとイデオロギーとしての反共主義——韓国の例を手掛かりとして」『国際協力論集』30、二〇二二年
木村幹『クーデタ勢力の自己正統化論理——朴正熙政権と全斗煥政権の事例から』『国際協力論集』31、二〇二三年
厳相益『被告人閣下——全斗煥・盧泰愚裁判傍聴記』金重明訳（文芸春秋、一九九七年）
千金成『ポテト畑から青瓦台へ——人間全斗煥』秋聖七訳（東京官書普及協会、一九八一年）
全南社会運動協議会編『全記録光州蜂起』光州事件真相調査委員会訳（柘植書房、一九八五年）
趙甲済『朴正熙、最後の一日』裵淵弘訳（草思社、二〇〇六年）
塚本勝也「米軍の特殊作戦部隊の役割と課題——アフガニスタン・イラクにおける活動の事例を中心に」『防衛研究所紀要』14（1）、二〇一一年。

中村亮平編『朝鮮の神話伝説』（名著普及会、一九七九年）
朴仁哲『朝鮮人「満州」移民のライフヒストリー（生活史）に関する研究——移民体験者たちへのインタビューを手掛かりに』（北海道大学博士学位申請論文、二〇一五年）
満州事情案内所編『滿洲帝國分省地圖並地名總攬——滿洲建國十周年記念版』（國際地學協會、一九四二年）
尹景徹『分断後の韓国政治』（木鐸社、一九八六年）
和田春樹『朝鮮戦争全史』（岩波書店、二〇〇二年）

欧文献

Director for Operational Plans and Joint Force Development, Joint Chiefs of Staff, *Department of Defense Dictionary of Military and Associated Terms*,（Washington: Department of Defense, 8 November 2010), http://www.dtic.mil/doctrine/new_pubs/jp1_02.pdf（最終確認二〇二三年一〇月二六日）
Frederic P. Miller, Agnes F. Vandome, John McBrewster ed., *Koreagate : political scandal, South Korean, Richard Nixon, national intelligence service*（*South Korea*）, *Tongsun Park, Unification Church, Sun Myung Moon*（Alphascript Pub., 2011）

韓国語文献

고승철『김재익 평전』（미래를소유한사람들、二〇一三年）
國家保衛非常対策委員會編『國保委白書』（國家保衛非常対策委員會、一九八〇年）
國家保衛立法會議事務處編『國家保衛立法會議會議録』（國家保衛立法會議事務處、一九八一年）
「계엄포고 제10호」、https://ko.wikisource.org（最終確認二〇二三年一〇月二八日）
김대중『김대중 자서전』一—四（삼인、二〇一〇年）

金炯旭『金炯旭 회고록』（문화광장、一九八七年）
김상숙『10월 항쟁：1946년 10월 대구 봉인된 시간 속으로』（돌베개、二〇一六年）
김상훈「해방 후 학기제 변천 과정 검토」『한국교육사학』42（4）、二〇二〇年
김영삼『김영삼 대통령 회고록』（조선일보사、二〇〇一年）
김영삼『김영삼 회고록：민주주의를 위한 나의 투쟁』1—3（백산서당、二〇〇〇年）
김재홍「박정희 친위대 하나회의 경복궁 회동」『프레시안』二〇一二年六月二八日
김종필『김종필 증언록：5・16에서 노무현까지』（미래엔、二〇一六年）
내외통신사編『北傀의 對南挑發史（1945. 8-1980. 4）』（내외통신、一九八一年）
노신영『盧信永回顧録』（고려서적、二〇〇〇年）
노태우『노태우 회고록』上下（조선뉴스프레스、二〇一一年）
大統領秘書室編『全斗煥大統領 演說文集』（大統領秘書室、一九八七年）
문영심『바람 없는 천지에 꽃이 피겠나：김재규 평전』（시사IN북、二〇一三年）
박철언『바른 역사를 위한 증언』（랜덤하우스중앙、二〇〇五年）
방인혁『한국의 변혁운동과 사상논쟁：마르크시즘、주체사상、NL、PD 그리고 뉴라이트까지』（소나무、二〇〇九年）
삼청교육대인권운동연합編『삼청교육대백서』上・下（삼청교육대인권운동연합、二〇〇一年）
「서울아시아경기대회（서울 Asia 競技大會）」『한국민족문화대백과사전』、https://encykorea.aks.ac.kr/Article/E0028033（最終確認二〇二三年一〇月二三日）
聯合通信編『聯合年鑑』（聯合通信、一九八二年）
Oliver, Robert Tarbell『이승만：신화에 가린 인물』황정일訳（건국대학교 출판부、二〇〇二年）
와이투케이.「김신조 사건 전문（六八年一月二一日）」二〇二二年六月一九日、https://y2k2041.tistory.com/

15814622（最終確認二〇二三年一〇月二六日）
月刊朝鮮『독점입수 12・12、5・18수사기록 14만 페이지의 증언-총구와 권력』（月刊朝鮮社、一九九九年一月）
陸軍士官學校編『大韓民國陸軍士官學校50年史：一九四六—一九九六』（陸軍士官學校、一九九六年）
陸軍士官學校編『陸軍士官學校60年史：21세기를 향한 도약（一九九六—二〇〇六）』（陸軍士官學校、二〇〇六年）
陸軍綜合學校戰友會編『實録6・25韓國戰争과 陸軍綜合學校』（陸軍綜合學校戰友會、一九九五年）
이상숙「一九八〇년대 초 외교 환경 변화와 북한의 아웅산 테러」、『담론二〇一한국사회역사학회』19（3）、二〇一六年
이순자『당신은 외롭지 않다』（자작나무숲、二〇一七年）
이영진「내가 겪은 전두환 노태우와 박태준」『신동아』一九九九年五月、https://blog.naver.com/les130/80003578670（最終確認二〇二三年一〇月二六日）
이장규『경제는 당신이 대통령이야』（올림、二〇〇八年）
이장규『대통령의 경제학：대통령 리더십으로 본 한국경제통사』（기파랑、二〇一四年）
장태완『12・12 쿠데타와 나』（명성출판사、二〇一二年）
전두환『전두환 회고록』1—3（자작나무숲、二〇一七年）
정희준『스포츠 코리아 판타지：스포츠로 읽는 한국 사회문화사』（개마고원、二〇〇九年）
조갑제『有故！：부마사태에서 10・26정변까지 유신정권을 붕괴시킨 함성과 총성의 현장』1（한길사、一九八七年）
조갑제『제5공화국：趙甲濟의 다큐멘터리』（月刊朝鮮社、二〇〇五年）
조갑제『박정희：한 근대화 혁명가의 비장한 생애』（조갑제닷컴、二〇〇六年）
中央選擧管理委員會編『大韓民國 選擧史』第4輯（中央選挙管理委員會、二〇〇九年）。

鄭昇和『12・12사건：鄭昇和는 말한다』（까치、一九八七年）
千金成『黃江에서 北岳까지：人間全斗煥・創造와 超克의 길』（東西文化社、一九八一年）
최보식「조선일보에 게재되지 못했던 이희성 전 계엄사령관 인터뷰」、『최보식의 언론』、https://www.bosik.kr/news/articleView.html?idxno=1018（最終確認二〇二三年一〇月二八日）
편집부『5・18수사기록：14만페이지의증언』（朝鮮日報社、一九九九年）

あとがき

朴正煕大統領は、日本で教育を受けた人であり、だから真面目で優秀ではあったが、どこか暗く、恐ろしい人だった。しかし、全斗煥大統領はアメリカ式の教育を受けた人物であり、明るく開放的だった。だから我々はそんな全斗煥大統領の事が好きだった。

二〇一二年、とある韓国での調査の時の事である。当時の筆者等は二〇一一年から五年間の予定で、「全斗煥政権期のオーラルヒストリー調査」という表題の研究プロジェクトに取り組んでいた。筆者等がこの課題を選んだのには幾つか理由があった。第一は、二〇〇八年に三冊目の主著と言える『民主化の韓国政治――朴正煕と野党政治家たち 1961〜1979』（名古屋大学出版会）を出版し、とりあえず一九七〇年代までの韓国政治の理解について、筆者なりの整理がついた事である。故に次は当然、続く一九八〇年代、つまり全斗煥政権期の政治について研究を行うべきだ、と考えた事になる。

第二に、先の著作に並行して執筆したもう一つの著作、『韓国現代史』（中公新書、二〇〇八年）において、李承晩、尹譜善、朴正煕、そして、金泳三、金大中、盧武鉉、更には李明博といった歴代大統領の生涯を追う形でこれを描いたものの、その間に位置する全斗煥と盧泰愚については、その時点での信頼できる資料の欠如と、何よりも筆者自身の勉強不足により執筆できなかった事である。だからこそ、資料的に補えなかった部分をオーラルヒストリーにより補おうと考えた。

第三に、二〇一〇年代が既に全斗煥等が政権を獲得してから三〇年を経過した時期に当たっており、関係者の高齢化が進んでいた事。つまり、このタイミングを逃せば、当時の政権の関係者の話は二度と聞けなくなってしまう事になる。だからとにかく貴重な歴史的事実が失われないようにする為に、聞ける話だけでも聞いておこうと思ったのである。

そして、第四にこれまでの研究では主として、一九八〇年代における韓国の民主化運動において、「民主化運動勢力」の動きについては多くの研究が為されていたものの、対する政権側がどの様な状態にあり、それを構成する人々が何を考えていたか、は必ずしも明らかになっていなかった。だからこそ彼等から直接話を聞き、当時の状況に対する認識を調査したいと考えた。

とはいえ、当初、この調査は極めて困難なものと思われた。本書でも記した様に、全斗煥政権を巡る問題は、幾度も韓国の国会や法廷により取り上げられた、極めて関心の高い問題であり、その様な微妙な政治問題について、筆者の様な一介の日本人研究者が、関係者から話を聞く事は難しいだろう、と想像した。

だが、いざプロジェクトを開始すると、我々は面白い様に多くの人々の話を聞く事が出来た。勿論、全斗煥、盧泰愚といった元大統領にこそ直接話を聞く事は出来なかったものの、その側近であった許和平や許文道、更には副官として全斗煥の近くに仕えた孫三守や民主正義党の結党において重要な役割を果たした南載熙等に面会に応じていただき、貴重な証言を得る事が出来た。彼等は言った。韓国のメディアや研究者は進歩か保守、つまり左右のどちらかに偏向しており、だから信用して話をする事が出来ない。しかし、外国人のあなた方なら、当時の状況から距離を置いて話を聞いてくれるだろう。だから、話をして証言を残しておきたいのだ、と。

冒頭の言葉は、そんな一人の全斗煥大統領の元側近に対して、筆者が彼の仕えた二人の大統領、即ち、朴正熙と全斗煥の人物としてのイメージの違いについて尋ねた時の答えである。報道等においては強面のイメージが強い全斗煥が、周囲の人間にはどの様に見えていたかを示す一つのエピソードであり、我々はその話に興味深く耳を傾ける事となった。

併せて、この様な関係者の証言を裏書きする為に、当時の現場を知るジャーナリスト等へのインタビューも行った。とりわけお世話になったのは、元東亜日報記者の金忠植氏であり、また、一九八〇年代当時朝鮮日報東京特派員であった李度珩氏には、現場から見た日韓関係について貴重な証言を得る事が出来た。

この研究プロジェクトで得られた成果を利用して幾つかの論文を書いたものの、それでもこの時点では筆者にはこの時期の韓国政治の全体像はまだ上手くつかめていなかった。この状況が変わるのは、筆者等がオーラルヒストリーを直接取る事ができなかった二人の最重要人物、即ち、全斗煥と盧泰愚の自叙伝が相次いで出版された二〇一〇年代後半以降の事である。これにより、共に歩んだ両者の足跡を、他の資料とも照らし合わせて確認する事が容易になり、筆者の理解は大きく進む事となった。

とはいえ、未だ障害が存在した。二〇一〇年代後半の段階では依然として、多くの政権関係者が生存しており、その証言や回想は揺れ動いていた。とりわけ重要なのは勿論、全斗煥自身の証言であり、これが確定する事が必要だった。しかし、この様な状況は二〇二一年秋に終わりを迎える。この年の一〇月と一一月、盧泰愚と全斗煥が相次いて病死し、彼ら自身による「発信」が終わる事になった。

そしてその事は、筆者にとっては、長年原稿を依頼されていた、「ミネルヴァ評伝選」の宿題を果たす機会が生まれた事をも意味していた。何故なら、この評伝選には、生存中の人物については書いてはならない、という暗黙の了解が存在していたからである。筆者は以前、この評伝選に『高宗・閔妃』という一書を書いた事があり、その後は朴正熙に関わる著作の執筆を勧められていた。しかしながら、朴正熙については既に韓国をはじめとする各国で多くの著作があり、筆者が新たに学問的に貢献する事が出来る余地は少なかった。そもそも先の証言にも見られるように、朴正熙は真面目だが性格が暗く、意外性のあるエピソードの乏しい人物であり、一人の「書き手」としての筆者にとって書きあぐねるものだった。

これに対して、民主化運動における「悪役」のイメージが強い全斗煥については、これまでその生涯を学術的な観点からまとめた著作は、日本語、韓国語、英語等、どの言語においても存在せず、これをまとめる事により何かしらの学術的貢献ができると考えた。全斗煥は人間的にも癖の強い人物であり、良きにつけ悪しきにつけ、エピソードも多かった。

だからこそ、全斗煥の死後、筆者は直ちにこれまでも幾度もお世話になって来たミネルヴァ書房の堀川健太郎さんに連絡を取り、全斗煥を執筆する事を提案した。「どれくらいの期間で書けますか」と問われ、調子よく「半年もあれば何とかなると思います」と答えたのを憶えている。

とはいえ、そこからは苦戦の連続であった。最大の問題は全斗煥や盧泰愚、更にはオーラルヒストリーで入手した、当時の関係者の証言をどの様に扱うか、であった。とりわけ、一九七九年の朴正熙暗殺事件から粛軍クーデタ、更には五一七クーデタから光州事件に関わる部分の証言は、これまでも国会や裁判の場で幾度も批判、否定されて来たものであるからである。結局本書では各々の事件を信頼できる著作に基づいて記述すると同時に、彼等自身がそれをどう正統化、或いは弁明したかをもそのまま記述する事とした。オーラルヒストリーで収録した証言の中には、本人との約束により、その詳細を直接記せないものもあり、この点については、便宜上本文における筆者の解釈の形で示している部分も多い。

勿論、この様にして彼らの証言を記述し、その解釈を示す事は、それにより彼等の主張が正しかった事を示そうとするものではない。本書は何かしらの歴史的事象について、価値判断を下そうとするものではなく、また、それは韓国社会のアウトサイダーである筆者の手に余る問題だ、とも考えている。

しかしながら重要なのは、彼等がどの様にして自らの政権獲得に至るまでの過程を正統化して見せたかが、そのままその直後に成立する彼等の政権がどの様な基盤の上に成立していたか、を示している事である。忘れてはいけないのは、一九八〇年から一九八七年、全斗煥が韓国に君臨していた時代においては、彼等の見解こそが「公式見解」であったのであり、当時の韓国政治はその「建前」の上に動いていた事である。つまり、現在では否定されている彼等の主張はその時点では「事実」と見做されており、政治や社会、更には経済はその「事実」を前提として動いていた。本書を紐解く際には、この様な筆者の意図を念頭に置いていただければ幸いである。

さてこの様な本書を執筆する上で、筆者が大きく留意したのは、全斗煥の生涯を通じて当時の韓国社会の特質をどう描き出すかであった。しかしながら、この事は資料に当たるに連れ自然と処理される事になった。多くの人物の人生がそうであるように、全斗煥の生涯にも他人のそれには見られない大きな特徴があるからである。そしてそれが民族主義の不在と、反共主義への依存にある事は、既に「終」で記した通りである。この点については、本書と筆者が並行して執筆した二つの論文、「アイデンティティとイデオロギーとしての反共主義――韓国の例を手掛かりとして」『国際協力論集』30、二〇二二年、及び、「クーデタ勢力の自己正統化論理――朴正熙政権と全斗煥政権の事例から」『国際協力論集』31、二〇二三年、をも参照いただければ嬉しい。

最後に本書を執筆する際には、いつもの様に多くの方々にお世話になった。本書のベースになった科学研究費のプロジェクトにおいて元東亜日報記者の金忠植さんにはオーラルヒストリー調査の初期で、貴重な知見と人脈を提供いただいた。そのご協力無くしては本書の執筆がありえなかったことは間違いない。プロジェクトにおいて、金世徳、浅羽祐樹、田中悟、そして酒井亨の各先生に研究分担者としてご参加いただき、経験不足な筆者を支えていただいた。とりわけインタビュー調査における金世徳先生の活躍は不可欠であり、優れた教え子を持てた事を元指導教員として誇りに思っている。

本書の編集においては、既に述べたミネルヴァ書房の堀川健太郎さんにお世話になった。いつも調子よく原稿がすぐにでも書けそうに答える筆者を粘り強く待ち、この様な立派な著書にしていただいたのは、偏に堀川さんの功績である。ミネルヴァ書房とは二〇〇〇年に出版した最初の著作である『朝鮮／韓国ナショナリズムと「小国」意識――朝貢国から国民国家へ』（ミネルヴァ書房、二〇〇〇年）以来のお付き合いであり、今回もまたこの様な貴重な機会をいただいた事に、ただただ感謝するばかりである。また、本書の校正においては、神戸大学大学院国際協力研究科博士後期課程に所属する大畑正弘さん、そして毎日新聞論説委員の澤田克己さんの助力を得た。いつもながら雑な筆者の文章が、少しでも読みやすいものになっているとすれば、それは彼等のおかげである。

最後にいつもの様に筆者を最も支えてくれたのは家族である。妻の登紀子は常に精神的に不安定な筆者を粘り強く支えてくれた。二人の娘、二葉と雫も。一人は既に就職し、もう一人も間もなく社会へと羽ばたいていく事になる。一九九〇年に大学院に入学してから三四年。その長い年月の間、筆者と共にあった全ての人々に感謝して、本書の筆を擱くことにしよう。

二〇二四年六月二五日　朝鮮戦争勃発から七四年目の日に

木村　幹

全斗煥略年譜

西暦	齢	関係事項	一般事項
一九三一	0	1月慶尚道陜川郡内川里にて生まれる。	
一九三九	8	満洲に移居。	
一九四一	10	大邱に移居。貧しい生活を送る。	
一九四四	13	4月喜道国民学校入学。	
一九四五	14		8月太平洋戦争終戦。
一九四七	16	9月大邱工業中学校入学。	
一九四八	17	8月大韓民国建国。	
一九五〇	19	4月大邱工業高等学校入学。6月朝鮮戦争が勃発。	
一九五一	20	3月陸軍士官学校第一一期に入校。	9月サンフランシスコ講和条約締結。
一九五五	24	2月陸軍士官学校を卒業し、陸軍歩兵少尉に任官し、第二五歩兵師団小隊長に就任。10月陸軍歩兵学校初等軍事課程を修了。	
一九五六	25	中尉に昇進。	
一九五七	26	10月陸軍歩兵学校教育部隊教育士官および旅団長。	
一九五八	27	大尉に昇進。	

一九五九	28	1月李順子と結婚。4月陸軍高級幹部学校軍事英語課程修了。5月陸軍特殊作戦コマンド本部に配属。12月アメリカ、ノースカロライナ州フォートブラッグで特殊戦学校および心理戦学校を修了。	
一九六〇	29	4月李承晩政権崩壊、四月革命。6月アメリカ、ジョージア州フォート・ベニングのレンジャースクールを修了。9月アメリカ、陸軍歩兵学校で機械化訓練教官コースを修了。12月第一特殊作戦連隊第一特殊部隊中隊指揮官。	
一九六一	30	4月大韓民国陸軍本部特殊任務創設企画官代行。5月予備将校訓練団準備員、ソウル大学文理学部ROTC教官。5月朴正熙等五一六クーデタにより軍事政権樹立。5月軍事革命委員会議長秘書官。7月国家再建最高会議議長の民情秘書官。11月中央情報部第二国際情報部長、少佐に昇進。12月中央情報部第一国際情報部長。	
一九六三	32	1月大尉昇進、中央情報部総務局人事部長。9月大韓民国陸軍本部人事参謀部に配属。	
一九六四	33		10月東京オリンピック開催。
一九六五	34	6月陸軍大学を修了。	6・22日韓基本条約締結。日韓国交正常化。
一九六六	35	8月第一特殊作戦連隊副連隊長。	中国文化大革命始まる。
一九六七	36	8月首都警備司令部第三〇大隊大隊長。	

一九六八	37	1月一二一事件（北朝鮮ゲリラ大統領官邸襲撃未遂事件）。	
一九六九	38	12月大佐に昇進、陸軍参謀総長の最高補佐官。	
一九七〇	39	12月第九歩兵師団第二九歩兵連隊長、ベトナム戦争に従事。	
一九七一	40	11月第一特殊作戦連隊司令官。	
一九七二	41	10月維新クーデタ。9月第一特殊作戦師団司令官代行。	
一九七三	42	1月陸軍中佐に昇進、第一特殊作戦師団司令官。4月尹必鏞事件発覚。	8・8金大中事件。第一次石油危機。
一九七四	43	1月陸軍大佐に昇進。	
一九七五	44		4月ベトナム戦争終結。
一九七六	45	6月大統領警護室の安全部長兼作戦部長。	
一九七七	46	2月陸軍少将に昇進。	
一九七八	47	1月第一歩兵師団長。10月第三トンネル発見。	
一九七九	48	3月国軍保安司令官。10月朴正熙暗殺事件。10月合同捜査本部本部長。	第二次石油危機。ソ連、アフガニスタンに侵攻。
一九八〇	49	3月陸軍中将に昇進。4月中央情報部署理。5月五一七クーデタ、光州事件。8月第一一代大韓民国大統領就任。8月無窮花大勲章受章。	イラン・イラク戦争。
一九八一	50	1月民主正義党党首就任。2月第一二代大韓民国大統領。4月第一一代国会議員選挙。9月ＩＯＣ総会ソウルで五輪開催地に決定。	
一九八三	52	10月ラングーン事件。	1月中曽根首相訪韓。

一九八四	53	ペパーダイン大学政治学名誉博士。9・6全斗煥訪日。	
一九八五	54	2月第一二代国会議員選挙。	
一九八七	56	6月盧泰愚、民主化宣言発表。	
一九八八	57	2月国家元老諮問会議議長。4月同辞任。9月ソウル五輪開会。11月百潭寺下洛。	
一九八九	58	12月「第五共和国問題調査特別委」「光州事件真相調査特別委」合同委員会で証言。	中国で天安門事件。ソ連崩壊（東西冷戦の終結）。ベルリンの壁崩壊。
一九九〇	59		盧泰愚来日。
一九九一	60	韓国、国連加盟。	
一九九二	61	10月安仁根博士余村殉国遺跡聖域化事業推進委員会顧問。	
一九九五	64	8月盧泰愚巨額不正資金疑惑発覚。11月盧泰愚収監。12月全斗煥収監。	
一九九六	65	2月第一審開始。8月第一審判決（死刑）。12月第二審判決（無期懲役）。	
一九九七	66	4月大法院判決（無期懲役）。12月特赦にて赦免、公民権回復。	
一九九九	68	6月白凡金九記念事業会白凡記念館建設委員会顧問。	
二〇〇一	70		アメリカ9・11同時多発テロ。アフガニスタン紛争。
二〇〇二	71		日韓サッカーワールドカップ。
二〇一七	86	9月自叙伝出版。	

二〇二一	90	10月盧泰愚死去。11月全斗煥死去。

井上哲次郎　井ノ口哲也
三宅雪嶺　長妻三佐雄
*岡倉天心　木下長宏
志賀重昂　中野目徹
徳富蘇峰　杉原志啓
*竹越与三郎　西田毅
内藤湖南・桑原隲蔵　礪波護
*廣池千九郎　橋本富太郎
岩村透　今橋映子
*西田幾多郎　大橋良介
*金沢庄三郎　石川遼子
*柳田国男　鶴見太郎
厨川白村　張競
*村岡典嗣　水野雄司
大川周明　山内昌之
西田直二郎　林淳
*折口信夫　斎藤英喜
九鬼周造　古川雄嗣
三木清　杉山直樹
シュタイン　瀧井一博
*西周　清水多吉
*福澤諭吉　平山洋
加藤弘之　田中由香里
成島柳北　山田俊治
*福地桜痴　山田俊治
*村山龍平　早房長治
*島田三郎　武藤秀太郎
田口卯吉　鈴木栄樹
*陸羯南　松田宏一郎
有賀長雄　森田吉彦
*黒岩涙香　奥武則
幸徳秋水　馬渕浩二

長谷川如是閑　織田健志
*上杉慎吉　今野元
*吉野作造　田澤晴子
*山川均　米原謙
*岩波茂雄　十重田裕一
*北一輝　岡本幸治
*穂積重遠　大村敦志
中野正剛　吉田則昭
*荒畑寒村　川村邦光
*満川亀太郎　福家崇洋
*エドモンド・モレル　林田治男
*北里柴三郎　福田眞人
高峰譲吉　木村昌人
田辺朔郎　秋元せき
*南方熊楠　飯倉照平
*辰野金吾　河上眞理・清水重敦
*七代目小川治兵衛　尼崎博正
本多静六　岡本貴久子
*ブルーノ・タウト　北村昌史
*ウィリアム・メレル・ヴォーリズ　山形政昭・吉田与志也

現代

昭和天皇　御厨貴
高松宮宣仁親王　後藤致人
*李方子　小田部雄次
芦田均　矢嶋光
吉田茂　中西寛

マッカーサー　柴山太
鳩山一郎　楠綾子
*石橋湛山　増田弘
重光葵　武田知己
*市川房枝　村井良太
*池田勇人　藤井信幸
高野実　篠田徹
和田博雄　庄司俊作
ライシャワー　廣部泉
朴正熙　木村幹
*全斗煥　木村幹
*田中角栄　新川敏光
宮沢喜一　村上友章
竹下登　真渕勝
*松永安左エ門　橘川武郎
鮎川義介　井口治夫
*出光佐三　橘川武郎
*松下幸之助　米倉誠一郎
渋沢敬三　井上潤
*本田宗一郎　伊丹敬之
*井深大　武田徹
*佐治敬三　小玉武
幸田家の人々　金井景子
*正宗白鳥　大嶋仁
*大佛次郎　福島行一
*井伏鱒二　滝口明祥
*川端康成　大久保喬樹
*薩摩治郎八　小林茂
坂口安吾　千葉一幹
太宰治　安藤宏

松本清張　杉原志啓
司馬遼太郎　山本幸正
*安部公房　鳥羽耕史
*三島由紀夫　島内景二
井上ひさし　成田龍一
R・H・ブライス　菅原克也
柳宗悦　熊倉功夫
バーナード・リーチ　鈴木禎宏
*熊谷守一　古川秀昭
川端龍子　岡部昌幸
藤田嗣治　林洋子
*井上有一　海上雅臣
*手塚治虫　竹内オサム
古賀政男　藍川由美
*吉田正　金子勇
武満徹　船山隆
小津安二郎　宮本明子・松浦完二
*八代目坂東三津五郎　田口章子
*力道山　岡村正史
*西田天香　宮田昌明
安倍能成　中根隆行
サンソム夫妻　平川祐弘・牧野陽子
*天野貞祐　貝塚茂樹
和辻哲郎　田中久文
*矢代幸雄　稲賀繁美
石田幹之助　岡本さえ
*平泉澄　若井敏明
*早川孝太郎　須藤功
安岡正篤　片山杜秀
*青山二郎　田野勲

*島田謹二　小林信行
田中美知太郎　川久保剛
西脇順三郎　加藤孝男
前嶋信次　杉田英明
*唐木順三　澤村修治
*亀井勝一郎　山本直人
*宮本常一　須藤功
知里真志保　モコットゥナシ
竹内好　田澤晴子
*保田與重郎　谷崎昭男
*石母田正　磯前順一
*福田恆存　川久保剛
井筒俊彦　安藤礼二
*吉田満　貝塚茂樹
*佐々木惣一　伊藤孝夫
高田保馬　金子勇
小泉信三　都倉武之
*瀧川幸辰　伊藤孝夫
式場隆三郎　服部正
大宅壮一　有馬学
*清水幾太郎　庄司武史
*山本健吉　井上泰至
丸山眞男　河野有理
鶴見俊輔　冨山一郎
*フランク・ロイド・ライト　大久保美春
*中谷宇吉郎　杉山滋郎
今西錦司　山極寿一

*は既刊
二〇二四年九月現在

＊和宮　辻ミチ子
徳川慶喜　大庭邦彦
島津斉彬　原口泉
鍋島直正　伊藤昭弘
＊横井小楠　沖田行司
＊古賀謹一郎　小野寺龍太
＊永井尚志　高村直助
＊岩瀬忠震　小野寺龍太
＊栗本鋤雲　小野寺龍太
＊大村益次郎　竹本知行
岩倉具視　斎藤紅葉
河井継之助　小川和也
松平春嶽　大石学
＊西郷隆盛　家近良樹
＊由利公正　角鹿尚計
＊橋本左内　角鹿尚計
＊塚本明毅　塚本学
松平容保　白石烈
＊山岡鉄舟・高橋泥舟　岩下哲典
三条実美　奈良勝司
毛利敬親　三宅紹宣
＊月性　海原徹
＊吉田松陰　海原徹
＊高杉晋作　海原徹
＊久坂玄瑞　一坂太郎
ペリー　遠藤泰生
ハリス　福岡万里子
オールコック　佐野真由子
アーネスト・サトウ　奈良岡聰智

近代

＊明治天皇　伊藤之雄
＊大正天皇　F・R・ディキンソン
＊昭憲皇太后・貞明皇后　小田部雄次
大久保利通　三谷太一郎
木戸孝允　落合弘樹
井上馨　伊藤之雄
＊松方正義　室山義正
榎本武揚　醍醐龍馬
北垣国道　小林丈広
板垣退助　小川原正道
長与専斎　笠原英彦
大隈重信　五百旗頭薫
伊藤博文　坂本一登
井上毅　大石眞
＊井上勝　老川慶喜
三浦梧楼　大澤博明
＊桂太郎　小林道彦
東郷平八郎　金澤裕之
＊渡邊洪基　瀧井一博
＊乃木希典　佐々木英昭
星亨　小林道彦
林董　奈良岡聰智
＊児玉源太郎　小林道彦
＊高宗・閔妃　木村幹
山本権兵衛　室山義正
＊金子堅太郎　松村正義
＊高橋是清　鈴木俊夫
小村寿太郎　簑原俊洋
＊犬養毅　小林惟司
原敬　季武嘉也

＊加藤高明　櫻井良樹
牧野伸顕　小宮一夫
田中義一　黒沢文貴
内田康哉　高橋勝浩
平沼騏一郎　堀田慎一郎
＊鈴木貫太郎　小堀桂一郎
宇垣一成　北岡伸一
＊宮崎滔天　榎本泰子
＊浜口雄幸　川田稔
幣原喜重郎　西田敏宏
関一　玉井金五
水野広徳　片山慶隆
＊広田弘毅　井上寿一
安重根　上垣外憲一
＊グルー　廣部泉
＊永田鉄山　森靖夫
東條英機　牛村圭
今村均　前田雅之
蔣介石　劉岸偉
近衛文麿　庄司潤一郎
＊岩崎弥太郎　武田晴人
伊藤忠兵衛　末永國紀
＊五代友厚　田付茉莉子
大倉喜八郎　村上勝彦
＊安田善次郎　由井常彦
＊渋沢栄一　武田晴人
中野武営　佐賀香織
山辺丈夫　宮本又郎
＊大川平三郎　四方田雅史
武藤山治　阿部武司・桑原哲也
池田成彬　松浦正孝

西原亀三　森川正則
小林一三　橋爪紳也
大倉恒吉　石川健次郎
大原孫三郎　猪木武徳
＊河竹黙阿弥　今尾哲也
イザベラ・バード　加納孝代
小泉八雲　斎藤英喜
＊林忠正　木々康子
＊森鷗外　小堀桂一郎
＊二葉亭四迷　ヨコタ村上孝之
＊正岡子規　井上泰至
＊夏目漱石　佐々木英昭
＊徳冨蘆花　半藤英明
巌谷小波　千葉信胤
樋口一葉　佐伯順子
＊島崎藤村　十川信介
上田敏　小林茂
＊有島武郎　亀井俊介
志賀直哉　小林幸夫
北原白秋　平石典子
菊池寛　山本芳明
＊芥川龍之介　髙橋龍夫
＊宮沢賢治　千葉一幹
高浜虚子　坪内稔典
与謝野晶子　佐伯順子
＊種田山頭火　村上護
＊斎藤茂吉　品田悦一
＊高村光太郎　湯原かの子
石川啄木　先崎彰容
萩原朔太郎　坪井秀人
＊原阿佐緒　秋山佐和子

＊狩野芳崖・高橋由一　古田亮
川村清雄　落合則子
＊小堀鞆音　小堀桂一郎
竹内栖鳳　北澤憲昭
黒田清輝　高階秀爾
中村不折　石川九楊
横山大観　高階秀爾
＊橋本関雪　西原大輔
土田麦僊　天野一夫
岸田劉生　北澤憲昭
濱田庄司　濱田琢司
＊山田耕筰　後藤暢子
松旭斎天勝　川添裕
中山みき　鎌田東二
佐田介石　谷川穣
＊ニコライ　中村健之介
＊出口なお・王仁三郎　川村邦光
＊新島襄　太田雄三
新島八重　佐伯順子
木下広次　冨岡勝
山川健次郎　小宮京・中澤俊輔
嘉納治五郎　クリストファー・スピルマン
＊柏木義円　片野真佐子
津田梅子　田中智子
＊澤柳政太郎　新田義之
＊河口慧海　高山龍三
＊山室軍平　室田保夫
大谷光瑞　白須淨眞
＊久米邦武　髙田誠二
フェノロサ　伊藤豊

＊赤松氏五代　渡邊大門
＊北畠親房　岡野友彦
楠正成　兵藤裕己
＊楠木正行・正儀　生駒孝臣
＊新田義貞　山本隆志
＊光厳天皇　深津睦夫
足利尊氏　市沢　哲
＊足利直義　亀田俊和
佐々木道誉　下坂　守
細川頼之　亀田俊和
円観・文観　田中貴子
足利義詮　早島大祐
＊足利義持　吉田賢司
足利義教　秦野裕介
足利持氏　植田真平
足利義政　木下昌規
三条西実隆　前田雅之
＊日野富子　田端泰子
＊大内義弘　平瀬直樹
伏見宮貞成親王　松薗　斉
＊山名宗全　山本隆志
細川勝元・政元　古野　貢
畠山義就　呉座勇一
足利成氏　阿部能久
世阿弥　西野春雄
雪舟等楊　河合正朝
宗祇　鶴崎裕雄
一条兼良　田村　航
＊満済　森　茂暁
一休宗純　原田正俊
蓮如　岡村喜史

戦国・織豊

北条早雲　家永遵嗣
＊北条氏綱　黒田基樹
＊北条氏政　黒田基樹
大内政弘　山田貴司
＊大内義隆　藤井　崇
＊斎藤氏四代　木下　聡
＊毛利元就　岸田裕之
＊毛利輝元　光成準治
＊小早川隆景・秀秋　光成準治
＊六角定頼　村井祐樹
＊今川義元　小和田哲男
＊武田信玄　笹本正治
＊武田勝頼　笹本正治
＊真田氏三代　笹本正治
＊三好長慶　天野忠幸
松永久秀　天野忠幸
＊宇喜多直家・秀家　渡邊大門
＊上杉謙信　矢田俊文
＊大友義鎮　鹿毛敏夫
龍造寺隆信　中村知裕
島津義久・義弘　福島金治
村上武吉・元吉　藤田達生
細川幽斎　鈴木　元
＊長宗我部元親・盛親　平井上総
＊最上氏三代　松尾剛次
浅井長政　長谷川裕子
蠣崎・松前氏五代　新藤　透
吉田兼倶　西山　克
山科言継　松薗　斉
正親町天皇・後陽成天皇　神田裕理
＊雪村周継　赤澤英二
＊足利義輝・義昭　山田康弘
織田信長　三鬼清一郎
織田長益　八尾嘉男
織田信雄　柴　裕之
＊明智光秀・秀満　小和田哲男
豊臣秀吉　藤井譲治
豊臣秀次　矢部健太郎
＊北政所おね　田端泰子
＊淀殿　福田千鶴
筒井氏三代　片山正彦
蜂須賀正勝・家政　三宅正浩
前田利家　東四柳史明
＊山内一豊・忠義　長屋隆幸
＊黒田如水　小和田哲男
＊蒲生氏郷　藤田達生
大谷吉継　石畑匡基
石田三成　堀越祐一
＊細川ガラシャ　田端泰子
＊支倉常長　田中英道
千利休　熊倉功夫
＊長谷川等伯　宮島新一
＊顕如　神田千里
教如　安藤　弥

江戸

＊徳川家康　笠谷和比古
板倉勝重　谷　徹也
本多忠勝　柴　裕之
本多正純　小川　雄
柳生宗矩　福田千鶴
＊徳川家光　野村　玄
柳沢吉保　福留真紀
徳川吉宗　横田冬彦
＊後水尾天皇　久保貴子
＊光格天皇　藤田　覚
＊春日局　福田千鶴
宮本武蔵　渡邊大門
上杉鷹山　小関悠一郎
＊池田光政　倉地克直
保科正之　八木清治
シャクシャイン　岩崎奈緒子
天草四郎　菊池庸介
＊田沼意次　藤田　覚
細川重賢　安高啓明
松平治郷　小林准士
＊二宮尊徳　小林惟司
末次平蔵　岡美穂子
＊高田屋嘉兵衛　生田美智子
沢庵宗彭　芳澤　元
＊林羅山　鈴木健一
吉野太夫　渡辺憲司
＊熊沢蕃山　川口　浩
＊山崎闇斎　澤井啓一
山鹿素行　前田　勉
＊北村季吟　島内景二
＊伊藤仁斎　澤井啓一
貝原益軒　辻本雅史
関孝和　佐藤賢一
＊ケンペル　B・M・ボダルト＝ベイリー
新井白石　大川　真
＊雨森芳洲　上田正昭
＊石田梅岩　高野秀晴
賀茂真淵　盛田帝子
白隠慧鶴　芳澤勝弘
前野良沢　松田　清
平賀源内　石上　敏
本居宣長　田尻祐一郎
杉田玄白　吉田　忠
木村蒹葭堂　有坂道子
＊大田南畝　沓掛良彦
菅江真澄　赤坂憲雄
＊鶴屋南北　諏訪春雄
＊山東京伝　佐藤至子
＊滝沢馬琴　高田　衛
平田篤胤　山下久夫
国友一貫斎　太田浩司
シーボルト　宮坂正英
本阿弥光悦　岡　佳子
＊狩野探幽・山雪　山下善也
尾形光琳　仲町啓子
尾形乾山　河野元昭
＊二代目市川團十郎　田口章子
伊藤若冲　狩野博幸
＊浦上玉堂　高橋博巳
＊佐竹曙山　成瀬不二雄
葛飾北斎　岸　文和
酒井抱一　玉蟲敏子
孝明天皇　青山忠正

ミネルヴァ日本評伝選

企画推薦
梅原　猛
ドナルド・キーン
佐伯彰一
角田文衛

監修委員
上横手雅敬
芳賀　徹

編集委員
石川九楊
伊藤之雄
猪木武徳
今谷　明
今橋映子
熊倉功夫
佐伯順子
坂本多加雄
武田佐知子
竹西寛子
西口順子
兵藤裕己
御厨　貴

上代

*俾弥呼　古田武彦
日本武尊　西宮秀紀
*仁徳天皇　若井敏明
雄略天皇　吉村武彦
継体天皇　若井敏明
*蘇我氏四代　遠山美都男
*推古天皇　義江明子
聖徳太子　仁藤敦史
斉明天皇　武田佐知子
*小野妹子・毛人・毛野　大橋信弥
*額田王　梶川信行
弘文天皇　遠山美都男
持統天皇　丸山裕美子
阿倍比羅夫　熊田亮介
*藤原四子　木本好信
役小角　脊古真哉
*柿本人麿　古橋信孝
*元明天皇・元正天皇　渡部育子
聖武天皇　本郷真紹
光明皇后　寺崎保広
*孝謙・称徳天皇　勝浦令子

藤原不比等　荒木敏夫
橘諸兄・奈良麻呂　遠山美都男
吉備真備　今津勝紀
*藤原仲麻呂　木本好信
道鏡　吉川真司
*藤原種継　木本好信
*行基　吉田靖雄

平安

*桓武天皇　井上満郎
嵯峨天皇　西別府元日
宇多天皇　古藤真平
醍醐天皇　石上英一
村上天皇　京樂真帆子
花山天皇　上島　享
*三条天皇　倉本一宏
藤原薬子　中野渡俊治
*藤原良房・基経　瀧浪貞子
*紀貫之　神田龍身
*安倍晴明　斎藤英喜
*藤原道長　朧谷　寿
*藤原伊周・隆家　倉本一宏
藤原定子　山本淳子
*藤原彰子　朧谷　寿

藤原頼通　末松　剛
藤原師通　中島和歌子
紫式部　高木和子
清少納言　三田村雅子
和泉式部　ツベタナ・クリステワ
大江匡房　小峯和明
*阿弖流為　樋口知志
坂上田村麻呂　熊谷公男
*源満仲・頼光　元木泰雄
平将門　西山良平
*藤原純友　寺内　浩
源義家　大津雄一
最澄　吉田一彦
空海　武内孝善
円珍　岡野浩二
*空也　石井義長
奝然　上川通夫
*源信　小原　仁
慶滋保胤　吉原浩人
安倍貞任　野中哲照
*後白河天皇　美川　圭
*式子内親王　奥野陽子
建礼門院　生形貴重

*藤原頼長・師長　樋口健太郎
*藤原秀衡　入間田宣夫
平維盛　根井　浄
木曾義仲　樋口州男
守覚法親王　阿部泰郎
藤原隆信・信実　山本陽子

鎌倉

*源頼朝　川合　康
*源義経　近藤好和
源実朝　神田龍身
*九条兼実　加納重文
九条道家　上横手雅敬
*北条時政　野口　実
*熊谷直実　佐伯真一
*北条政子　関　幸彦
*北条義時　岡田清一
曾我十郎・五郎　杉橋隆夫
後鳥羽天皇　兵藤裕己
*北条時頼　山本隆志
北条時宗　近藤成一
平頼綱　細川重男
竹崎季長　堀本一繁
西行　西澤美仁

鴨長明　浅見和彦
藤原定家　赤瀬信吾
*京極為兼　今谷　明
*兼好　島内裕子
重源　横内裕人
*運慶　根立研介
快慶　井上一稔
法然　今堀太逸
*栄西　中尾良信
明恵　西山　厚
*親鸞　末木文美士
恵信尼・覚信尼　西口順子
覚如　今井雅晴
*道元　船岡　誠
叡尊　細川涼一
*忍性　松尾剛次
*日蓮　佐藤弘夫
一遍　蒲池勢至
夢窓疎石　原田正俊
*宗峰妙超　竹貫元勝

南北朝・室町

後醍醐天皇　上横手雅敬
*護良親王　新井孝重
*懐良親王　森　茂暁

刊行のことば

歴史を動かすものは人間であり、興趣に富んだ人間の動きを通じて、世の移り変わりを考えるのは、歴史に接する醍醐味である。

しかし過去の歴史学を顧みるとき、人間不在という批判さえ見られたように、歴史における人間のすがたが、必ずしも十分に描かれてきたとはいえない。二十一世紀を迎えた今、歴史の中の人物像を蘇生させようとの要請はいよいよ強く、またそのための条件もしだいに熟してきている。

この「ミネルヴァ日本評伝選」は、正確な史実に基づいて書かれるのはいうまでもないが、単に経歴の羅列にとどまらず、歴史を動かしてきたすぐれた個性をいきいきとよみがえらせたいと考える。そのためには、対象とした人物とじっくりと対話し、ときにはきびしく対決していくことも必要になるだろう。

今日の歴史学が直面している困難の一つに、研究の過度の細分化、瑣末化が挙げられる。それは緻密さを求めるが故に陥った弊害といえるが、その結果として、歴史の大きな見通しが失われ、歴史学を通しての社会への働きかけの途が閉ざされ、人々の歴史への関心を弱める危険性がある。今こそ歴史が何のためにあるのかという、基本的な課題に応える必要があろう。評伝という興味ある方法を通じて、解決の手がかりを見出せないだろうかというのも、この企画の一つのねらいである。

狭義の歴史学の研究者だけでなく、多くの分野ですぐれた業績をあげている著者たちを迎えて、従来見られなかった規模の大きな人物史の叢書として、「ミネルヴァ日本評伝選」の刊行を開始したい。

平成十五年（二〇〇三）九月

ミネルヴァ書房

《著者紹介》

木村　幹（きむら・かん）

1966年　大阪府河内市（現・東大阪市）生まれ。

1990年　京都大学法学部卒業。

1992年　京都大学大学院法学研究科修士課程修了。博士（法学）。

　　　　愛媛大学法文学部助手，同講師などを経て，
現　在　神戸大学大学院国際協力研究科教授。

著　書　『朝鮮／韓国ナショナリズムと「小国」意識』ミネルヴァ書房，2000年〈アジア・太平洋賞特別賞受賞〉。

　　　　『韓国における「権威主義的」体制の成立』ミネルヴァ書房，2003年〈サントリー学芸賞受賞〉。

　　　　『高宗・閔妃』ミネルヴァ書房，2007年。

　　　　『民主化の韓国政治』名古屋大学出版会，2008年。

　　　　『日韓歴史認識問題とは何か』ミネルヴァ書房，2014年〈読売・吉野作造賞受賞〉。

　　　　『歴史認識はどう語られてきたか』千倉書房，2020年。

　　　　『韓国愛憎』中公新書，2022年，ほか。

ミネルヴァ日本評伝選
全《チョン》斗《ドゥ》煥《ファン》
――数字はラッキーセブンだ――

2024年９月10日　初版第１刷発行　〈検印省略〉

定価はカバーに
表示しています

著　者　木　村　　幹
発行者　杉　田　啓　三
印刷者　江　戸　孝　典

発行所　株式会社　ミネルヴァ書房
607-8494 京都市山科区日ノ岡堤谷町１
電話代表（075）581-5191
振替口座 01020-0-8076

共同印刷工業・新生製本

ISBN978-4-623-09807-1
Printed in Japan

人名索引

あ　行

アウンサン将軍　281
アデナウアー，コンラート　21
安教徳（アン・キョドク）　84
安重根（アン・ジュングン）　41
安致淳（アン・チスン）　197
安椿生（アン・チュンセン）　41
李祐在（イ・ウジェ）　197
李基百（イ・ギペク）　197
李圭東（イ・ギュドン）　41
李圭孝（イ・ギュヒョ）　197
李揆現（イ・ギュヒョン）　175
李奎浩（イ・ギュホ）　196
李啓哲（イ・ギョンチョル）　281
李光魯（イ・グァンノ）　197
李光杓（イ・グァンピョ）　196
池田勇人　254
李相周（イ・サンチュ）　264
李在田（イ・ジェジョン）　88
李鍾賛（イ・ジョンチャン）　237
李順子（イ・スンジャ）　46
李承晩（イ・スンマン）　19
李昌錫（イ・チャンソク）　51
李哲承（イ・チョルスン）　226
李哲熙（イ・チョルヒ）　286
伊東正義　246
李徳華（イ・ドクファ）　329
李東南（イ・ドンナム）　59
李鶴捧（イ・ハクボン）　120, 233
李孝祥（イ・ヒョサン）　286
李熺性（イ・フィソン）　119
李喜根（イ・フィグン）　196
李厚洛（イ・フラク）　84
李澔（イ・ホ）　225
李虎憲（イ・ホホン）　264
李範錫（イ・ポムソク）　281
李明博（イ・ミョンパ）　326
李敏雨（イ・ミンウ）　273
李容一（イ・ヨンイル）　264
李瑛珍（イ・ヨンジン）　54
ウィッカム・ジュニア，ジョン・A.
　104, 206
ヴェッシー・ジュニア，ジョン・ウィリアム　104
禹慶允（ウ・ギョンユン）　131
禹国一（ウ・グクイル）　114, 135
禹炳奎（ウ・ビョンギュ）　214
小倉和夫　251
呉滋福（オ・ジャポク）　197
呉成龍（オ・ソンヨン）　273
呉鐸根（オ・タックン）　196
呉致成（オ・チソン）　286

か　行

カーター，ジミー　95, 182
姜在倫（カン・ジェリュン）　63
姜昌成（カン・チャンソン）　84
姜永植（カン・ヨンシク）　196
姜英勲（カン・ヨンフン）　63
キッシンジャー，ヘンリー　94
金仁基（キム・インギ）　197
金元基（キム・ウォンギ）　196
金玉淑（キム・オクスク）　314
金五郎（キム・オラン）　143
金瓊元（キム・ギョンウォン）　196, 233

金九（キム・グ） 22
金桂元（キム・ゲウォン） 96
金相球（キム・サング） 100
金相浹（キム・サンヒョプ） 282
金相賢（キム・サンヒョン） 286
金在益（キム・ジェイク） 197, 234, 282
金載圭（キム・ジェギュ） 56
金芝河（キム・ジハ） 286
金周浩（キム・ジュホ） 197
金鍾坤（キム・ジョンゴン） 196
金正燮（キム・ジョンソプ） 109
金鍾哲（キム・ジョンチョル） 228
金鍾泌（キム・ジョンピル） 59
金鍾煥（キム・ジョンファン） 99, 196
金正浩（キム・ジョンホ） 196
金貞烈（キム・ジョンヨル） 303
金鍾珞（キム・ジョンラク） 286
金晋基（キム・ジンギ） 115
金振永（キム・ジンヨン） 134
金錫源（キム・ソグウォレ） 38
金昌吉（キム・チャンギル） 179
金昌槿（キム・チャングン） 286
金点文（キム・チョンムン） 11
金大中（キム・デジュン） 2
金徳龍（キム・ドクヨン） 273, 286
金東輝（キム・ドンヒ） 281
金東英（キム・ドンヨン） 273
金炯旭（キム・ヒョンウク） 94
金復東（キム・プクドン） 36
金烘漢（キム・ホンハン） 197
金満基（キム・マンギ） 197
金命潤（キム・ミョンユン） 286
金允植（キム・ユンシク） 286
金潤鎬（キム・ユンホ） 149
金栄一（キム・ヨンイル） 320
金永均（キム・ヨンギュン） 214
金泳国（キム・ヨングク） 38
金泳三（キム・ヨンサム） 20
金栄作（キム・ヨンジャク） 252
権翊鉉（クウォン・イクヒョン） 84, 276
権正達（クウォン・ジョンダル） 169
権誠（クウォン・ソン） 323
権寧珏（クウォン・ヨンガク） 197
琴震鎬（クム・ジンホ） 197
クラーク，マーク・W. 254
グライスティーン・ジュニア，ウィリアム・ヘンリー 104
クランストン，アラン 288
ケネディ，J. F. 243
ゴー・ディンジェム 183

さ 行

司空壱（サゴン・イル） 282
沈守峰（シム・スボン） 106
沈裕善（シム・ユソン） 197
周恩来 94
昭和天皇 256
申翼熙（シン・イッキ） 40, 228
申佑湜（シン・ウシク） 189
申才順（シン・ジェスン） 106
申鉉守（シン・ヒョンス） 197
申鉉銖（シン・ヒョンス） 196
申鉉碻（シン・ヒョンホ） 144
申允熙（シン・ユンヒ） 144
ストック，ヘンリー 274
須之部量三 104
徐相喆（ソ・サンチョル） 281
蘇俊烈（ソ・ジョンヨル） 189
徐錫俊（ソ・ソクシュン） 281
孫晋坤（ソン・シンゴン） 214
成楽紘（ソン・ナクヒョン） 286
孫命順（ソン・ミョンスン） 276
宋堯讃（ソン・ヨチャン） 68
孫永吉（ソン・ヨンギル） 37

た　行

大正天皇　258
田中角栄　94
崔雄（チェ・ウン）　189
崔圭植（チェ・ギュシク）　74
崔圭夏（チェ・ギュハ）　95
崔侊洙（チェ・グヴァンス）　166
崔在豪（チェ・ジェホ）　197
崔淳永（チェ・スンヨン）　264
崔世昌（チェ・セチャン）　142
崔石立（チェ・ソクリプ）　131
崔性澤（チェ・ソンテク）　36, 68
崔漢字（チェ・ハンウ）　179
崔炯佑（チェ・ヒョンウ）　273
蔡汶植（チェ・ムンシク）　225
崔栄喜（チェ・ヨンヒ）　50
崔栄鎬（チェ・ヨンホ）　273
池東旭（チ・ドンオク）　324
チャーチル，ウインストン　21
車圭憲（チャ・ギュホン）　133
車智澈（チャ・チチョル）　55
張基梧（チャン・ギオ）　55, 133
張世東（チャン・セドン）　134
張泰玩（チャン・テワン）　99
張都暎（チャン・トヨン）　58, 67
張勉（チャン・ミョン）　58
周永福（チュ・ヨンボク）　172
趙甲済（チョ・ガプチェ）　105
趙洪（チョ・ホン）　144
趙永吉（チョ・ヨンギル）　197
丁一権（チョン・イルゴン）　226
鄭元民（チョン・ウォンミン）　197
鄭雄（チョン・ウン）　189
全基煥（チョン・キファン）　12, 31
全圭坤（チョン・ギュゴン）　12
全敬煥（チョン・ギョンファン）　12, 112
鄭寛溶（チョン・グァンヨン）　197
千金成（チョン・クムソン）　8
全相禹（チョン・サンウ）　11
鄭周永（チョン・ジョヨン）　315
鄭昇和（チョン・スンファ）　98
全錫煥（チョン・ソクファン）　12
全成珏（チョン・ソンガク）　99
全善鶴（チョン・ソンハク）　12
全点鶴（チョン・チョムハク）　12
鄭東鎬（チョン・ドンホ）　136
鄭東年（チョン・ドンヨン）　317
鄭柄宙（チョン・ビョンジュ）　135
鄭鎬溶（チョン・ホヨン）　150
全明烈（チョン・ミョンヨル）　12
全烈煥（チョン・ヨルファン）　12
丁来赫（チョン・レヒョク）　225
陳懿鍾（チン・ウィジュン）　282
陳鍾埰（チン・ジョンチェ）　196
陳鐘埰（チン・ジョンチェ）　127

な　行

中曽根康弘　251
南悳祐（ナム・ドクウ）　232
ニクソン，リチャード　93
盧載鉉（ノ・ジェヒョン）　88
盧信永（ノ・シンヨン）　233
盧泰源（ノ・テウォン）　197
盧泰愚（ノ・テウ）　2

は　行

朴槿惠（パク・クネ）　123, 325
朴啓東（パク・ケドン）　318
朴相熙（パク・サンヨル）　23
朴俊洸（パク・ジュングヴァン）　118
朴重潤（パク・ジュンユン）　41
朴鐘圭（パク・ジョンギュ）　59, 71
朴鍾哲（パク・ジョンチョル）　295
朴勝夏（パク・スンハ）　37

朴世直（パク・セジク） 243
朴成哲（パク・ソンチョル） 286
朴善浩（パク・ソンホ） 106
朴俊炳（パク・チュンビョン） 133, 140
朴忠勲（パク・チュンフン） 194
朴哲彦（パク・チョルオン） 214
朴正熙（パク・チョンヒ） 20
朴東鎮（パク・ドンジン） 196
朴魯栄（パク・ノヨン） 196
朴熙道（パク・ヒド） 133
朴秉夏（パク・ビョンハ） 37
朴鳳煥（パク・ボンファン） 234
河小坤（ハ・ソゴン） 129
パフレヴィー2世 242
咸秉春（ハム・ビョンチュン） 282
バンフリート，ジェイムズ 40
卞栄泰（ビョン・ヨンテ） 69, 96
黄永時（ファン・ヨンシ） 133
フォード，ジェラルド 184
白雲澤（ペク・ウンテク） 36
白石柱（ペク・ソクジュ） 127, 196
許政（ホ・ジョン） 68
許和平（ホ・ファピョン） 134, 233
許三守（ホ・ミムス） 130, 233
許文道（ホ・ムンド） 234
洪英基（ホン・ヨンギ） 286

ま 行

マッカーサー，ダグラス 40
閔正基（ミン・ジョンギ） 8
閔海栄（ミン・ヘヨン） 197
文相翼（ムン・サンイク） 197, 214
文世光（ムン・セグァン） 252
文富稙（ムン・プジク） 273
文洪球（ムン・ホング） 88

や 行

陸完植（ユク・ウァンシク） 54
柳致松（ユ・チソン） 228
劉彰順（ユ・チャンスン） 282
兪学聖（ユ・ハクソン） 133, 196
柳炳賢（ユ・ビョンヒョン） 104, 196
尹景徹（ユン・キョンチョル） 198
尹子重（ユン・ジャジュン） 196
尹錫悦（ユン・ソクヨル） 73, 326
尹誠敏（ユン・ソンミン） 139
尹炳書（ユン・ビョンソ） 107
尹奕杓（ユン・ヒョンピョ） 286
尹必鏞（ユン・ピルヨン） 82
尹興棋（ユン・フンギ） 141
尹興禎（ユン・フンジョン） 189
尹潽善（ユン・ボソン） 68
吉田茂 254

ら 行

リー・クウァンユー 328
リッジウェイ，マシュー 40
レーガン，ロナルド 241, 242

事項索引

さ 行

た　行

な　行

は　行